HUSSERL

ET LE PHÉNOMÈNE DE LA SIGNIFICATION

À LA MÊME LIBRAIRIE
SUR HUSSERL

BÉGOUT B., *La généalogie de la logique. Le statut de la passivité dans la phénoménologie de l'esprit*, 2000.

BENOIST J., *Autour de Husserl. L'*ego *et la raison*, 1994.

— *L'*a priori *conceptuel : Bolzano, Husserl, Schlick*, 1999.

— (dir.), *La conscience du temps. Autour des Leçons sur le temps de Husserl*, 2008.

BRISART R. (éd.), *Husserl et Frege. Les ambiguïtés de l'anti-psychologisme*, 2002.

COBB-STEVENS R., *Husserl et la philosophie analytique*, 1998.

DEPRAZ N., *Transcendance et incarnation. Le statut de l'intersubjectivité comme altérité à soi chez Husserl*, 1995.

FISETTE D. et LAPOINTE S. (éd.), *Aux origines de la phénoménologie, Husserl et le contexte des Recherches Logiques*, 2003.

DE GANDT F., *Husserl et Galilée. Sur la crise des sciences européennes*, 2004.

— et MAJOLINO C. (éd.), *Lectures de la* Krisis *de Husserl*, 2008.

GODDARD J.-Ch. (dir.), *Le transcendantal et le spéculatif dans la philosophie allemande de Kant à Husserl*, 1999.

LAVIGNE J.-F., *Accéder au transcendantal ? Réduction et idéalisme transcendantal dans les* Ideen *de Husserl*, 2009.

— (éd.) LAVIGNE J.-F., *Les* Méditations cartésiennes *de Husserl*, 2008.

LEVINAS E., *Théorie de l'intuition dans la phénoménologie de Husserl*, 2001.

— *En découvrant l'existence avec Husserl et Heidegger*, 2006.

MARION J.-L., *Figures de phénoménologie. Husserl, Heidegger, Levinas, Henry, Derrida*, 2012.

SOUCHE-DAGUES D., *Le développement de l'intentionnalité dans la phénoménologie husserlienne*, 1993.

BIBLIOTHÈQUE D'HISTOIRE DE LA PHILOSOPHIE

NOUVELLE SÉRIE

Fondateur : Henri GOUHIER Directeur : Jean-François COURTINE

HUSSERL
ET LE PHÉNOMÈNE DE LA SIGNIFICATION

par

Alain GALLERAND

Ouvrage publié avec le concours du Centre national du livre

PARIS

LIBRAIRIE PHILOSOPHIQUE J. VRIN

6, Place de la Sorbonne, V[e]

2014

Imprimé en France
ISSN 0249-7980
ISBN 978-2-7116-2552-9
www.vrin.fr

AVERTISSEMENT

La traduction française des passages de Husserl sur lesquels nous nous appuyons est accompagnée, en note, d'un renvoi au texte de l'édition de référence, *Edmund Husserls Gesammelte Werke,* communément appelée « Husserliana » (abrégé Hua). La pagination du texte original est placée entre crochets droits. Par exemple, Hua XII, p. [41] ; trad. fr. p. 373. Le même procédé est utilisé pour les citations extraites de l'ouvrage de K. Twardowski : *Zur Lehre vom Inhalt und Gegenstand der Vorstellungen. Eine psychologische Untersuchung* (abrégé *ZL*).

Pour désigner les ouvrages de Husserl les plus fréquemment cités, il nous a également paru utile d'utiliser les abréviations suivantes :

ELE	*Einleitung in die Logik und Erkenntnistheorie. Vorlesungen 1906/1907*
EU	*Erfahrung und Urteil. Untersuchungen zur Genealogie der Logik*
FTL	*Formale und Transzendentale Logik. Versuch einer Kritik der logischen Vernunft*
Ideen I	*Ideen zu einer reinen Phänomenologie und phänomenologischen Philosophie. Erstes Buch : Allgemeine Einführung in die reine Phänomenologie*
Ideen III	*Ideen zu einer reinen Phänomenologie und phänomenologischen Philosophie. Drittes Buch : Die Phänomenologie und die Fundamente der Wissenschaften*
Krisis	*Die Krisis der Europäischen Wissenschaften und die transzendentale Phänomenologie. Eine Einleitung in die Phänomenologische Philosoph*

LU I, LU II, LU III, LU V, LU VI	*Logische Untersuchungen. Zweiter und dritter Band: Untersuchungen zur Phänomenologie und Theorie der Erkenntnis*
VuB	*Vorlesungen über die Bedeutungslehre von 1908*

INTRODUCTION

> Les phénomènes qui répondent aux termes de signifier et signification soulèvent des problèmes extraordinairement complexes.
>
> *Ideen I*, § 124 [1].

Chacun sait ou croit savoir ce qu'est la signification. Elle anime notre discours chaque fois que nous prenons la parole ; elle s'offre à nous chaque fois que nous comprenons les paroles d'autrui. Parler c'est produire des significations, écouter c'est saisir des significations. Quoi de plus banal ? Pourtant, cette notion si familière est bien difficile à définir. Qu'est-ce que la signification ? Il suffit que l'on nous pose la question pour que surgissent aussitôt de redoutables difficultés. Avec des mots remplis de sens nous exprimons nos pensées et donnons des informations sur le monde extérieur. Mais comment parler de la signification elle-même ? Peut-elle à son tour faire l'objet d'un discours et d'une définition ?

Portée par les sons articulés de la voix humaine, la signification se donne à nous à travers des *signes* sensibles. Cependant, elle ne se confond pas avec les mots prononcés ou écrits, car elle peut recevoir des supports linguistiques extrêmement variés (*arbre*, *tree*, *Baum*...). Par opposition à ses occurrences lexicales ponctuelles et multiformes, elle est une et identique. La signification, dira-t-on alors, se trouve du côté des *objets* représentés par les signes. Ce que les mots *arbre*, *tree* et *Baum* veulent dire, c'est

1. E. Husserl, Hua III/1, *Ideen I*, hg. v. K. Schuhmann, Den Haag, Nijhoff, 1976, p. [286] ; trad. fr. P. Ricoeur, *Idées directrices pour une phénoménologie et une philosophie phénoménologique pures*, t. I, Paris, Gallimard, 1950, p. 420.

tout simplement l'arbre lui-même, cette espèce végétale dont chacun connaît quelques spécimens. Les mots faisant référence à la même réalité extralinguistique auraient alors le même sens. Toutefois, l'objet signifié étant souvent absent au moment où l'on parle de lui, le mot puiserait plutôt son sens dans l'*idée* que nous avons de lui. Telle est l'hypothèse défendue par la théorie *psychologique* de la signification [1]. Pour elle, le sens d'un mot réside dans les représentations subjectives qu'il éveille en nous. En lisant le mot *arbre*, une idée nous vient à l'esprit, nous pensons à un arbre ; dès que l'image mentale de l'objet nommé se forme en nous, le signe prend un sens [2].

On ne peut pourtant pas en rester là. D'abord, parce que la signification n'est pas l'objet, puisque des expressions se rapportant au même objet (*le vainqueur d'Iéna*, *le vaincu de Waterloo*) n'ont pas nécessairement le même sens. Ensuite parce que le caractère privé, fugace et variable des idées est incompatible avec la publicité et la fixité des significations. À la différence des représentations subjectives, le sens d'un signe « peut être la propriété commune de plusieurs individus (...). Il n'y a pas d'obstacle à ce que plusieurs individus saisissent le même sens ; mais ils ne peuvent pas avoir la même représentation » [3]. Il est clair que la fluctuation sémantique impliquée par la réduction de la signification à des contenus de conscience ferait obstacle à la compréhension intersubjective. C'est pourquoi Frege et Husserl mettent en avant l'opposition entre l'unité de la signification et la diversité des représentations : « Chez le même individu, la même représentation n'est pas toujours liée au même sens. Car la représentation est subjective ; celle de l'un n'est pas celle de l'autre. Et il est bien naturel que les représentations associées au même sens diffèrent grandement entre elles. Un peintre, un cavalier et un naturaliste lieront sans doute des représentations bien différentes au nom *Bucéphale* » [4].

Le statut ontologique de la signification est donc pour le moins énigmatique : « La dénotation d'un nom propre est l'objet même que nous désignons par ce nom ; la représentation que nous y joignons est entièrement subjective ; *entre les deux gît le sens*, qui n'est pas subjectif comme

1. « Les sons émis par la voix sont les symboles des états de l'âme » qui sont à leur tour « les images » des « choses », Aristote, *De l'interprétation*, Organon I, 16a 3-10, trad. fr. J. Tricot, Paris, Vrin, 1984, p. 77-78.

2. « Les mots ne signifient autre chose dans leur première et immédiate signification, que les idées qui sont dans l'esprit de celui qui s'en sert (...) ». J. Locke, *Essai concernant l'entendement humain*, III, chap. II, § 2, trad. fr. P. Coste, Paris, Vrin, 1983, p. 324-325.

3. G. Frege, *Sens et dénotation*, dans *Écrits logiques et philosophiques*, trad. fr. C. Imbert, Paris, Éditions du Seuil, 1971, p. 105-106.

4. *Ibid.*

l'est la représentation, mais qui n'est pas non plus l'objet lui-même »[1]. Pour tenter d'y voir un peu plus clair, reprenons l'exemple précédent : les expressions *Le vainqueur d'Iéna* et *le vaincu de Waterloo* désignent toutes deux Napoléon. L'objet auquel elles font référence réunit plusieurs propriétés, et la signification résiderait dans les *marques distinctives* (vainqueur, vaincu...) sélectionnées pour le désigner. Or, quel est leur statut ? Sont-elles les propriétés intrinsèques de l'objet lui-même ou, comme nous incitent à le croire les descriptions faisant référence à un objet inexistant (*l'actuel roi de France*) ainsi que les énoncés faux (*la terre est plate*), les déterminations à partir desquelles l'objet est *pensé* par la conscience et *représenté* en elle ? Dans ce dernier cas, ne retombons-nous pas dans une forme de psychologisme incapable de comprendre l'identité et le caractère public du sens ? La notion de signification offre décidément « à la clarification les difficultés les plus grandes »[2].

La phénoménologie de Husserl a précisément les moyens de les surmonter. Par opposition à l'objet transcendant et aux vécus de représentation immanents, le statut de la signification ne devient en effet intelligible qu'à partir d'une entente phénoménologique de l'*objet intentionnel*, distinct à la fois de l'objet qui est visé, dans sa réalité objective ultime, et de l'acte de conscience subjectif qui le prend pour cible. Le *sens* des expressions linguistiques (*vainqueur d'Iéna*) est un certain type d'objet intentionnel, l'objet signifié *en tant que tel*, auquel Husserl donne le nom d'« objectité catégoriale » parce qu'il est l'objet tel qu'il est pensé par la conscience à partir de ses concepts. Le statut de la signification est donc, à ce titre, celui du *noème*, mais d'un noème spécifiquement irréductible aux autres modalités (perceptive et imaginative) de l'intentionnalité noématique.

Cette découverte ne s'est pas imposée immédiatement à Husserl. Elle est le fruit d'une longue méditation qui n'a cessé de zigzaguer entre les deux versants noétique et noématique de la corrélation intentionnelle, les actes du signifier et les objets signifiés. Tout commence, dans une série de textes inédits[3], par une critique de la théorie psychologique-descriptive de la signification défendue par Brentano et Twardowski (*cf.* 1ère partie). En s'opposant à la réduction de la signification à un contenu psychique de

1. *Ibid.* Nous soulignons.

2. E. Husserl, Hua XXVI, *Vorlesungen über Bedeutungslehre. Sommersemester 1908*, hg. v. U. Panzer (éd.), Dordrecht, Nijhoff, 1987 ; trad. fr. J. English, *Sur la théorie de la signification*, Paris, Vrin, 1995.

3. *Cf.* E. Husserl, Hua XXII, *Aufsätze und Rezensionen (1890-1910)*, hg. v. B. Rang, Den Haag, Nijhoff, 1979 ; trad. fr. J. English, dans *Husserl-Twardowski. Sur les objets intentionnels (1893-1901)*, Paris, Vrin, 1993.

représentation, Husserl a préparé le terrain à une autre conception du sens, *phénoménologique* celle-ci, qui tente de saisir l'*idéalité* des unités de signification en relation avec les *actes* du signifier (expression et compréhension). Ce versant *noétique* de la théorie phénoménologique sur lequel se penchera la 2e partie de notre travail, se présente comme une synthèse périlleuse de la psychologie descriptive brentanienne et de la sémantique objective de Bolzano, puisque les *Recherches logiques* de 1901 définissent les significations comme des *espèces* d'actes, unités idéales d'une multiplicité de vécus. Mais pour saisir le phénomène de la signification dans toute sa complexité, l'analyse phénoménologique doit également en explorer le versant objectif ou noématique, car en face des actes du signifier il y a des objets qui sont visés (signifiés) par la conscience (*cf.* 3e partie). Cette nouvelle investigation, dont les leçons de 1908 livrent les résultats, permet de dégager un deuxième concept de signification : l'*objectité catégoriale*, corrélat de l'activité catégoriale. Devant les problèmes soulevés par le premier concept *noétique* de signification, difficilement applicable aux expressions occasionnelles et empiriques, le concept *noématique* finit peu à peu par s'imposer. Dès lors, après avoir mis en évidence dans *Ideen I* la spécificité du noème significationnel par rapport aux noèmes perceptif et imaginatif, Husserl n'a plus qu'à en dévoiler l'origine transcendantale-subjective dans l'activité intentionnelle (*cf.* 4e partie). Ce travail s'achève donc dans *FTL* et *EU* sur une phénoménologie constitutive-transcendantale décrivant comment les significations se constituent dans l'activité catégoriale comme objets de conscience (formations logiques) avec un sens d'être objectif-transcendant. La reconduction des objectités catégoriales constituées à l'activité logique constituante qui les a engendrées impose alors une ultime réforme de leur statut ontologique dont nous devrons prendre toute la mesure.

PREMIÈRE PARTIE

LES PRÉMICES DE LA THÉORIE PHÉNOMÉNOLOGIQUE DE LA SIGNIFICATION

CHAPITRE PREMIER

LA THÉORIE PSYCHOLOGIQUE DE LA SIGNIFICATION

LES FONDEMENTS PSYCHOLOGIQUES DE LA THÉORIE DE LA SIGNIFICATION : LA DISTINCTION ENTRE L'ACTE DE REPRÉSENTATION, SON CONTENU ET SON OBJET

La distinction entre l'acte de conscience et l'objet intentionnel

La théorie phénoménologique de la signification s'est d'abord définie par opposition à la théorie psychologique-descriptive. Celle-ci entend appliquer aux actes de langage une méthode élaborée pour l'analyse des actes de conscience. À cet égard, il importe de rappeler que la spécificité des phénomènes psychiques réside, pour l'école de Brentano, dans leur caractère *intentionnel*: « chaque phénomène psychique se relie à un objet immanent » [1]. La représentation se rapporte à quelque chose qui est

1. K. Twardowski, *Zur Lehre vom Inhalt und Gegenstand der Vorstellungen. Eine psychologische Untersuchung,* hg. v. A. Hölder, Wien, 1894 ; hg. v. R. Haller, München, *Philosophia Verlag,* 1982 (reprint de l'original), p. [3] ; trad. fr. J. English, *Sur la théorie du contenu et de l'objet des représentations,* dans *Husserl-Twardowski. Sur les objets intentionnels (1893-1901),* Paris, Vrin, 1993, p. 87. *Cf.* F. Brentano, *Psychologie du point de*

représenté *en* elle: « représenter signifie toujours représenter *quelque chose* »[1]. À partir des représentations sur lesquelles ils sont fondés, les autres vécus se rapportent également à un objet. Le jugement se rapporte à quelque chose qui est jugé *en* lui, le désir à quelque chose qui est désiré, etc. ; et l'objet sur lequel ils portent doit être représenté en nous[2]. *L'intentionnalité* est cette relation de la conscience à un objet de pensée.

Or les « objectivités » auxquelles se relient les actes de la conscience ne sont pas nécessairement des réalités extérieures transcendantes. L'acte de représentation noue « une relation (...) intentionnelle à quelque chose qui n'est peut-être pas effectivement donné, mais qui, néanmoins, est présent intérieurement de manière objective »[3]. Le centaure que j'imagine n'a aucune existence effective dans le monde, mais il demeure néanmoins quelque chose d'« objectif », un « objet » de représentation. Parce qu'il est représenté *en* nous, l'« objet » dont on a conscience est donc un « contenu » de conscience immanent. La psychologie descriptive s'appuie ainsi sur la distinction entre les deux versants de la corrélation intentionnelle, les actes de la conscience (compris comme des réalités psychiques) et leurs objets intentionnels immanents (compris comme une composante de l'acte de représentation).

La distinction entre le contenu de l'acte et son objet

Cette distinction n'est cependant pas suffisante: « Dans chaque représentation (...) il y aurait à distinguer non seulement un contenu et un acte, mais, en plus de ces deux facteurs, un troisième, son objet »[4]. Il est vrai que Brentano a parfois été sensible à cette différence, puisqu'il prend soin de distinguer, dans le jugement d'existence (*Un centaure n'existe pas*), l'*objet* sur lequel porte l'acte (le centaure) et le *contenu* qui est jugé (la non-existence du centaure)[5]. Mais en soutenant que ni l'un ni l'autre n'existent en dehors d'un être pensant, il continue de leur attribuer le même statut ontologique. Il y a là une confusion que Twardowski entend corriger. Le contenu (*In-halt*) présent à la conscience est *immanent* : il est réellement

vue empirique, (abrégée *Psychologie*) trad. fr. M. de Gandillac révisée par J.-F. Courtine, Paris, Vrin, 2008.

1. F. Brentano, *La Doctrine du jugement correct* (abrégée *Doctrine*), trad. fr. M. de Launay et J.-C. Gens, Paris, Gallimard, 2003, p. 219.

2. *Cf.* K. Twardowski, *op. cit., ZL*, p. [15-16] ; trad. fr. p. 100, et Brentano, *Psychologie*, *op. cit.*, livre II, chap. VII.

3. Brentano, *L'origine de la connaissance morale*, trad. fr. M. de Launay et J.-C. Gens, Paris, Gallimard, 2003, p. 49.

4. K. Twardowski, *ZL*, *op. cit.*, p. [20] ; trad. fr. p. 105.

5. F. Brentano, *Doctrine*, trad. fr. p. 219. *Cf.* aussi p. 239.

inclus dans la conscience, il se trouve « dans » l'acte de représentation ; à ce titre, il est quelque chose de *psychique*. En revanche, l'objet auquel se rapporte l'acte est une réalité *extérieure en face* (*Gegen-stand*) de la conscience. L'arbre que je perçois devant moi ne loge pas « dans » mon esprit ; il est un « existant en soi » [1] dont l'être est indépendant de la conscience. Que je pense ou non à lui, il est toujours là, debout, au milieu du jardin. Il faut donc distinguer l'*objet* transcendant représenté *par* la conscience et le *contenu* immanent par lequel il est représenté *dans* la conscience. Ce dernier est l'élément médiateur par lequel s'opère la relation de l'acte à l'objet. Twardowski aboutit ainsi à une *triple* distinction entre l'*acte* de conscience, son *contenu* psychique immanent et, en face, son *objet*. Par exemple, le ressouvenir de l'école de mon enfance, l'image mentale par laquelle elle est représentée en moi (l'école telle qu'elle est présente à ma conscience), et enfin cette école elle-même, telle qu'elle existe dans le monde extérieur. Cette analyse s'inspire de la théorie des fonctions linguistiques du nom. Un nom peut en effet remplir trois tâches : 1) informer l'interlocuteur que celui qui parle se représente quelque chose (il est en train de vivre un *acte* de représentation) ; 2) éveiller en lui un certain *contenu* psychique de représentation qui constituerait la signification nominale ; 3) désigner au moyen de cette signification un *objet*. La représentation linguistique sert donc de paradigme à la représentation psychologique, avant que Twardowski n'applique aux actes de langage la triple distinction développée sur le terrain des actes mentaux.

L'opposition entre l'objet de conscience transcendant et le contenu psychique immanent est accentuée par la description de ce dernier en termes d'*image mentale*. Dans nos souvenirs et notre imagination, l'objet dont nous avons conscience est en effet souvent représenté par une « image phantasmée », « une image-copie spirituelle » [2]. Cette image, petit tableau intérieur « existant "en" nous » [3], est la reproduction d'un modèle extérieur, la réplique approximative d'une réalité. Quand je me représente un cheval, le contenu psychique « est l'image-copie du cheval, dans un sens analogue à celui dans lequel l'image [picturale] est image-copie du paysage » [4]. Dès lors, le contenu de représentation est à l'objet de représentation ce que le paysage peint sur la toile est au paysage réel : « De même que le paysage est, en image, copié sur cette image, amené à la présentation, (...) exactement de même, par le contenu de représentation, l'objet correspondant à

1. K. Twardowski, *ZL*, *op. cit.*, p. [4] ; trad. fr. p. 88.
2. E. Husserl, Hua XXII, *Objets intentionnels* (1894), p. [304] ; trad. fr. p. 280.
3. K. Twardowski, *ZL*, *op. cit.*, p. [4] ; trad. fr. p. 88.
4. K. Twardowski, *ZL*, *op. cit.*, p. [18] ; trad. fr. p. 102.

cette représentation devient (...) copié en image spirituellement, donc représenté »[1]. Entre le contenu psychique de représentation et l'objet représenté, il y aurait donc une similitude photographique, comme si les représentations partielles composant le contenu de l'acte de représentation global (l'image en nous du cheval avec ses pattes, sa tête, sa queue...) reflétaient fidèlement la structure de l'objet, avec tous ses éléments et toutes ses propriétés : « De même que, par une représentation, l'objet tout entier devient représenté, de même les parties de l'objet singulières deviennent représentées par des parties de représentation correspondantes »[2]. La distinction entre l'image mentale et l'objet représenté, sur le modèle du tableau et du paysage peint, accentue donc l'opposition entre l'immanence du contenu de la représentation et la transcendance de la chose représentée.

En passant maintenant des représentations mentales et picturales aux représentations linguistiques, rien ne change : la triple distinction entre l'acte, le contenu et l'objet s'applique d'autant plus facilement aux signes du langage que la théorie des fonctions nominales a précisément servit de modèle aux analyses psychologiques. Cette triple distinction permet à Twardowski de définir la place et le statut de la signification.

LA THÉORIE DE LA SIGNIFICATION NOMINALE

Signification et contenu

Brentano n'a cessé de souligner la fonction *expressive* du langage : « Le langage a en général pour fin de permettre l'expression de nos phénomènes psychiques, à savoir nos représentations, nos jugements, nos sentiments et nos décisions »[3]. Les noms (*maison*, *être humain*) sont l'expression de nos représentations, les énoncés celle de nos jugements. Puisque le langage est l'expression des *actes* de conscience, les analyses psychologiques devraient apporter un éclairage sur la nature de la signification des signes. Il y a en effet, pour la psychologie descriptive, un strict parallélisme entre la sphère linguistique et psychologique, le langage reflétant la vie intérieure de la conscience, et, inversement, l'analyse psychologique découvrant des structures tripartites sur le modèle des fonctions linguistiques. On s'attachera ici principalement aux noms dans

1. *Ibid.*, trad. fr. p. 99-100. *Cf.* aussi le § 4.
2. K. Twardowski, *ZL, op. cit.*, p. [42] ; trad. fr. p. 127-128.
3. F. Brentano, *Doctrine, op. cit.*, trad. fr. p. 216.

la mesure où ils sont le pendant linguistique des vécus de représentation sur lesquels est fondé l'ensemble des phénomènes psychiques.

Si les représentations sont les phénomènes psychiques de base, les noms sont également dans le discours les unités fondamentales dont l'autonomie sémantique fait écho à l'autonomie psychologique des éléments psychiques qu'ils expriment :

> Par « nom », on a à comprendre tout ce que les anciens logiciens ont nommé un *signe catégorématique* (...), tous les moyens de désignation du langage qui ne sont pas simplement cosignifiants (comme « du père », « autour », « néanmoins », etc.) mais qui forment aussi, pour eux-mêmes, (...) l'expression d'une représentation : « Le fondateur de l'éthique », « un fils qui a offensé son père » (...) [1].

À la différence des expressions syncatégorématiques dont le sens reste inachevé tant qu'il n'a pas reçu un complément (« le fils de... », « ... mangent tous les jours »), les noms sont des expressions catégorématiques, des unités minimales qui se suffisent à elles-mêmes. Pour saisir le statut de la signification nominale, la psychologie descriptive prend pour guide le vécu de *compréhension*, car c'est là que le sens est donné à la conscience. Comment l'interlocuteur saisit-il donc ce que le locuteur a voulu dire au moyen d'un nom ? Si le langage est l'expression de la pensée intérieure, et si le nom est dévolu à l'expression des actes de représentation, l'interlocuteur doit d'abord comprendre que celui qui parle est en train de vivre une *représentation*. Le nom est précisément chargé de l'informer de l'existence d'un tel acte : « Celui qui entend le son pierre déduit que celui qui le profère pense à une pierre » [2]. Pour saisir le sens d'un nom, l'interlocuteur doit aussi *se représenter* à son tour la même chose. Puisqu'il ne peut s'introduire dans la conscience du locuteur, il faut que le nom éveille en lui un contenu de représentation analogue. Celui qui lit ou entend le nom *arbre* doit penser à un arbre ; et le signe sensible reçoit un sens aussitôt qu'il évoque l'idée d'un arbre. Celui qui s'exprime

> a en vue d'éveiller chez l'auditeur un contenu déterminé de représentation (...), le même contenu psychique que celui qui le remplit lui-même ; si quelqu'un dit « soleil, lune, étoiles », il veut que ceux qui l'écoutent pensent, comme lui, au soleil, à la lune, aux étoiles. Mais quand celui qui parle, veut éveiller chez l'auditeur par la dénomination d'un nom, un contenu psychique déterminé, il lui révèle en même temps que, lui qui

1. K. Twardowski, *ZL*, *op. cit.*, p. [11] ; trad. fr. p. 95-96.

2. Hobbes, *De corpore*, « Computation or logic », chap. 2 (cité par Brentano, *Doctrine*, p. 228). *Cf.* aussi Locke, *Essai*, III, chap. II, trad. fr. p. 324-325.

parle, trouve en lui-même ce contenu, donc se représente cela même dont il souhaite que l'auditeur lui aussi se le représente [1].

La signification d'un nom résiderait donc dans le(s) *contenu(s) psychique(s)* de représentation que les interlocuteurs associent à l'aspect physique du signe: « Le nom (...) éveille chez l'auditeur un contenu psychique déterminé. Ce contenu est ce que l'on comprend par la "signification" d'un nom » [2]. Dès qu'il évoque par association d'idées un contenu psychique, le nom n'est plus un simple phénomène physique (un complexe sonore, une arabesque tracée sur le papier), il veut dire quelque chose. « L'éveil d'un contenu psychique (...), chez celui à qui la parole s'adresse » correspond à « l'éveil (...) de la signification du nom » [3]; l'évocation d'une représentation est pour le signe sensible l'acte donateur de sens.

La signification est donc appelée à remplir dans les représentations linguistiques la *fonction* que le contenu psychique exerce dans les représentations mentales. Ce dernier est le « membre de liaison en vertu duquel un acte se relie précisément à cet objet déterminé et à aucun autre » [4]. Par son entremise, le vécu de représentation se rapporte à un objet (représente quelque chose), et, corrélativement, l'objet est représenté en nous. Lorsque l'acte de représentation est verbalement exprimé, son contenu psychique et son objet, transférés à l'acte de nomination, deviennent respectivement la signification et l'objet du nom. « La signification d'un nom coïncide avec le contenu de la représentation désignée par lui, mais ce qui est nommé par le nom [l'objet du nom] est l'objet de la représentation » [5]. Dès lors, la signification devient la médiatrice entre la représentation linguistique et l'objet: par son entremise, le nom désigne l'objet; réciproquement, au moyen d'une certaine signification (« le précepteur d'Alexandre », « l'auteur de l'*Ethique à Nicomaque* »), l'objet est représenté par le nom. À vrai dire, ce n'est pas la structure de la représentation mentale qui s'impose aux représentations linguistiques; c'est, à l'inverse, le fonctionnement de la représentation linguistique qui sert de paradigme à l'analyse psychologique du vécu de représentation. Parce que la signification est déjà définie comme le moyen par lequel l'objet est nommé (je désigne Aristote en tant que *précepteur d'Alexandre*, et me rapporte ainsi à lui au moyen d'une signification nominale), le contenu

1. K. Twardowski, *ZL, op. cit.*, p. [11]; tr. fr. p. 95-96. *Cf.* aussi p. [10]; trad. fr. p. 95. *Cf.* F. Brentano, *Psychologie*, p. 204.

2. K. Twardowski, *ZL, op. cit.*, p. [11]; trad. fr. p. 96.

3. K. Twardowski, *ZL, op. cit.*, p. [12]; trad. fr. p. 96.

4. K. Twardowski, *ZL, op. cit.*, p. [31]; trad. fr. p. 117.

5. K. Twardowski, *ZL, op. cit.*, p. [32]; trad. fr. p. 117.

psychique de la représentation mentale exprimée est à son tour décrit comme médiation entre l'acte de représentation et l'objet représenté.

Réponse à deux objections

Cependant, l'opposition entre l'unité de la signification et la diversité des représentations mentales, ainsi que l'opposition entre la généralité de la signification du nom commun et la singularité des images mentales, ne sont-elles pas incompatibles avec l'identification du contenu sémantique et du contenu psychique ? La psychologie descriptive croit pouvoir néanmoins écarter ces difficultés. S'agissant du premier point, Brentano reconnaît que les mots n'excitent pas nécessairement chez l'interlocuteur les *mêmes* vécus que ceux qui remplissent la conscience du locuteur :

> Nous disons des phrases et nous voulons ainsi communiquer nos phénomènes psychiques ; on suppose que certains phénomènes psychiques le plus souvent analogues sont simultanément suscités chez notre interlocuteur (...) ; il n'est pas toujours dans l'intention de mon discours d'éveiller un phénomène psychique analogue à celui que je communique. Par exemple je ne manifeste pas une douleur pour que l'autre en éprouve aussi une [1].

Pour que mon interlocuteur me comprenne, il n'est pas nécessaire qu'il ait exactement les *mêmes* vécus que moi (il n'a pas besoin de juger comme moi, d'être affecté par les mêmes émotions). Il suffit qu'il sache que des représentations (ou des jugements) s'accomplissent en moi au moment où je parle. Cependant, pour que la compréhension s'accomplisse pleinement, les mots doivent exciter en lui un contenu de représentation similaire : « Si quelqu'un dit *soleil* (...), il veut que ceux qui l'écoutent pensent, comme lui, au soleil » [2]. L'interlocuteur doit non seulement comprendre que celui qui parle a en lui une représentation du soleil, mais aussi et surtout se représenter la même chose. Le mot doit éveiller en lui la « même » représentation, c'est-à-dire une représentation dont le contenu soit analogue à celui qui est présent à la conscience du locuteur (une image du soleil que chacun construit à partir de ses propres expériences et souvenirs).

Si la psychologie descriptive reconnait qu'un nom évoque plusieurs représentations sans que sa signification ne se multiplie à son tour, elle croit pouvoir se tirer d'affaire en distinguant, d'un côté, la représentation, unique, de l'objet nommé et, d'un autre côté, les représentations auxiliaires, multiples, qui l'accompagnent :

1. F. Brentano, *Doctrine, op. cit.*, p. 216-217.
2. K. Twardowski, *ZL, op. cit.*, p. [11] ; trad. fr. p. 95.

> Si, au nom *terre* (...), se sont jointes les représentations de la charrue et de son emploi, ces représentations étaient à ce moment-là tout aussi peu qu'aujourd'hui la signification du nom. Elles servaient seulement à susciter la représentation de l'objet auquel la charrue trouve à s'appliquer, et elles n'étaient donc effectivement rien d'autre que des signes qui éveillaient le contenu visé de représentation, comme c'est uniquement le nom *terre*, aujourd'hui [sans que lui soit associé la représentation d'une charrue], qui éveille ce contenu, sans la médiation de représentations auxiliaires [1].

Au centre des représentations auxiliaires, diverses et contingentes, demeure un noyau identique et primitif de représentation (la représentation de la terre) dans lequel le nom correspondant puiserait sa véritable et unique signification.

Il reste cependant encore une difficulté. Une fois que la signification est identifiée à un contenu psychique de représentation, comment peut-on rendre compte du sens des noms communs, puisqu'il y a ici une inadéquation manifeste entre la *singularité* des contenus de conscience et la *généralité* de la signification ? Twardowski, une fois de plus, croit pouvoir se tirer d'affaire. Si le nom propre exprime une représentation *singulière*, le nom commun exprime de son côté une représentation *générale*. La première a pour objet un individu, la seconde « ce qui est commun aux objets de toutes les représentations singulières », « un groupe de parties constitutives (...) communes à plusieurs objets » [2]. La représentation générale exprimée par le nom *triangle* réunit les *propriétés* partagées par tous les triangles singuliers. Ce *groupe* de propriétés abstraites (séparées de leurs substrats individuels) est une sorte d'*objet général*. Ainsi la représentation générale a-t-elle, comme les autres, un contenu et un objet. Quel est donc le *contenu* psychique susceptible de donner au nom commun sa *signification* ? Si l'objet d'une représentation générale et du nom commun correspondant est *général*, le *contenu* de cette représentation (et donc la *signification* du nom commun) est, en revanche, nécessairement *singulier*. Car, selon le vieux principe aristotélicien, « on ne peut jamais avoir une représentation non-intuitive [générale] sans que celle-ci soit accompagnée d'une représentation intuitive [d'un objet singulier] (ou de plusieurs) » [3]. On ne peut se représenter le triangle en général sans se figurer au moins un triangle particulier ; on ne peut penser à un objet général (une espèce) sans évoquer l'image de quelques spécimens. Lorsqu'une représentation générale est exprimée par un nom commun, celui-ci

1. K. Twardowski, *ZL, op. cit.*, p. [97] ; trad. fr. p. 186.
2. K. Twardowski, *ZL, op. cit.*, [104] et [105] ; trad. fr. p. 193 et 195.
3. K. Twardowski, *ZL, op. cit.*, p. [107] ; trad. fr. p. 197.

désigne l'objet (général) auquel se rapporte la représentation, et reçoit sa signification des contenus singuliers servant de support à cette représentation. Comme Berkeley l'avait déjà compris, quand nous comprenons le mot *triangle* aucune idée générale n'est présente à notre esprit, car « intuitivement, personne n'est capable de se représenter un triangle "général", c'est-à-dire un triangle qui ne serait ni à angle droit, ni à angle aigu, ni à angle obtus, qui n'aurait ni couleur ni grandeur déterminée » [1]. Le mot évoque plutôt l'image de quelques triangles singuliers qui possèdent le groupe de propriétés (étendue, figure, triangularité) faisant l'objet de la représentation générale. Sa signification, il la puise dans cette multiplicité de représentations singulières. Le nom commun aurait donc un objet *général*, mais un contenu psychique ou sémantique *singulier*, compte tenu de l'impossibilité d'avoir une représentation directe et propre du général. Psychologiquement parlant, la représentation générale n'est que la réunion de plusieurs contenus de conscience singuliers à partir desquels nous visons l'espèce (objet général). Cette espèce, nous ne pouvons en avoir qu'une représentation indirecte à partir des objets singuliers partageant des propriétés similaires. La solution de Twardowski est de ce fait très proche de celle de Berkeley : « Un mot devient général, de par le fait qu'il est le signe, non pas d'une idée générale et abstraite, mais de plusieurs idées particulières dont il suggère indifféremment à l'esprit n'importe laquelle » [2].

Husserl ne saurait se satisfaire de ces analyses psychologiques et de leurs efforts désespérés pour supprimer le conflit entre, d'un côté, l'unité et la généralité du sens, et, d'un autre côté, la pluralité et la singularité des contenus de conscience. L'identification du logique et du psychologique, du contenu de sens et du contenu psychique, lui parait hautement problématique. Dans une série de textes inédits qu'il rédige immédiatement après la parution de l'opuscule de Twardowski, Husserl élève contre le psychologisme logique une série d'objections qui constituent les bases d'une autre théorie, phénoménologique, de la signification.

1. K. Twardowski, *ZL, op. cit.*, p. [106] ; trad. fr. p. 195.

2. G. Berkeley, *Principes de la connaissance humaine*, trad. fr. M. Phillips, Paris, P.U.F., 1985, p. 306.

CHAPITRE II

LA CRITIQUE HUSSERLIENNE DE LA THÉORIE PSYCHOLOGIQUE DE LA SIGNIFICATION

LA DISTINCTION ENTRE LA TENEUR PSYCHOLOGIQUE-RÉELLE DE L'ACTE ET SA TENEUR LOGIQUE-IDÉALE

Les conséquences de la théorie psychologique-descriptive

Pour prendre la mesure des problèmes soulevés par la théorie psychologique-descriptive de la signification, revenons un instant sur le statut ontologique revenant au contenu de représentation. Le contenu est réellement présent dans la conscience, à l'intérieur du vécu.

> Le contenu de représentation (...) ne fait avec l'acte qu'une seule et même chose. Il forme bien, ensemble avec celui-ci, une réalité psychique unique [1].
>
> Le contenu (...) loge dans la représentation de manière réelle [2].

Il n'y a pas, d'un côté, un acte de représentation et, d'un autre côté, un contenu qui lui serait associé de l'extérieur, comme si le souvenir de l'école et l'image de l'école étaient séparés. Le contenu est une composante *réelle-psychique* de l'acte lui-même. *Réelle*, car les actes de la conscience sont des faits qui font partie intégrante de la « réalité », des événements qui se produisent à moment déterminé dans la conscience humaine. *Psychique,* car la « réalité » dont le contenu fait partie est précisément un processus mental. L'identification du contenu sémantique et du

1. K. Twardowski, *ZL, op. cit.*, p. [31] ; trad. fr. p. 117.

2. E. Husserl, Hua XXII, *Discussion de Cornelius,* p. [365] ; trad. fr. J. English, dans *Husserl-Twardowski, op. cit.,* p. 365.

contenu psychique implique pour eux un même statut ontologique. Les contenus de signification sont « des parties constitutives des phénomènes subjectifs » [1] qui se trouvent littéralement *dans* la conscience. À ce titre, le contenu sémantique est quelque chose de réel, localisable dans le temps et dans l'cspace.

Or la réduction de la signification à un *contenu* de conscience subjectif et immanent entraîne pour Husserl des conséquences inadmissibles. La signification d'un mot serait quelque chose de singulier, de contingent et de passager, appelé à changer constamment d'une conscience à l'autre ou d'un moment à l'autre. Si le sens linguistique se confond en effet avec le(s) contenu(s) psychique(s) éveillés en nous, un même mot est susceptible de recevoir des significations très différentes. « Lion » pourra signifier aussi bien *fauve en cage* que *roi de la jungle* selon les souvenirs que nous lui associons. La diversité des représentations mentales devrait alors faire obstacle à la compréhension intersubjective, car les mots n'auront jamais exactement le même sens. En outre, dans cette hypothèse, la clarté et la précision des significations dépendent directement des dispositions mentales des interlocuteurs. Et si les contenus psychiques prennent la forme d'images mentales, un mot doit se vider de son sens dès que celles-ci disparaissent du champ de conscience, ou sont tout bonnement impossibles parce que nos facultés sont limitées (*un milliard*, *un chiliogone*), ou que l'objet désigné n'existe pas (*l'actuel roi de France*).

Ce relativisme subjectiviste est particulièrement désastreux pour la logique et les sciences. Car si les significations des concepts et des propositions résident dans des contenus psychiques immanents, alors les lois de la logique ne sont que de simples règles psychologiques empiriques, relatives et contingentes. Les propositions dans lesquelles sont consignées les connaissances perdent également toute valeur si les énoncés théoriques (lois, théorèmes) ne font que traduire les vécus des hommes (leurs représentations et leurs jugements).

Aussi Husserl s'emploie-t-il à élever, dans une note de la *Discussion de Twardowski* [2], une série d'objections destinées à dissocier la signification et le contenu psychique.

1. E. Husserl, Appendice à *Objet intentionnel* (1900), *Brentano Studien III*, p. [171] ; trad. fr. J. English, dans *Husserl-Twardowski*, *op. cit.*, p. 344.

2. *Cf.* E. Husserl, Hua XXII, p. [349-350] ; trad. fr. J. English, *Discussion de Twardowski*, dans *Husserl-Twardowski*, *op. cit.*, note, trad. fr. p. 349-350.

La distinction entre la signification et les actes psychiques

Il note d'abord que les significations et les contenus de conscience varient indépendamment les uns des autres : « La signification de deux noms peut être la même, mais le contenu présent, attaché à la conscience de la re-présentation [les images mentales], différent (et inversement) » [1]. Un seul et même contenu de représentation peut être associé à plusieurs significations (les noms *fauve* et *lion* peuvent évoquer le souvenir d'un lion en cage). Inversement, la même signification peut être accompagnée de représentations au contenu sensiblement différent (le nom *arbre* peut éveiller l'image d'un sapin ou le souvenir d'un tilleul, mais il conserve partout le même sens). Il est vrai que la psychologie descriptive minimise la fluctuation des significations en supposant une étroite *analogie* entre le(s) contenu(s) de conscience exprimé(s) par le locuteur et suggérés aux interlocuteurs. Les représentations intuitives d'un sapin et d'un tilleul n'ont pas exactement le même contenu psychique, car l'image d'un sapin n'est pas celle d'un tilleul ; malgré tout, les objets qu'elles représentent n'en appartiennent pas moins à la même espèce et possèdent des propriétés en commun, de sorte que les contenus psychiques offrent d'étroites analogies (dans la représentation d'un arbre, quel qu'il soit, on doit trouver un tronc, des branches...). Peu importe, donc, que l'image d'un sapin ou celle d'un tilleul soit présente à notre esprit : puisqu'elles représentent l'une et l'autre un arbre, elles illustrent aussi bien l'une que l'autre le nom *arbre*.

Toutefois, l'hypothèse d'une ressemblance entre les contenus psychiques de représentation ne suffit pas à justifier leur identification aux significations, car si les premiers sont « dans le meilleur des cas (...) plus ou moins semblables », chaque unité de signification, en revanche, doit demeurer strictement identique. Lorsque plusieurs personnes répètent et comprennent le même mot (*arbre*), elles ne donnent pas naissance à une multiplicité de significations analogues. Le mot conserve partout *une seule et unique* signification. L'opposition entre l'*unité idéale* (non-réelle) de signification et la *multiplicité* des actes accomplis par les consciences interdit toute réduction du contenu sémantique au contenu psychique.

Si l'on se place maintenant à l'intérieur d'un seul et même courant de conscience, on peut également relever une opposition entre le caractère passager des contenus successifs et l'immuabilité de la signification. Si les contenus psychiques « sont continuellement variables », les significations « au contraire le sont si peu qu'il est absurde de parler [ici] de variation

1. Hua XXII, p. [349-350] ; *Discussion de Twardowski*, note, trad. fr. p. 349.

constante »[1]. Dans un syllogisme, par exemple, il est *a priori* exclu que le même mot (*mortel*) puisse changer de sens d'une proposition à l'autre, sous prétexte qu'un nouveau contenu de représentation s'est associé à lui (ce mot me fait penser tantôt aux obsèques d'un ami, tantôt à une fusillade dans un film). La cohérence intrinsèque du discours ainsi que sa compréhension présupposent un noyau de sens identique. Il est également exclu qu'un mot perde son sens aussitôt que s'évanouit l'image mentale qui lui était fugitivement et accidentellement associée. Car si les intermittences de la vie psychique avaient la moindre incidence sur les significations linguistiques, on assisterait à une inflation et une fluctuation sémantiques démesurées incompatibles avec leur caractère public. Et quand on dit que la signification est *la même* au fur et à mesure que des personnes répètent ou comprennent un mot, il n'est pas question d'une simple analogie entre plusieurs significations numériquement distinctes, mais d'une identité au sens strict : aussi nombreuses que soient son utilisation et sa compréhension, un mot signifie *exactement* la *même* chose. La double opposition entre la multiplicité et la diversité des contenus de conscience, d'une part, et l'unité et l'identité[2] (stabilité) des significations, d'autre part, interdit leur identification.

Elle interdit également de considérer la signification comme une composante interne du flux de conscience, une partie d'un vécu.

> La signification, (…) n'est jamais quelque chose qui puisse être remarqué [à l'intérieur de la conscience]. (…) La signification n'est rien d'individuel, rien de réel, jamais ni en aucune façon un datum psychique. *Car elle est identiquement la même « dans » une multiplicité illimitée d'actes individuellement et réellement séparés*[3].

Puisque la signification est strictement *identique* pour plusieurs actes de conscience, il est impossible de la localiser quelque part. À la différence des réalités physiques et psychiques, l'unité de signification n'admet aucune localisation spatio-temporelle. Tandis qu'un acte de représentation est un événement psychique qui se produit à tel moment dans telle ou telle conscience, une signification admet un nombre illimité d'occurrences et se prolonge au-delà des représentations qui lui sont accidentellement associées. Une personne a également *ses* propres vécus, mais la signification n'est la propriété de personne. Les vécus sont différents

1. Hua XXII, p. [350] ; trad. fr. p. 350.

2. L'*unité* de la signification s'oppose à la multiplicité statique des consciences, son *identité* à la diversité dynamique des vécus à l'intérieur d'un courant de conscience.

3. *Ibid.* Nous soulignons.

d'une conscience à l'autre, mais les consciences peuvent saisir la même signification. Chacun ignore les contenus de conscience d'autrui tant qu'ils ne sont pas exprimés, mais la signification est publique et accessible à tous. L'idéalité de la signification est d'abord et avant tout son *irréalité* par opposition au caractère *réel* (singulier et temporel) des phénomènes psychiques. La condamnation de Husserl est donc sans appel : l'identification du contenu de signification avec le *contenu psychique* est une erreur fondamentale. L'opposition entre les qualités respectives de la signification (unité, identité, intemporalité) et des actes psychiques (multiplicité, diversité, temporalité) le conduit à distinguer, à propos de l'acte de conscience, une teneur logique idéale et une teneur psychologique réelle. « Dans » les jugements en tant qu'événements psychiques individuels – mon acte et ton acte quand nous jugeons l'un et l'autre que *le lion est un carnivore* –, il y a la même *teneur objective*, identique dans d'innombrables cas individuels : « la » signification *le lion est un carnivore*.

ANALYSE DE LA TENEUR PSYCHOLOGIQUE-RÉELLE ET DE LA TENEUR LOGIQUE-IDÉALE

Les éléments respectifs de la teneur psychologique et de la teneur logique de l'acte

La teneur psychologique et la teneur logique enferment chacune plusieurs éléments. La première réunit ce dont un acte est effectivement composé, ses parties concrètes et ses moments dépendants abstraits. Dans un acte de conscience complexe, les actes partiels sont en dernier ressort des représentations. Dans la représentation d'un lion on trouve les représentations de la tête, des pattes, etc. ; dans le jugement *le lion est un carnivore* on trouve les représentations sujet (*lion*) et prédicat (*carnivore*). Les parties abstraites, quant à elles, sont à l'acte psychique ce que la couleur, l'extension, la figure, le poids, etc., sont aux réalités physiques, *i. e.* des propriétés inséparables du tout concret auquel elles appartiennent. Dans un acte de représentation, par exemple, deux moments sont indissociablement unis : un *contenu* représentant (image mentale, signe sensible) et le *caractère intentionnel* en vertu duquel nous visons autre chose (l'objet représenté en image ou désigné par un mot). L'analyse peut distinguer ces deux moments inséparables dans la mesure où ils varient indépendamment l'un de l'autre : à partir d'un même contenu on peut viser deux choses différentes (la tâche rouge que nous percevons peut être appréhendée comme goutte de sang ou tâche de peinture) ; inversement, on peut appréhender la même chose à partir de contenus différents (la maison perçue de face et de profil, figurée en souvenir et désignée par un nom).

Toutes les parties, concrètes et abstraites, partagent le même statut ontologique que le tout auquel elles appartiennent. Dans un tout réel les parties constitutives sont nécessairement réelles. S'il s'agit d'une réalité physique transcendante (une chose), les parties sont transcendantes ; s'il s'agit d'une réalité psychique immanente, les parties sont immanentes. Dans un vécu de représentation, par exemple, les moments et les actes partiels sont des éléments *psychiques,* qui forment la teneur *psychologique réelle* (immanente) de l'acte.

La teneur logique de l'acte comporte également deux éléments. Tout d'abord, l'objet auquel se rapporte l'acte, ce que la conscience vise à partir d'un contenu immanent : le lion représenté en image ou désigné par un nom. L'objet que visent plusieurs personnes, à partir de contenus divers, dans différents actes de représentation, est donc, à ce titre (en tant que visé), un « contenu intentionnel » (non réel-immanent) ou une « teneur objective » [1] (non subjective). « Les choses ne sont pas les contenus effectifs de nos représentations, mais des unités objectives, donc des contenus présumés, simplement intentionnés » [2], c'est-à-dire visés *par* la conscience et non contenu *dans* la conscience. Par opposition au contenu psychique qui loge *réellement* dans l'acte, l'objet visé est également *idéal* (*irréel*) en tant qu'unité identique en face de la multiplicité des actes de conscience : « Chaque objet (...) est un point intentionnel d'unité dans une multiplicité illimitée d'actes possibles. Il peut bien être lui-même réel : cette unité est une unité idéale » [3]. Quand je me représente en imagination un dragon se tordant dans tous les sens, les représentations successives n'ont pas le même contenu psychique, mais elles se rapportent toutes au même objet.

Pour les mêmes raisons, il faut également ranger dans la teneur logique de l'acte la *teneur de signification* par l'intermédiaire de laquelle il se rapporte à l'objet. Par exemple, la signification « le roi de la jungle » au moyen de laquelle nous désignons le lion. À la différence du contenu psychique, le contenu en tant que signification objective est, comme l'objet visé, identique « dans » une multiplicité d'actes individuels. Nous pouvons répéter indéfiniment « le roi de la jungle » et lui associer toutes sortes de représentations : les actes se multiplient sans que la signification, elle, ait

1. Hua XXII, p. [338] ; trad. fr. p. 315.

2. E. Husserl, Hua XXII, p. [99] ; trad. fr. J. English, *Études psychologiques pour la logique élémentaire I,* dans *Articles sur la logique,* Paris, P.U.F., 1975, p. 133.

3. Hua XXII, p. [341-342] ; trad. fr. p. 319.

changé. Elle est une unité idéale, strictement identique, par opposition à la multiplicité des contenus de conscience nécessairement numériquement distincts en dépit de possibles analogies.

Bien qu'ils appartiennent tous deux à la teneur logique des actes, la signification et l'objet visé demeurent distincts, comme l'atteste leur variation mutuellement indépendante : une même signification peut se rapporter à des objets différents, des significations différentes peuvent se rapporter au même objet. La signification prédicative illustre le premier cas de figure. Quand nous affirmons : *Pierre est un homme* et *Paul est un homme*, le prédicat se rapporte à un « objet » différent, mais il conserve le même sens. Les descriptions définies d'un même objet illustrent le deuxième cas de figure : *le triangle qui a des côtés égaux* et *le triangle qui a des angles égaux* ; *le vainqueur d'Iéna* et *le vaincu de Waterloo*. La différence entre la signification et l'objet est confirmée par l'existence de représentations sans objet (*carré rond, montagne d'or, l'actuel roi de France*).

Vers une nouvelle théorie de la signification

La distinction entre la teneur psychologique-réelle de l'acte de conscience et sa teneur logique-idéale apporte un démenti catégorique aux thèses psychologistes identifiant la signification avec le contenu de représentation. À travers cette distinction se profile une autre théorie de la signification, qui n'est plus seulement orientée sur l'analyse psychologique des vécus et de leur contenu « réel », mais aussi et surtout sur leur *unité intentionnelle idéale*, manifestant par là une dimension *logique* dont Husserl n'aura de cesse de défendre la spécificité. Dès lors, la théorie *phénoménologique* de la signification doit s'acquitter de plusieurs tâches. Tout d'abord, préciser le statut ontologique de la signification qui n'est pas suffisamment déterminé tant qu'on se borne à parler d'*unité idéale*, car cette caractérisation revient également à l'objet visé par opposition aux actes qui le prennent pour cible. En outre, les liens qui unissent l'unité idéale de signification et les actes réels de la conscience ont besoin d'une clarification supplémentaire, car la première, toute idéale qu'elle est, n'est pas totalement étrangère à la sphère des réalités psychiques dont elle constitue précisément la *teneur*. Quelle est cette « teneur » capable d'animer une série indéfinie d'actes sans se démultiplier ? En répétant un nom et en multipliant le nombre de locuteurs (je dis *lion,* tu dis *lion...*), on multiplie indéfiniment les actes psychiques et linguistiques, mais on conserve la même signification nominale. Il appartiendra aux *LU* et à *VuB* d'éclairer les relations complexes qui se tissent entre les significations, les actes de la conscience et les objets qui sont signifiés. À cet égard, les textes inédits suggèrent déjà quelques éléments de réponse. Avant que la 1ère *Recherche* ne décrive l'unité idéale de signification comme celle d'une *espèce* réunissant une multiplicité d'actes, dès 1894 Husserl concevait déjà « le » jugement (la signification d'énoncé) comme une « signification *in specie* »[1], par opposition à la multiplicité des actes de jugement et des énoncés correspondants. Car si la même signification revient à des actes différents, si elle est, à ce titre, l'unité d'une multiplicité, c'est qu'elle n'est pas un individu réel (un acte psychique), mais une *espèce*. En tant que telle, la signification subsume des cas particuliers (des actes d'expression et de compréhension) dont elle est la teneur sans se réduire à l'un d'entre eux. Cette détermination de la signification comme objet général, distinct à la fois des actes psychiques et des objets signifiés, est précisément au fondement de la théorie phénoménologique de la signification de la 1ère *Recherche logique*.

1. *Objets intentionnels* (1898), Hua XXII, p. [345] ; trad. fr. p. 323-324.

DEUXIÈME PARTIE

LE PREMIER VERSANT DE LA THÉORIE PHÉNOMÉNOLOGIQUE DE LA SIGNIFICATION : LE CONCEPT NOÉTIQUE

CHAPITRE PREMIER

L'OBJET ET LA MÉTHODE DE LA PHÉNOMÉNOLOGIE DANS LES *RECHERCHES LOGIQUES*

L'ANALYSE DESCRIPTIVE DE L'ACTE DE CONSCIENCE

Parties concrètes et abstraites

Avant de nous pencher sur la théorie phénoménologique de la signification des *LU,* il faut dire un mot sur la manière dont Husserl envisage l'objet et la méthode de la phénoménologie. « La phénoménologie, dit-il à cette époque, est psychologie descriptive »[1]. Elle a pour objet les vécus réellement donnés dans le courant de la conscience (les actes de perception,

1. E. Husserl, Hua XIX/1, *Logische Untersuchungen.* Zweiter Band : *Untersuchungen zur Phänomenologie und Theorie der Erkenntnis, Erster Teil*, hg. v. U. Panzer, Kluwer Academic Publishers, Dordrecht/Boston/Londres, 1984, p. [24] ; trad. fr. H. Elie, A.-L. Kelkel et R. Schérer, *Recherches Logiques*, t. II/1 : *Recherches pour la phénoménologie et la théorie de la connaissance*, Paris, P.U.F., 1969, p. 263.

de jugement, etc.)[1], autrement dit « des états, des faits, des événements psychiques, tels que nous les révèle rigoureusement la perception interne »[2]. Dès lors, son but n'est pas d'expliquer la genèse des vécus, mais d'en analyser les composantes, de dévoiler « tout ce qui constitue en tant que partie réelle (…) la conscience »[3]. La phénoménologie tient évidemment compte du caractère *intentionnel* de nombreux vécus (les *actes* proprement dits) qui, au-delà de leur propre contenu, visent quelque chose d'autre ou se rapportent à un objet.

L'analyse phénoménologique découvre en eux deux types de parties, les unes « concrètes », les autres « abstraites ». On trouve tout d'abord dans les phénomènes psychiques complexes des représentations à titre de composantes. Le jugement *le foulard est rouge* est ainsi composé d'actes partiels : une représentation-sujet et une représentation-prédicat reliées au moyen de la copule. Les représentations comprennent à leur tour des parties abstraites qui ne sont plus séparables : le caractère *intentionnel* (ou caractère d'acte) ainsi que le contenu psychique, présent à la conscience, à partir duquel nous nous représentons quelque chose d'autre. La perception d'une boule rouge est ainsi composée de deux moments : les contenus sensibles (sensations de couleur et de forme) et le mouvement intentionnel qui appréhende ces *data* de sensation en tant que boule rouge, qui se représente un objet à partir des contenus primaires. La réunion de toutes les composantes, concrètes et abstraites, de l'acte forme son contenu psychique « réel » immanent.

Matière et qualité

L'analyse phénoménologique se complique un peu dans la mesure où elle découvre deux nouveaux moments dépendants, la *qualité* et la *matière*, en comparant les différentes espèces de vécus. Il faut en effet établir une « distinction entre le caractère général de l'acte qui le désigne selon les cas comme simplement représentatif ou comme judicatif, affectif, optatif, etc., et son “contenu”, qui le désigne comme cette représentation [de tel objet], ce jugement [sur tel objet] »[4]. La représentation *un arbre*, le jugement *ceci est un arbre* et la question *est-ce un arbre ?* sont, par exemple, des actes de même contenu ou matière, mais de *qualité*

1. *Cf.* E. Husserl, Hua XIX/2, *Logische Untersuchungen*. Zweiter Band, zweiter Teil, hg. v. U. Panzer, Dordrecht/Boston/Londres, 1984, p. [361-362] ; trad. fr. H. Elie, A.-L. Kelkel et R. Schérer, Paris, P.U.F., 1961 et 1962, p. 151.

2. F. Brentano, *Psychologie*, Bd. I, trad. fr. p. 32.

3. *LU V*, Hua XIX/2, p. [363] ; trad. fr. p. 152.

4. *LU V*, Hua XIX/2, p. [425-426] ; trad. fr. p. 217.

différente (le premier représente simplement son objet sans prendre positions sur son être effectif, le second le pose dans l'être, tandis que le troisième s'interroge sur cet être). À l'inverse, *le vainqueur d'Iéna* et *la Belle Hélène* sont, en tant que représentation, des actes de même qualité dont la matière ou le contenu est manifestement différent. Tandis que la « qualité caractérise l'acte, par exemple comme représentation ou jugement, la matière (...) lui confère l'orientation déterminée vers un objet, c'est-à-dire qui fait, par exemple, que la représentation représente précisément ceci [un arbre, un vainqueur...] et rien d'autre » [1].

Le « contenu » dont il est ici question n'est pas le contenu *psychique* dont parlait Twardowski, c'est-à-dire les actes partiels dont un acte complexe est composé (les représentations sujet et prédicat dans un jugement ; les représentations *vainqueur* et *Iéna* dans la représentation *le vainqueur d'Iéna*). Ces parties sont en effet *séparables* les unes des autres, alors que la *qualité* et le *contenu* (la *matière*) d'un acte sont inséparables : la représentation *Le vainqueur d'Iéna* est tout uniment une qualité et une matière. Qualité et matière sont des parties *abstraites* ou des moments dépendants. En outre, la réunion des parties concrètes (actes partiels) forme *un* acte *singulier*: *le/vainqueur/d'Iéna*; *le/foulard/est/rouge*. En revanche, matière et qualité sont des moments que *plusieurs* actes peuvent partager (il y a par exemple des actes de différentes qualités possédant en commun le même contenu).

La matière et l'objet de l'acte

La redéfinition de la matière

La définition de la matière intentionnelle a toutefois besoin d'un éclaircissement supplémentaire, car des représentations orientées vers le même objet ont parfois des matières différentes : *triangle équilatéral* et *triangle équiangle*, *le vainqueur d'Iéna* et *le vaincu de Waterloo*. Il faut donc tenir compte de la manière dont est représenté l'objet auquel se rapporte la conscience : à quel titre est-il appréhendé ? Avec quels caractères ? Dans quelles relations ? Le triangle est-il représenté en tant qu'équilatéral ou équiangle ? Napoléon est-il appréhendé en tant que vainqueur ou vaincu ? En résumé, la matière établit *quel* objet précisément est visé et *de quelle manière* il l'est (« le mode selon lequel l'acte [le] vise » [2]).

1. *LU V*, Hua XIX/2, p. [428] ; trad. fr. p. 220.
2. *LU V*, Hua XIX/2, trad. fr. p. 221-222.

Si l'on fait le bilan de l'analyse phénoménologique de l'acte, on trouve donc en lui des parties concrètes et abstraites. Les premières sont les actes partiels dont il est composé, c'est-à-dire, en dernière analyse, des représentations. Les secondes sont, pour les représentations, les contenus primaires et l'appréhension, et, pour tous les actes, la matière et la qualité. Les parties concrètes et abstraites forment le « contenu phénoménologique réel » de l'acte.

Les choses se compliquent un peu plus, car la matière de l'acte n'est pas une composante comme les autres. Si l'on appelle « réelles » les parties dont un acte est intérieurement constitué (les composantes immanentes que l'on trouve *en* lui), alors la matière n'est pas un *contenu réel* attaché à un acte singulier, car on peut la trouver *identique* dans des actes qualitativement différents. En outre, parce qu'elle projette l'acte au dehors de lui-même vers un objet, elle appartient plutôt à son contenu « intentionnel ».

L'exclusion de l'objet

Parce qu'elle a d'abord été comprise, sur le modèle de la psychologie descriptive, comme une exploration descriptive des contenus de conscience, la phénoménologie a voulu exclure de son champ d'investigation l'*objet* dont on a conscience, en raison de sa transcendance. Cet objet est en effet extérieur au courant de conscience immanent. Tel est le cas des objets de la perception sensible : « cet objet lui-même, bien que perçu, n'est ni vécu, ni dans la conscience, pas plus que ne l'est la coloration perçue en lui » [1]. Husserl rejette donc catégoriquement la notion brentanienne d'*objet immanent* ou *intentionnel*, qui implique une inclusion de l'objet à l'intérieur de la conscience et sa transformation en un contenu psychique réel :

> Tout phénomène psychique contient en lui-même quelque chose comme objet (...). Dans la représentation, c'est quelque chose qui est représenté, dans le jugement quelque chose qui est admis ou rejeté, dans l'amour quelque chose qui est aimé [2].

Pour Brentano, l'objet dont on a conscience (l'objet perçu, imaginé, désiré, jugé…) est bel et bien un objet mental qui existe dans l'esprit, à l'intérieur de l'acte de représentation : « Lorsque je parlais de l' "objet immanent", j'ajoutais le terme "immanent" pour éviter un malentendu, parce que beaucoup nomment objet ce qui existe en dehors de l'esprit.

1. *LU V*, Hua XIX/2, p. [358] ; trad. fr. p. 147.

2. F. Brentano, *Psychologie*, *op. cit.*, Livre II, Chap. I, § 5, trad. fr. (modifiée) p. 102.

Je parlais au contraire d'un objet de représentation qu'on assigne à celle-ci [même] lorsque rien ne lui correspond en dehors de l'esprit » [1].

À l'intérieur de cette phénoménologie comprise comme analyse descriptive des seuls vécus immanents s'inscrit une nouvelle théorie de la signification.

1. F. Brentano, *Lettre à Marty du 17 Mars 1905*, dans *Wahrheit und Evidenz*, Leipzig, 1930; Hamburg, F. Meiner, 1974, 2. Aufl., p. 87.

CHAPITRE II

LA PURIFICATION DE LA SIGNIFICATION

L'EXCLUSION DE L'INDICE

L'indice

La théorie intentionnelle de la signification exposée dans *LU I*[1] privilégie naturellement les *actes* du signifier au détriment des objets signifiés. Elle se présente donc comme une analyse psychologique-descriptive des vécus d'expression et de compréhension. Ce travail est précédé d'une purification préalable du *phénomène* de la signification à partir de l'exclusion de l'indice et de la fonction de manifestation.

S'il est vrai que la signification se donne à nous à travers des *signes*, on aurait tort d'en conclure que tout signe a une signification : « Tout signe est signe de quelque chose [cependant] tout signe n'a pas une "signification", un "sens" qui soit "exprimé" avec le signe »[2]. Pour appréhender le phénomène du signifier dans toute sa pureté, il faut donc écarter les signes dépourvus de signification. Pour cela, il importe de distinguer l'indice (*Anzeichen*) et l'expression (*Ausdruck*). Un *indice* est une chose qui indique l'existence de quelque chose d'autre[3]. Certains indices conventionnels (stigmate, drapeau) ont été choisis pour remplir une fonction indicative. D'autres indices, tels que les fossiles indiquant l'existence d'une forme de vie passée, sont naturels. L'indication repose sur une association

1. *Cf.* J. Benoist, *Intentionnalité et langage dans les* Recherches Logiques *de Husserl*, Paris, P.U.F., 2001.

2. *LU I*, Hua XIX/1, p. [30] ; trad. fr. p. 27.

3. Cf. *LU I*, Hua XIX/1, p. [32], et *VuB*, Hua XXVI, p. [9-10] ; trad. fr. p. 30.

d'idées : « Un objet (...) en rappelle un autre auquel il renvoie »[1]. Nous apercevons le drapeau tricolore et songeons aussitôt à la France ; nous examinons un fossile et comprenons qu'il témoigne d'une vie révolue. L'indication implique également une croyance en l'existence de la chose évoquée : « un objet (...) incite à admettre [qu'un] autre existe également »[2]. L'indice motive un jugement d'existence : « Certaines choses pourraient ou doivent exister parce que telles autres sont données »[3]. Dans la mesure où ils renvoient à quelque chose d'autre, les indices sont incontestablement des signes, mais ils n'ont pas de *signification* à proprement parler. Ils *indiquent* l'existence de quelque chose, mais ils n'expriment rien. Des traces de cendre sur le sol peuvent évoquer le passage d'un fumeur, toutefois elles ne formulent pas explicitement une information du genre : *quelqu'un a fumé et sali la moquette*. Les cendres déposées accidentellement ne *veulent* rien *dire*, et celui qui a laissé involontairement cette trace n'a rien *voulu dire* non plus. Le *cela me fait éventuellement penser à* ... n'est pas un *cela signifie que* ...

L'expression

En revanche, les expressions du discours, les symboles algébriques, etc., expriment une signification. Ce sont des signes signifiants. Par exemple, l'énoncé : *il n'y a pas de fumée sans feu* n'indique pas l'existence d'un feu comme le ferait la perception d'une fumée ; il *veut dire* explicitement quelque chose. En outre, pour que la fumée puisse remplir une fonction indicative, une conscience doit tenir ce phénomène naturel pour l'indice d'un incendie (il faut que cela lui fasse penser au feu), alors qu'un énoncé a déjà lui-même un sens indépendamment de nos vécus et de toutes les représentations qu'il peut accidentellement éveiller en nous. De plus, un indice n'évoque pas nécessairement la même chose à toutes les consciences. Les traces de cendres éveillent chez la femme de chambre le souvenir d'un hôte négligeant, suggèrent au commissaire de police une hypothèse quant à l'identité du suspect, et excitent chez le fumeur invétéré un irrépressible désir accompagné de l'image phantasmatique d'une cigarette. Un signe linguistique, au contraire, doit avoir la *même* signification pour tous.

1. *LU I*, Hua XIX/1, p. [37] ; trad. fr. p. 35.
2. *Ibid.*
3. *LU I*, Hua XIX/1, p. [32] ; trad. fr. p. 29.

L'EXCLUSION DE LA FONCTION DE MANIFESTATION

L'exclusion de la fonction de manifestation dans le discours

Pour circonscrire le phénomène du signifier, il faut également écarter la fonction de manifestation avec laquelle l'école de Brentano a tendance à le confondre. Pour la psychologie descriptive, l'essence de l'expression réside en effet dans l'*extériorisation* des vécus. Le nom donne une forme aux représentations, l'énoncé exprime les jugements, etc. En recevant une forme linguistique, les vécus d'autrui deviennent accessibles : le nom nous apprend que le locuteur a en lui une représentation, l'énoncé indique la présence d'un jugement dans sa conscience, etc. La fonction de signification reposerait donc essentiellement sur la manifestation extérieure des phénomènes psychiques. Cependant, la signification n'est pas nécessairement attachée à la communication interindividuelle. Les expressions ne sont pas toujours proférées à l'attention d'un interlocuteur ; elles peuvent également intervenir dans la vie psychique solitaire, sans aucun destinataire. Cela arrive lorsque je tiens un discours dans mon for intérieur (par exemple, je récite silencieusement un poème dans ma tête pour exercer ma mémoire). Dans ce cas, l'extériorisation des vécus que je suis moi-même en train de vivre au même instant n'a aucune utilité. Dépourvues de leur fonction de communication, les expressions utilisées dans le monologue n'en signifient pas moins quelque chose et sont alors réduites à l'essentiel : la fonction de signification. Ce qu'une expression *signifie* et ce qu'elle *manifeste* sont deux choses différentes.

L'exclusion des extériorisations corporelles

Pour le même motif, Husserl écarte également les phénomènes corporels qui accompagnent involontairement les expressions :

> Nous excluons le jeu de physionomie et les gestes dont nous accompagnons spontanément nos paroles et en tout cas sans intention de communication, ou dans lesquels, même sans le concours de la parole, l'état d'âme d'une personne vient à « s'exprimer » de manière compréhensible pour son entourage. De telles extériorisations ne sont pas des expressions au même sens que le discours (…) ; avec elles un être ne communique rien à un autre, *il lui manque dans la manifestation de ces vécus l'intention d'exposer de manière expresse quelque « pensée » que ce soit* (…) [1].

1. *LU I*, Hua XIX/1, p. [37-38] ; trad. fr. p. 35-36. Nous soulignons.

Les mouvements de la tête et du corps sont parfois l'extériorisation d'une émotion, mais ils n'expriment pas une signification à proprement parler. Ils peuvent accompagner des paroles, mais ils ne *veulent* rien *dire* par eux-mêmes, et celui qui parle n'a pas l'intention d'exprimer explicitement ses pensées par leur moyen. Il manque en effet aux extériorisations corporelles une intention de signification. L'interlocuteur les considère d'ailleurs moins comme des signes qui *voudraient dire* expressément quelque chose, que comme des indices, souvent involontaires, de l'état psycho-physique de celui qui s'agite devant lui. S'il rougit, il a peut-être chaud ou honte ; s'il verse des larmes il est vraisemblablement ému ; s'il gesticule pour attirer mon attention, il a probablement l'intention de me parler. Mais, tant qu'il ne prend pas la parole, j'ignore ce qu'il *veut dire* et ses pensées me sont inconnues :

> Qu'un autre puisse interpréter nos extériorisations spontanées (par exemple les « mouvements expressifs ») et apprendre par elles bien des choses sur nos pensées intimes et nos mouvements affectifs, cela ne change rien à la question. Elles « signifient » quelque chose pour lui en tant précisément qu'il les interprète [elles n'ont en elles-mêmes et par elles-mêmes aucune signification] ; mais, pour lui non plus elles n'ont pas de signification au sens prégnant des signes linguistiques, mais seulement au sens d'indices [1].

Lorsque nous apprenons quelque chose sur les vécus d'autrui à partir des mimiques et des mouvements corporels, nous n'avons pas compris une signification explicitement formulée dans un discours (*je me sens un peu nerveux, sa disparition m'afflige, je t'en supplie !*) ; nous avons simplement interprété les manifestations corporelles comme des indices de l'existence présumée de certains phénomènes psychiques. En incluant les expressions corporelles dans la sphère des indices naturels, Husserl les exclut *de facto* du domaine de l'*expression* à laquelle est réservée la signification.

À partir de l'exclusion des fonctions d'indication et de manifestation se dévoile l'essence de l'expression : la fonction de signification qui lui appartient en toutes circonstances. Une fois le phénomène du signifier purifié et isolé, la phénoménologie peut le soumettre à une analyse directement inspirée de la psychologie descriptive.

1. *LU I*, Hua XIX/1, p. [37-38] ; trad. fr. p. 35-36. Cf. *VuB*, p. [10] ; trad. fr. p. 30-31.

CHAPITRE III

L'ANALYSE PHÉNOMÉNOLOGIQUE DE L'EXPRESSION

LE PREMIER NIVEAU : LES DISTINCTIONS OBJECTIVES OU IDÉALES ENTRE L'ASPECT PHYSIQUE DE L'EXPRESSION, SA SIGNIFICATION ET SON OBJET

La distinction entre l'aspect physique de l'expression et sa signification

Les analyses de *LU I* se déploient sur deux niveaux : les vécus intentionnels (les actes du signifier que sont l'expression et la compréhension) et les objets auxquels ils se rapportent (les objets qui sont signifiés). Considérant que les objets visés ne relèvent pas du champ phénoménologique *stricto sensu* en raison de leur transcendance, Husserl privilégie cependant les actes. Toutefois, parce que le versant subjectif, qui exige une analyse réflexive que la conscience, spontanément tournée vers les objets, n'a pas l'habitude d'accomplir, est d'un accès plus difficile, nous commencerons par le versant objectif.

Que trouvons-nous donc en face des actes du signifier ? Au cours de la lecture ou de l'audition, on a d'abord affaire, à un niveau *objectif*, à l'expression elle-même, traditionnellement analysée comme une entité à double face :

> On a coutume de distinguer deux choses à propos de toute expression : 1. l'expression selon sa face physique (le signe sensible, le complexe phonique, le signe écrit sur le papier, etc.) 2. Une certaine somme de vécus psychiques qui, reliés associativement à l'expression, en font, par ce moyen, l'expression de quelque chose [1].

1. *LU I*, Hua XIX/1, p. [38] ; trad. fr. p. 36.

La face physique correspondant à l'aspect sensible du signe : le complexe sonore que l'on entend, la forme écrite que l'on parcourt des yeux. La face psychologique correspond à l'ensemble des vécus qui donnent une *signification* au signe sensible auquel ils sont associés. Ces vécus sont tout simplement les actes ou les états psychiques exprimés par le locuteur : « Les sons émis par la voix sont *les symboles des états de l'âme*, et les mots écrits les symboles des mots émis par la voix » [1]. Depuis Aristote, l'expression signifiante est souvent comprise comme la réunion d'un son et d'un sens : le mot est « ce qui est proféré par une voix articulée avec une signification » [2]. Le sens ou la signification associée au signe sensible est elle-même comprise comme une *idée* ou un *concept* que la face physique est chargée d'évoquer : « Un signe est en effet une chose qui, en plus de l'impression qu'elle produit sur les sens, fait venir d'elle-même quelque chose d'autre à la pensée » [3]. La théorie psychologique-descriptive de la signification témoigne également d'une conception dualiste : « La plupart du temps, ce sont ces vécus [associés au signe physique] que l'on désigne comme sens ou signification de l'expression » [4]. Husserl évoque ici toutes les théories qui, de Locke à Twardowski, ont localisé la signification du mot dans une représentation, et l'ont précisément identifiée à l'idée qui est exprimée par le locuteur avant d'être réveillée chez l'interlocuteur à l'occasion de la perception du signe sensible. L'éveil d'une représentation dans la conscience, l'évocation d'un certain contenu psychique, est un acte donateur de sens. L'émission vocale ou la trace écrite reçoit une signification dès qu'un contenu de conscience (représentation, idée) lui est associé.

Considérant qu'au-delà de cette entité psycho-physique qu'est le signe, il y a également un objet, Twardowski aboutit quant à lui à une *triple* distinction entre l'*acte* de représentation (ou le nom qui en est l'expression), son *contenu* psychique (ou sémantique) et l'*objet* auquel il se rapporte (l'objet représenté ou nommé). Distinction directement confirmée par l'analyse des fonctions nominales :

> On a, pour chaque nom, distingué entre ce dont il « informe » (nos vécus psychiques) et ce qu'il signifie [l'expression éveille des vécus chez l'interlocuteur]. Et, de plus, entre ce qu'il signifie (le sens, le « contenu » de

1. Aristote, *De l'interprétation*, Organon I, *op. cit.*, 1, 16a 3-10. Nous soulignons.
2. Saint Augustin, *De magistro*, § 8, trad. fr. B. Jolibert, Paris, Klincksieck, 1988.
3. Saint Augustin, *Le magistère chrétien*, II, I, 1, « Bibliothèque augustinienne », vol. 11, Paris, 1949, p. 239.
4. *LU I*, Hua XIX/1, p. [38] ; trad. fr. p. 36. *Cf.* aussi *VuB*, Hua XXVI, p. [10] et p. [25] ; trad. fr. p. 31 et 47.

la représentation nominale) et ce qu'il nomme (l'objet de la représentation)[1].

Ces analyses sont cependant loin d'être satisfaisantes. La théorie psychologique sur laquelle elles s'appuient demeure même foncièrement inexacte, car la réduction de la signification à un contenu de conscience réel, singulier, contingent et immanent, est incompatible avec l'identité idéale qui lui revient par opposition à la multiplicité des vécus. L'analyse phénoménologique doit donc repartir sur de nouvelles bases. Si, en adoptant d'abord un point de vue *objectif*, on envisage l'expression indépendamment des vécus d'expression et de compréhension au cours desquels elle apparaît à la conscience, la première distinction qui s'impose concerne l'aspect physique du signe et sa signification : « On aura tout d'abord à distinguer : l'expression elle-même (...), sans tenir compte de son sens et ce sens lui-même, la signification »[2]. Ces deux éléments, il est vrai, sont intimement unis : l'expression a une signification, et quand la conscience a affaire à une signification, elle rencontre toujours un signe. On peut néanmoins opérer ici une distinction. Quand nous avons affaire à une expression inconnue (un mot étranger par exemple), elle n'est plus qu'un phénomène physique vidé de son sens. En outre, le signe sensible peut se présenter sous différents aspects physiques (sonores, graphiques), tandis que la signification conserve son identité : quelle que soit la manière dont elle est prononcée ou écrite, l'expression *racine carrée* signifie toujours la même chose. Inversement, le même signe peut endosser plusieurs significations : *cure* signifie tantôt *soin* (« faire une cure »), tantôt *souci* (« je n'en ai cure »). Grammaticalement parlant, c'est la même expression, mais logiquement parlant il y a ici deux unités de signification (« les expressions équivoques sont, proprement, plusieurs expressions »[3]).

La distinction entre la signification et l'objet de l'expression : le cas de l'énoncé

Si la distinction entre le signe sensible et la signification s'impose d'elle-même, la différence entre la signification et l'objet de l'expression est en revanche beaucoup plus difficile à saisir : « (…), le plus souvent, quand on entend parler de significations, ce sont les objets signifiés qui sont visés sous ce terme »[4]. Une fois que l'on a distingué le nom et ce qu'il

1. *LU I*, Hua XIX/1, p. [38] ; trad. fr. p. 37.
2. *VuB*, Hua XXVI, p. [12] ; trad. fr. p. 32.
3. *VuB*, Hua XXVI, trad. fr. p. 54.
4. *LU I*, Hua XIX/1, p. [60] ; trad. fr. p. 61-62.

désigne (le mot « chaise » et la chaise elle-même), il est en effet tentant de localiser la signification dans *l'objet nommé* (ou du moins dans sa représentation mentale, dans l'idée que nous avons de lui), et de confier à l'intuition donatrice de l'objet le rôle d'acte donateur de sens. Comprendre l'expression *la chaise* consisterait à percevoir l'objet désigné, ou, s'il est absent, à en évoquer le souvenir. Pourtant, la signification (ce qu'une expression veut dire) ne coïncide pas exactement avec l'objet signifié (ce à quoi elle se rapporte). S'agissant de l'énoncé on distinguera sans trop de difficulté ce qu'il énonce (*S est p*), et ce sur quoi il énonce quelque chose (le *S* auquel revient le p). La distinction entre l'objet du jugement ou de l'énoncé et sa signification repose ici sur l'opposition entre l'identité de l'objet-substrat et la multiplicité des déterminations qu'il est susceptible de recevoir : on peut énoncer plusieurs jugements sur le compte d'un même objet : S est p, S est q... Il y a une différence manifeste entre le substrat identique S, sur lequel porte l'énoncé, et ce qui est chaque fois jugé ou énoncé de lui (...est p, ...est q).

Il y a cependant deux manières de concevoir l'objet du jugement :

> Si nous prenons, par exemple, les propositions énonciatives de la forme S est p, ce qui est considéré comme l'objet de l'énoncé, c'est, en règle générale, l'objet désigné par le sujet de la proposition, c'est-à-dire celui « dont » on énonce quelque chose. Mais une autre conception est encore possible, c'est celle qui conçoit l'état-de-choses dans son ensemble [S est p], ressortissant à l'énoncé comme étant l'analogon de l'objet nommé par le nom, et qui distingue cet objet de la signification de la proposition énonciative [1].

L'objet-sujet (le substrat auquel reviennent des déterminations) fait certes partie de l'objet du juger, mais celui-ci ne se réduit pas à celui-là. L'objet de l'acte de jugement *n'est pas* purement et simplement celui auquel se rapporte déjà une simple représentation (S) ; l'objet du jugement, ce dont nous avons conscience, c'est précisément le-fait-que-S-est-p (le fait que tel objet ait telle propriété), *i.e.* l'état-de-chose tout entier. Quand le jugement est verbalement exprimé, cet état-de-chose devient le référent de l'énoncé.

> Dans la proposition le couteau se trouve sur la table, c'est encore le couteau sans doute qui est l'objet « sur » lequel on porte un jugement ou « duquel » on énonce ; mais néanmoins il n'est pas l'objet premier, c'est-à-dire l'objet complet du jugement, mais seulement celui du sujet du jugement.

1. *LU I*, Hua XIX/1, p. [54] ; trad. fr. p. 55.

> Au jugement global correspond, comme étant son objet complet, l'état-de-choses jugé [le-fait-que-le-couteau-est-sur-la-table] [1].

Or, si l'objet du jugement correspond à l'état-de-choses que l'on avait auparavant opposé à l'objet-substrat pour détacher la signification, comment allons-nous maintenant distinguer ces deux éléments ? La signification de l'énoncé (ce qui est énoncé : *S est p*) et son objet (S-est-p) ne sont-ils pas équivalents ? On pourrait écarter la difficulté en répondant que l'objet-substrat (*S*) est l'objet de la représentation, l'état-de-chose tout entier (*S est p*) l'objet du jugement, et la détermination (*...est p*) la signification de l'énoncé. Cependant, le « ...est p » et le « S » ne sont que des moments de signification à l'intérieur de la signification globale de l'énoncé tout entier. Le problème reste donc entier : quelle différence y-a-t-il entre l'objet de l'énoncé et sa signification si l'un et l'autre sont localisés dans le *S est p* ? Pour se tirer d'affaire, il faudrait retrouver l'opposition entre la multiplicité des significations et l'identité de l'objet. La chose est possible à partir d'une distinction entre l'état-de-chose (*Sachverhalt*) et la situation-de-chose (*Sachlage*) [2]. Une situation-de-chose, par exemple une relation unissant deux termes a et b, peut donner lieu à deux état-de-choses différents qui s'impliquent mutuellement : $a>b$ (si l'on pense la situation à partir de a comme une relation de supériorité) et $b<a$ (si l'on pense la situation à partir de b comme une relation d'infériorité). Par suite, les énoncés : $a>b$ et $b<a$ se rapportent à la même situation-de-chose, puisque les mêmes termes (*a*, *b*) sont réunis dans la même relation, mais ils n'ont pas exactement la même signification, puisque le sujet et le prédicat, après avoir échangé leur place, sont de part et d'autre différents. La situation-de-chose donne au juger et à l'énoncé correspondant leur objet ; l'état-de-choses (*S est p*) leur confère la signification. On retrouve alors l'opposition entre l'unité de l'objet visé et la multiplicité des significations, puisqu'il existe au moins *deux* état-de-choses pour *une* situation-de-chose.

En définitive, pour bien comprendre la distinction entre la signification et l'objet de l'énoncé, il faut distinguer deux cas de figure. Quand le même prédicat est énoncé du même sujet, l'état-de-choses (S est p) demeure le même : *Napoléon est un empereur, le vainqueur d'Iéna est un empereur, le vaincu de Waterloo est à la tête d'un empire*. Le fait que Napoléon soit empereur « c'est là quelque chose qui est objectivement commun dans des propositions de signification différente » [3]. Comment obtenons-nous

1. *LU V*, Hua XIX/2, p. [416] ; trad. fr. p. 207.
2. Cf. *VuB*, Hua XXVI, p. [29] ; trad. fr. p. 52.
3. *VuB*, Hua XXVI, p. [29] ; trad. fr. p. 52.

alors des significations différentes à partir d'un seul et même état-de-chose ? Cela tient à la diversité des représentations nominales et adjectives, ainsi qu'à leurs combinaisons possibles :

> Le même objet-sujet peut être représenté [nominalement] selon des manières qui ont une signification différente [*Napoléon, le vainqueur d'Iéna, le vaincu de Waterloo*], et la même propriété peut l'être de même [être empereur, être à la tête d'un empire, être le souverain d'un empire]. Par conséquent, nous avons à distinguer l'état-de-chose énoncé [*Napoléon est un empereur, S est p*] de la manière suivant laquelle il vient à chaque fois à être énoncé [*Napoléon est un empereur, le vainqueur d'Iéna est un empereur, le vaincu de Waterloo est à la tête d'un empire*], à savoir dans la forme des différentes significations des énoncés qui, voulant dire quelque chose de différent, énoncent pourtant du même sujet la même propriété [portent sur le même état-de-chose] [1].

Puisque l'objet et la propriété, dont l'articulation constitue précisément l'état-de-chose, peuvent être représentés chacun de différentes manières (Napoléon est représenté tantôt par un nom propre, tantôt par une description définie qui admet plusieurs tournures selon les marques distinctives sélectionnées), on obtient des énoncés qui se rapportent au même état-de-chose S est p, mais qui, à partir d'unités sémantiques différentes (*Napoléon*, *vainqueur d'Iéna*, *vaincu de Waterloo*), ne *signifient* pas la même chose : *Napoléon est un empereur, le vainqueur d'Iéna est un empereur, le vaincu de Waterloo est à la tête d'un empire.*

Avec les énoncés $a > b$ et $b < a$, l'opposition entre la multiplicité des significations et l'unité de leur corrélat objectif revêt une autre forme : « Nous avons, des deux côtés, des sujets différents et des prédicats différents ; nous avons donc (…) des états-de-choses différents » [2]. En permutant les termes de la relation (*a* devient prédicat, et *b* sujet), on obtient maintenant *un autre* état-de-chose ; mais les mêmes termes (*a*, *b*) étant toujours unis dans la même relation de grandeur, la *situation-de-chose*, qui est au fondement des deux états-de-choses (a > b et b < a), reste identique. À cette *situation-de-chose* identique se rapportent donc des énoncés dont la signification est différente : $a > b$, $b < a$. La multiplicité des significations ne s'oppose plus à l'identité d'un *état-de-choses* dans lequel S et p n'auraient pas changé, mais à l'identité d'une *situation-de-chose* où S et p admettent une permutation.

La distinction entre la signification et l'objet s'applique donc, sous une forme ou une autre, à tous les énoncés de jugement.

1. *Ibid.*
2. *Ibid.*

La distinction entre la signification et l'objet de l'expression : le cas du nom

Cette distinction concerne également les noms*:* « Dans toutes les expressions (...), nous avons (...) à distinguer entre la signification elle-même et l'objectivité à laquelle elle se relie » [1]. On a tort de dire que la signification d'un nom est donnée par la chose désignée. Car on peut là aussi relever une différence entre la signification nominale et l'objet nommé. Il faut d'abord noter que les noms ne sont pas seulement de simples substantifs mais, d'une manière générale, l'expression d'une représentation. Des expressions composées telles que : *le vainqueur d'Iéna* ou *le vaincu de Waterloo* sont des noms au même titre que des expressions plus simples comme *le vainqueur* ou *Waterloo*. En définitive, toute expression capable de remplir la fonction de sujet dans un énoncé est un nom : « *Le cheval* ; *un bouquet de fleurs* ; *une maison qui est bâtie en grès* ; *l'ouverture du Reichstag* – mais aussi des expressions comme : *que le Reichstag est ouvert*, sont des noms » [2]. À partir de là, la distinction entre la signification du nom et son objet n'est pas difficile à établir. Il y a en effet des expressions nominales qui ont la même signification mais des références différentes, et, inversement, des noms qui ont même référence mais des significations différentes. Les noms communs illustrent le premier cas de figure. Dans les énoncés : *Bucéphale est un cheval* et *cette haridelle est un cheval* [3], le nom *cheval*, dont la signification demeure identique, désigne chaque fois un animal différent. Un nom commun a plusieurs objets, mais pas plusieurs sens. À l'inverse, on relève dans certains noms une opposition entre la multiplicité des significations et l'unité de l'objet : ce sont des « noms [qui] voulant dire quelque chose de différent nomment la même personne ou la même chose » [4]. *Le vainqueur d'Iéna* et *le vaincu de Waterloo* désignent le même personnage (Napoléon) à partir de significations différentes.

La différence entre la signification et l'objet du nom est confirmée par l'existence de représentations sans objet :

> Si (…) on identifie la signification avec l'objet de l'expression, un nom comme *montagne d'or* est sans signification. Mais, en général, on distingue ici le défaut d'objet et l'absence de signification. On aime, par contre, à désigner des expressions contradictoires et entachées, en général,

1. *VuB*, Hua XXVI, p. [29] ; trad. fr. p. 52.
2. *LU V*, Hua XIX/2, p. [481] ; trad. fr. p. 274.
3. *LU I*, Hua XIX/1, p. [53] ; trad. fr. p. 54.
4. *VuB*, Hua XXVI, p. [28] ; trad. fr. 51.

> d'incompatibilités évidentes, telles que *carré rond*, comme dépourvues de sens, ou à leur contester (...) une signification [1].

Alors qu'on devrait ici aussi distinguer la signification de l'expression, obtenue par la réunion de deux qualités contradictoires (*carré/rond*), et l'objet de l'expression (le carré rond) qui n'a ici aucune existence puisque rien ne peut réunir des propriétés mutuellement incompatibles.

> [On] confond manifestement ici deux questions différentes, à savoir : 1) si à un nom revient une signification (un « sens ») ; et 2) si existe ou n'existe pas un objet correspondant à un nom. Les noms qui n'ont pas de sens sont au sens exact des noms sans signification, des apparences de nom, comme abracadabra. Mais « carré rond » est un nom commun univoque, auquel toutefois rien ne peut correspondre dans la réalité [2].

Par ce qu'elles ne violent aucune règle grammaticale, les expressions telles que *montagne d'or*, *fer en bois*, *carré rond*, etc., ont un sens parfaitement compréhensible, même si aucun objet ne correspond à ce qui est ici signifié. Le manque d'objet n'est pas une absence de signification.

Au terme d'une première série d'analyses accomplie sur le plan *objectif* des unités visées par la conscience, Husserl aboutit donc à une triple distinction entre l'aspect physique de l'expression (le signe sensible), sa signification et son objet. Il faut maintenant se pencher sur les vécus dont ces unités sont les corrélats intentionnels objectifs.

LE DEUXIÈME NIVEAU : LES DISTINCTIONS SUBJECTIVES OU PHÉNOMÉNOLOGIQUES ENTRE LA PERCEPTION DU SIGNE SENSIBLE, L'INTENTION DE SIGNIFICATION ET L'INTUITION DE L'OBJET

Premier moment de l'acte d'expression : la perception du signe sensible

L'analyse proprement *phénoménologique* de l'expression se situe au niveau *subjectif* : elle envisage « l'expression (...) comme vécu concret » [3], elle s'intéresse au « phénomène concret de l'expression animée d'un sens » [4]. Husserl considère maintenant les *actes* du signifier, les unités de sens telles que les utilisent les interlocuteurs dans leurs actes d'expression et de compréhension. L'expression apparaît alors comme un phénomène

1. *LU I.*, HUA XIX/2, p. [60] ; trad. fr. p. 62.
2. Hua XXII, p. [12] ; trad. fr. J. English, *Articles sur la logique*, p. 20.
3. *LU I*, Hua XIX/2, p. [48] ; trad. fr. p. 48.
4. *LU I*, Hua XIX/2, p. [43] ; trad. fr. p. 42.

psychique complexe dans lequel on peut distinguer trois moments : l'acte de perception sensible dirigé sur l'aspect physique de l'expression, la visée d'un objet par laquelle nous donnons au signe sensible une signification, et enfin l'intuition susceptible de donner ou de présentifier l'objet visé.

Lorsque nous nous exprimons ou que nous comprenons les paroles d'autrui, nous n'avons pas affaire à un sens désincarné ; nous sommes également sensibles à l'aspect sonore ou graphique de l'expression, même si notre attention ne s'y attarde pas. L'interlocuteur n'aurait d'ailleurs pas affaire à une signification si un son de mot ou un trait matériel sur le papier n'exerçait pas d'abord une impression sur ses sens. Le premier moment du vécu d'expression est donc la perception du signe sensible. Quand la compréhension fait défaut parce que notre interlocuteur parle une langue étrangère ou qu'il est inaudible, il ne reste qu'une conscience de son de mot sans conscience de signification. Nous supposons éventuellement que celui qui parle a *voulu dire* quelque chose, mais nous ignorons ce que le signe sensible *signifie*.

L'expression qui apparaît n'est pas le vécu ponctuel au cours duquel elle apparaît ; le mot n'est pas « l'apparaître du mot » [1]. Le vécu d'apparition est en effet multiforme : une expression nous apparaît tantôt comme un complexe sonore, tantôt comme une forme graphique, sous un aspect chaque fois différent selon la prononciation ou l'écriture, mais elle demeure partout la même expression.

> L'expression « le roi de Prusse » n'est pas le son de mot qui a été à l'instant entendu ; (…). Ce mot allemand « roi », cette expression allemande « le roi de Prusse » est une et la même, de quelque manière qu' « elle » se présente dans la prononciation par des sons, en écriture imprimée, en écriture gothique, latine, etc. (…). C'est une unité idéale particulière [2].

Indépendamment de la signification qui l'anime, l'expression est donc déjà elle-même l'unité intentionnelle idéale d'une multiplicité d'apparitions sensibles (au moins l'unité d'un complexe sonore et d'une forme graphique). Elle peut être répétée indéfiniment sans jamais perdre son identité ; elle transcende ses multiples occurrences singulières et passagères.

1. Appendice I à *VuB* (1909), p. [139] ; trad. fr. p. 171.
2. Appendice II à *VuB* (1908), p. [142] ; trad. fr. p. 175.

Deuxième moment de l'acte d'expression : l'intention qui donne une signification au signe sensible

Toutefois l'expression, animée d'un sens, n'est pas un simple phénomène physique. Le mot « est plus qu'un phénomène sonore »[1], il « vise quelque chose, [il] signifie quelque chose ; et cela consiste en ceci qu'il se relie à une objectivité visée, signifiée »[2]. Le nom désigne un objet, l'énoncé porte sur un état-de-chose : il y a donc dans l'expression une visée, une *intention de signification*.

> Quand nous effectuons normalement un acte d'expression (...), nous ne vivons pas dans les actes qui constituent l'expression en tant qu'objet physique ; notre « intérêt » n'appartient pas à cet objet, nous vivons au contraire dans les actes signifiants, nous sommes exclusivement « tournés vers » l'objet qui apparaît en eux, c'est cet objet que nous « avons en vue », c'est lui que nous visons[3].

L'interlocuteur ne s'arrête pas non plus sur le signe sensible. Ce qui l'intéresse prioritairement, ce n'est pas l'aspect physique de l'expression qui s'efface normalement devant le sens, mais plutôt ce que l'expression *veut dire*, ce qu'elle *vise* ou *signifie*. C'est l'objectivité signifiée (l'objet nommé, l'état-de-chose énoncé) qui retient habituellement son intérêt. Et si d'aventure le sens lui échappe, l'interlocuteur comprend malgré tout que celui qui parle ou écrit a *voulu dire* quelque chose ; il est toujours en quête d'une signification au-delà du signe physique.

Dans les vécus concrets du signifier, l'analyse phénoménologique a donc trouvé pour l'instant deux moments intimement unis. D'une part, un moment perceptif orienté sur le signe sensible (la conscience de son de mot), et, d'autre part, un moment intentionnel dirigé vers le signifié, la visée d'un objet (l'intention de signification ou conscience de signification).

Troisième moment de l'acte d'expression : l'intuition donatrice de l'objet signifié

L'analyse de l'expression distingue enfin une troisième et ultime composante souvent mêlée à l'intention de signification : un acte d'intuition qui donne (perception) ou présentifie (souvenir, imagination) l'objet signifié. Avec l'intention de signification « sont alors souvent

1. *LU I*, Hua XIX/1, p. [44] ; trad. fr. p. 43.
2. *VuB*, Hua XXVI, p. [14] ; trad. fr. p. 34.
3. *LU V*, Hua XIX/2, p. [422-423] ; trad. fr. p. 214.

fusionnés, d'une manière singulière, ces actes nouveaux ou complexions d'actes, que nous avons appelés actes remplissants, et dont l'objet apparaît comme étant celui qui est signifié dans la signification »[1]. Je dis « Charles » : à ce mot peut s'associer une perception de la personne nommée elle-même, ou bien, si elle est absente, un souvenir (ou, si l'objet désigné est fictif, une représentation en imagination). Les actes remplissants sont intuitifs. Il peut s'agir de perceptions, c'est-à-dire de *présentations* (*Gegenwärtigungen*) ou de vécus *présentants* dans lesquels la chose est donnée elle-même de manière originaire. Il peut s'agir aussi d'un souvenir ou d'un acte d'imagination, c'est-à-dire d'une *présentification* (*Vergegenwärtigung*) ou de vécus *présentifiants* qui rendent à nouveau présent en image ce qui était auparavant présent « en chair et en os »[2].

Bien qu'une intuition de l'objet signifié s'associe souvent à l'expression, l'intention de signification n'en demeure pas moins distincte de l'acte intuitif. On a longtemps confondu l'acte donateur de sens et l'acte remplissant le sens, car une fois que la signification était localisée dans l'objet signifié, l'intuition donatrice de l'objet apparaissait naturellement comme le seul acte capable de conférer un sens à l'expression. Or, si l'objet n'est pas la signification, l'acte qui donne ou présentifie l'objet n'est pas non plus l'acte qui donne au signe sensible une signification. D'autant plus qu'une intuition n'accompagne pas tous les mots de la phrase, et qu'elle n'a souvent qu'un rapport assez lointain avec l'objet signifié. L'intuition n'est dès lors qu'une illustration approximative de la signification qui revient déjà à l'expression en vertu de l'intention de signification qui l'anime. Accompagnée ou non d'une intuition, une expression signifie (désigne, énonce) toujours quelque chose.

Quel est donc exactement le rôle de l'intuition ? Grâce à elle, l'intention de signification, auparavant *vide*, se remplit de la présence objective de l'objet signifié (ou de sa présentification en image), elle est rapportée à l'objet donné. Celui-ci doit cependant être donné *tel qu'il est significationnellement visé*. Ce qui suppose une synthèse d'identification : l'objet tel qu'il est visé (signifié) par l'intention de signification et l'objet tel qu'il est donné dans une intuition doivent être reconnus comme identiques[3].

1. *LU I*, chap. I, § 10, trad. fr. p. 47 ; *Hua XIX/1*, p. [47].

2. *Cf.* E. Husserl, *LU VI* Hua XX/1, p. [762-763] ; appendice 5, trad. fr. H. Elie, A.-L. Kelkel et R. Schérer, *Recherches logiques*, t. III, Paris, P.U.F., p. 281. *Cf.* Hua X, *Zur Phänomenologie des inneren Zeitbewusstseins (1893-1917)*, trad. fr. H. Dussort, *Leçons pour une phénoménologie de la conscience intime du temps*, § 5, Paris, P.U.F., 1964. Cf. *Ideen I*, § 99.

3. Cf. *LU I*, p. [56-57] ; trad. fr. p. 58.

Toutefois, quand l'expression ne reçoit pas sa plénitude intuitive, elle n'en conserve pas moins sa signification, surtout lorsque l'intuition ne fait pas seulement accidentellement défaut mais est purement et simplement impossible parce que l'objet visé renferme une contradiction. L'intuition est donc moins une composante intrinsèque du vécu d'expression qu'un complément extérieur et contingent.

À cet égard, il importe de souligner que la relation à un objet est déjà établie, indépendamment de l'intuition, par l'intention de signification elle-même (« C'est dans la signification que se constitue le rapport à l'objet »[1]), et que la relation objective du signifier est indépendante de l'existence de l'objet visé. On peut nommer un objet qui n'existe pas (*l'actuel roi de France*) et formuler un énoncé sur un état-de-chose faux (*mon voisin a découvert un trésor dans son jardin*) ou impossible (*un triangle a quatre côtés*). Autrement dit, l'expression vise par ses propres moyens un objet que l'intuition ne peut pas toujours lui donner.

L'originalité de l'analyse phénoménologique de l'expression

L'analyse phénoménologique de l'expression témoigne d'une théorie *intentionnelle* de la signification tout à fait originale. La signification apparaît d'abord comme un *acte* (*signifier*) qui revient aux expressions que nous utilisons et comprenons, indépendamment des représentations intuitives illustratrices qui les accompagnent accessoirement. En accordant à la modalité significationnelle de l'intentionnalité une autonomie, Husserl se démarque de l'idéationisme anglo-saxon qui réduisait la signification à un contenu de représentation, assujettissant ainsi le signifier à l'intuitionner. Pour Locke, Hume et Berkeley, les signes ne sont en effet qu'un intermédiaire entre un objet absent et l'idée que nous avons de lui. Ils puisent tout leur sens dans cette représentation mentale par l'entremise de laquelle ils se rapportent au monde. Dans l'école de Brentano les phénomènes du signifier sont encore subordonnés aux représentations mentales dans lesquelles l'acte de nomination trouve sa signification.

L'originalité de Husserl apparaît notamment dans sa conception de l'acte donateur de sens comme *intention de signification*. Pour expliquer comment la face physique de l'expression reçoit un sens, on a souvent évoqué des associations d'idées, conformément à une vieille tradition aristotélicienne qui localisait le sens linguistique dans les actes psychiques exprimés. « Le simple rattachement au complexe phonique d'images

1. *LU I*, p. [59] ; § 15, trad. fr. p. 61.

fictives des objets visés »[1] communiquerait au signe sensible une signification. Pour Husserl, l'intention de signification ne consiste pas à associer aux signes des images mentales puisées dans nos souvenirs ou notre imagination, d'autant plus que ces images intérieures approximatives et fluantes ne correspondent pas exactement aux significations visées. « Toutes les fois que nous réalisons ou que nous comprenons une expression, elle signifie quelque chose pour nous, nous sommes actuellement conscients de son sens. Cet acte de comprendre, de signifier, de réaliser un sens n'est pas le fait (...) d'avoir simultanément l'expérience vécue de quelque image »[2]. Indépendamment de toute intuition de l'objet signifié, l'expression fonctionne parfaitement sur un mode symbolique. Et les représentations mentales ne font qu'accompagner une expression qui signifie déjà quelque chose par elle-même sans leur concours.

L'analyse du vécu de compréhension le confirme. Lorsque nous comprenons une expression, « un nouveau contenu psychique n'est pas non plus venu s'ajouter de lui-même à l'ancien »[3], comme si l'interlocuteur devait retrouver les représentations que le locuteur avait voulu exprimer, comme si des images mentales devaient passer d'une conscience à une autre. Ce qui est en jeu ici, ce ne sont pas des processus psychiques associatifs, mais plutôt, comme le montre le § 10 de *LUI,* la *modification intentionnelle* d'un même contenu de conscience, qui marque le passage de la simple représentation sensible du mot à sa compréhension. Cette modification s'accomplit lorsque l'*intérêt* ne porte plus sur le signe sensible mais sur l'objet visé et que celui-là (qui constitue encore le contenu présent à la conscience) « ne nous apparaît plus seulement comme un trait matériel sur le papier, mais (...) vaut comme un signe que nous comprenons »[4] :

> La représentation intuitive dans laquelle se constitue le phénomène-mot physique subit une *modification phénoménale* essentielle quand son objet prend la valeur d'une expression. Pendant que ce qui en elle constitue le phénomène de l'objet demeure inchangé, *le caractère intentionnel du vécu se modifie* [à partir du signe sensible nous visons un objet]. Ainsi se constitue, *sans qu'il doive surgir une quelconque intuition le remplissant ou l'illustrant*, un acte de signification (...)[5].

> [Quand nous parlons et écoutons] le mot (en tant que réalité individuelle extérieure) nous est bien encore présent intuitivement, il est encore un

1. *LU I*, Hua XIX/1, p. [47] ; trad. fr. p. 47.
2. *LU II*, Hua XIX/1, p. [187] ; trad. fr. p. 214.
3. *VuB*, Hua XXVI, p. [71] ; trad. fr. p. 75.
4. *LU I*, Hua XIX/1, p. [71] ; trad. fr. p. 76.
5. *LU I*, Hua XIX/1, p. [47] ; trad. fr. p. 46-47. Nous soulignons.

> phénomène, mais ce n'est pas lui que nous avons en vue, il n'est plus maintenant au sens propre l'objet de notre « activité psychique ». Notre intérêt, notre intention, notre visée, (...) se portent exclusivement sur la chose visée dans l'acte donateur de sens [1].

La conception *intentionnelle* de l'acte donateur de sens marque donc une rupture avec les théories psychologiques orientées sur les représentations mentales et leur contenu psychique au détriment de l'intentionnalité propre du signifier.

L'originalité de la théorie intentionnelle se manifeste enfin dans la critique de la *Bildertheorie* développée aux § 17 à 19 de *LU I*. La mise en évidence de l'indépendance du signifier par rapport au représenter intuitif passe en effet par une dévalorisation du rôle des images mentales :

> Le moment est venu de nous expliquer sur une conception largement répandue, (…) qui (…) fait consister toute la fonction de l'expression ayant une signification vivante dans l'évocation de certaines images qui lui seraient adjointes de manière constante. Comprendre une expression, cela voudrait dire, d'après cette conception, retrouver les images qui s'y rapportent. Là où elles feraient défaut, l'expression serait dénuée de sens. Il n'est pas rare de voir ces images elles-mêmes désignées comme étant les significations des mots [2].

Il est inutile de rappeler ici les principaux griefs de Husserl à l'encontre de l'image mentale (fluctuation du sens, incompréhension des expressions en l'absence d'images accompagnatrices, caractères vague et approximatif des images subjectives…). La critique husserlienne mobilise l'argumentation qui a déjà porté ses fruits dans les textes inédits. Le principal argument repose sur l'opposition entre l'identité de la signification et la multiplicité des *images* qu'une expression est susceptible d'évoquer. Le mot *lion* peut nous faire penser à une meute chassant dans la savane, ou éveiller le souvenir d'un spécimen en cage, sans jamais changer de sens. On peut également relever une opposition entre l'immuabilité de la signification (ou du moins une certaine permanence dans le discours) et la fugacité des contenus de représentation qui se succèdent dans le courant de conscience. Husserl rappelle également que les représentations intuitives en général et les images en particulier ne sont pas nécessaires à la compréhension : « Il est en contradiction avec les faits les plus patents qu'il soit toujours nécessaire à la compréhension que de telles représentations

1. *LU I*, Hua XIX/1, p. [46-47] ; trad. fr. p. 46.
2. *LU I*, Hua XIX/1, § 17.

accompagnent les expressions »[1]. Quand nous lisons un texte, les mots ne sont pas tous accompagnés d'une image, loin s'en faut ; et celles qui sont occasionnellement évoquées ne correspondent pas toujours exactement à ce qui est signifié :

> Si je m'en rapporte à ce que je viens moi-même de trouver [en lisant l'énoncé « toute équation algébrique d'un degré impair a au moins une racine réelle »], voici ce qui m'est venu à l'esprit (...) : un livre ouvert (je le reconnais comme étant l'*Algèbre* de Serret), puis le modèle sensible d'une équation algébrique, dans l'édition Teulner, et, à propos du mot racine le symbole bien connu √. Entre temps, j'ai bien lu une douzaine de fois et pleinement compris la proposition, mais cependant sans trouver la moindre trace de représentations imaginatives l'accompagnant qui fassent partie d'une manière quelconque de l'objectité représentée[2].

Il y a nécessairement une inadéquation entre la généralité du théorème algébrique et la singularité des souvenirs éveillés par la lecture, entre la précision du premier et l'approximation des secondes : « Dans l'immense majorité des cas [l'intuition] n'est absolument pas conforme à l'intention de signification »[3]. Quand l'objectité visée est idéale, les images singulières sont inadéquates. Nous parlons d'une droite et dessinons ou imaginons un trait, nous parlons du triangle en général et nous nous représentons un triangle particulier avec des qualités déterminées. Le contenu présent à la conscience ne correspond pas parfaitement à l'objectité générale et idéale signifiée par les termes *droite* et *triangle*. Les images ne sont, en définitive, que des illustrations passagères, accidentelles et approximatives d'une expression qui n'évoquerait pas de représentations intuitives appropriées si l'on n'en avait pas déjà saisi le sens.

Il est temps de faire le bilan de l'analyse *phénoménologique* de la signification. Sur le versant subjectif, elle a distingué dans le vécu d'expression trois composantes : la perception sensible de l'aspect physique de l'expression, l'intention qui vise un objet à partir du signe sensible et donne à celui-ci une signification, et enfin l'intuition par laquelle l'objet signifié est éventuellement donné en propre ou présentifié en imagination. Autrement dit, la conscience de son de mot, la conscience ou intention de signification, et enfin l'acte qui la remplit de la présence de l'objet ou de son image. À chacune de ces composantes subjectives correspond, sur le versant objectif, une unité visée : l'*aspect physique* de l'expression qui apparaît au cours de la perception sensible, la *signification* que nous

1. *LU I*, Hua XIX/1, p. [68] ; trad. fr. p. 71.
2. *LU I*, Hua XIX/1, p. [68-69].
3. *LU I*, Hua XIX/1, p. [73] ; trad. fr. p. 77.

donnons au signe physique en visant un objet, et enfin l'*objet* lui-même que l'intuition fait apparaître en chair et en os ou en image. Chacun de ces éléments objectifs est l'*unité intentionnelle idéale* d'une multiplicité d'actes. Le signe sensible est l'unité d'une multiplicité d'actes de perception, puisque la même expression apparaît à la conscience sous différents aspects sonores ou graphiques. La signification d'une expression est l'unité d'une multiplicité d'actes d'expression et de compréhension, puisqu'un mot doit avoir le même sens pour tous les interlocuteurs. L'objet signifié est quant à lui l'unité d'une multiplicité d'actes intuitifs et de visées significationnelles : c'est le même objet que je perçois sous tel et tel angle, que je me représente en imagination ou en souvenir, que je désigne au moyen de telle ou telle expression. Avec cette double série d'analyses, objective et subjective, les investigations dans le domaine des significations ne sont cependant pas encore achevées. Il reste en effet à déterminer le statut ontologique de la signification qui n'est ni un *contenu* de conscience *réel*, ni l'objet qui est signifié. Car il ne suffit pas de dire, comme le faisait les textes inédits, que la signification est, à l'instar de l'objet visé, une « teneur logique idéale » de l'acte ; il faut non seulement préciser en quoi l'unité idéale de signification se distingue de l'objet signifié, mais aussi clarifier les rapports qu'elle entretient avec les actes du signifier. Pour cela, la phénoménologie des *LU*, qui tient l'objet pour transcendant et qui s'inspire encore des méthodes de la psychologie descriptive, regarde du côté des *actes* du signifier (expression et compréhension) où les significations sont données à la conscience. Ce travail permet de dévoiler un premier concept, « noétique », de signification.

CHAPITRE IV

LE STATUT NOÉTIQUE DE LA SIGNIFICATION

LA RÉVÉLATION DE L'UNITÉ IDÉALE DE SIGNIFICATION PAR LA RÉPÉTITION ET LA COMPARAISON DES ACTES DU SIGNIFIER

La signification nominale en tant qu'unité idéale

La signification, telle qu'elle apparaît à la conscience, est étroitement liée au *fait de signifier* : « L'expression "veut dire" ceci et cela, et c'est là ce qui fait sa signification » [1]. Pour saisir la signification en relation avec les *actes du signifier*, il faut donc réfléchir sur ce que les mots *veulent dire* ainsi que sur les *intentions* de signification des interlocuteurs qui les utilisent et les comprennent.

Le refuge dans la vie psychique solitaire, il est vrai, a permis de distinguer la signification des vécus exprimés. Il subsiste cependant un vécu que ce procédé n'a pas écarté : dans le monologue et le discours intérieur les mots *veulent* encore *dire* quelque chose. Dès lors, pourquoi la signification ne résiderait-elle pas dans cette *intention* de signification ? Pour clarifier les choses, tournons-nous vers les vécus concrets du signifier et considérons les expressions les plus simples, les noms. Chaque acte de nomination a *en* lui *son* intention de signification. Quand je dis : *le lion*, je *veux dire* quelque chose, je *désigne* un animal. Chaque fois que je répète ce mot, j'accomplis une *nouvelle* intention de signification, analogue à la précédente, mais numériquement distincte compte tenu de la place qu'elle occupe dans le courant de conscience. De même, chaque fois que je rencontre ce mot un nouvel acte de compréhension s'accomplit. Si le mot est répété ou compris par plusieurs personnes, les sons de mot

1. *VuB*, Hua XXVI, p. [31] ; trad. fr. p. 54.

linguistiquement différents et les représentations mentales qui leur sont associées accentuent alors la diversité psychologique. Pourtant, ces actes signifient tous la *même* chose. La signification apparaît ainsi comme l'*unité* idéale d'une multiplicité d'actes réels (vécus par des consciences humaines à des moments déterminés). Le mot *lion* « veut dire quelque chose, et ce qu'il veut dire là, c'est quelque chose d'identique, par opposition à la multiplicité des actes (...) du signifier » [1]. L'*unité idéale* de signification n'est cependant pas une mystérieuse entité métaphysique flottant au-dessus des consciences. La conscience la détache du signifier lui-même à partir de la comparaison de plusieurs actes. Je répète ou comprend plusieurs fois le mot *lion :* il veut dire la même chose. La signification est ce que les actes d'expression (ou de compréhension) ont en commun. L'identité de la signification est celle du signifier tel qu'il revient à des actes concrets. Toutefois, bien qu'elle soit liée aux actes, l'identité du signifier n'est pas affectée par la temporalité immanente du courant de conscience. Tandis que les actes se succèdent et ne font que passer, la signification, elle, se conserve et reste la même. Une expression répétée indéfiniment (*lion, lion, lion...*) *veut dire* la même chose *à tout moment*. Le contraste entre l'identité immuable de la signification, en tant que signifier identique, et le caractère fugitif des vécus est frappant :

> Les actes conférant la signification sont des vécus fugitifs ; la signification elle-même est une unité idéale, intemporelle, identique à soi comme toute idée [2].

> Dans le discours normal, personne ne comprend assurément, par signification de l'expression « le roi de Prusse », ses vécus fugitifs, quand il parle ou comprend l'expression ; sinon on ne pourrait pas dire que la même expression – employée à plusieurs reprises et employée par différentes personnes – signifie (dans une telle démultiplication, donc, des vécus de signification) constamment la même chose de façon identique, que la signification de l'expression « le roi de Prusse » est une, et cela au sens strictement identique [3].

La double opposition entre la multiplicité et la temporalité (variabilité) des vécus, d'un côté, et l'unité ainsi que l'identité stricte (immuabilité) de la signification, d'un autre côté, invalide une fois de plus la réduction de la signification à un contenu de conscience singulier et passager. Quand Husserl affirme en effet que la signification est la *même* dans plusieurs

1. *VuB*, Hua XXVI, trad. fr. p. 55.
2. *Ibid.*
3. *VuB*, Hua XXVI, p. [25] ; trad. fr. p. 47.

actes, cela ne signifie pas que chaque prise de parole ou chaque vécu de compréhension donnerait naissance à une nouvelle signification qui ressemblerait aux précédentes mais qui en serait néanmoins numériquement distincte. Quand nous renouvelons un acte d'expression ou de compréhension, nous ne produisons pas *plusieurs* significations analogues, nous trouvons partout *une seule et même* signification, *strictement identique*. Alors que chaque vécu a sa place et sa durée à l'intérieur du courant immanent, la signification est partout et toujours exactement « la même ». L'unité – au sens d'une identité absolue – et l'intemporalité qui caractérisent la signification font d'elle une *unité intentionnelle idéale* : « Nous ne voyons pas l'essence de la signification dans le vécu [singulier et fugitif] qui confère la signification, mais dans son "contenu" qui présente une *unité intentionnelle* identique, par opposition à la multiplicité dispersée des vécus réels ou possibles de sujets parlants et pensants » [1].

La notion d'*unité intentionnelle* est cependant ambiguë :

> Le mot intentionnel peut s'appliquer (…) aussi bien à la signification [en tant qu'*acte* de signifier, intention de signification] qu'à l'objet de l'*intentio* [l'objet signifié]. Unité intentionnelle ne signifie, par conséquent, pas nécessairement l'unité intentionnée [visée], celle de l'objet [mais aussi l'unité des *actes* eux-mêmes] [2].

D'un point de vue phénoménologique, l'*unité intentionnelle idéale* qui caractérise la signification est d'abord celle du vécu intentionnel lui-même avant d'être l'unité de l'objet qui est visé. C'est l'unité du signifi*er* avant celle du signifi*é*, l'unité de l'*intentio* avant celle de l'*intentum*. Il s'agit ici d'une intention identique dans plusieurs actes, intention qui forme donc une unité réunissant tous les actes d'expression (ou de compréhension) qui *veulent dire* (ou comprennent) la même chose, quels que soient les sujets qui les vivent et le moment où ils sont vécus.

La distinction entre l'unité idéale qui revient à la signification et la multiplicité réelle des actes psychiques se traduit également par l'opposition entre « la représentation au sens logique idéal » et « la représentation au sens [psychologique] empirique » [3]:

> La représentation « un triangle » en tant que représentation de prédicat d'une proposition, d'un jugement au sens idéal [*S est un triangle*], est elle-même quelque chose d'idéal. Un seul et même concept de prédicat se tient

1. *LU I*, Hua XIX/1, p. [102] ; trad. fr. p. 111. Nous soulignons.
2. *Ibid.*, note (I) de Husserl.
3. *VuB*, Hua XXVI, p. [33] ; trad. fr. p. 56.

> là par opposition à la multiplicité infinie des vécus de représentation possibles dans lesquels s'accomplit actuellement le représenter de ce « contenu » un triangle [1].

Je pense à Socrate, je pense au triangle ; j'exprime mes représentations au moyen d'un nom : *Socrate*, *triangle*. Alors que chaque représentation, ainsi que son expression linguistique, est un vécu singulier accompli *hic et nunc*, la signification nominale elle-même (ce que les noms *Socrate* et *triangle* veulent dire) est strictement identique dans plusieurs actes. L'unité idéale fait toute la différence entre la représentation logique et la représentation psychique.

La signification d'énoncé en tant qu'unité idéale

À travers la répétition des énoncés se détache également un *contenu intentionnel* identique, une unité de signification (plus précisément du signifier, car la phénoménologie s'intéresse ici à l'*intentio*). Considérons en effet l'énoncé : *les trois hauteurs d'un triangle se coupent en un seul point*.

Chaque fois que moi, ou qui que ce soit prononce avec le même sens ce même énoncé, il y a un jugement nouveau. Les actes de jugement sont différents suivant les cas. Mais ce qu'ils jugent, ce que dit l'énoncé est partout la même chose. C'est une chose identique au sens strict du mot, c'est une seule et même vérité géométrique [2].

> [De même] Ce que la proposition énonciative π *est un nombre transcendant* veut dire, ce que nous comprenons par là quand nous la lisons ou ce que nous visons quand nous l'énonçons n'est pas un aspect individuel, qui se contenterait de réapparaître à chaque fois, de notre vécu mental. Cet aspect est d'un cas à l'autre de toute façon individuellement différent, alors que le sens de la proposition énonciative doit être identique. Quand nous, ou n'importe quelle autre personne, répétons la même proposition avec la même intention, chacun a ses phénomènes [ses actes d'expression, ses intentions de signification, ses remplissements de signification], ses mots, ses moments de compréhension. Mais, en regard de cette multiplicité illimitée de vécus individuels, ce qui est exprimé en eux est partout quelque chose d'identique, le même au sens le plus strict du mot. La signification de

1. *VuB*, Hua XXVI, p. [33] ; trad. fr. p. 56.
2. *LU I*, Hua XIX/1, p. [50] ; trad. fr. p. 50.

> la proposition ne s'est pas multipliée avec le nombre des personnes et des actes, le jugement, au sens logique idéal, est un [à la différence des événements psychiques (des actes de jugement) qui sont, eux, multiples] [1].

On retrouve donc l'opposition entre la multiplicité des actes psychiques et l'identité idéale (irréelle) de la signification ; entre l'unité psychologique-réelle du vécu et l'unité logique idéale du sens. Cette opposition est également celle du caractère *fugitif* ou temporel des vécus, d'un côté, et de l'*immuabilité* ou de l'intemporalité du sens, d'un autre côté :

> Mon acte de jugement est un vécu fugitif qui apparaît et disparaît. Tandis que ce qu'énonce l'énoncé, ce contenu que les trois hauteurs d'un triangle se coupent en un seul point n'est pas quelque chose qui apparaît et disparaît [2].

La signification n'est donc rien de subjectif ou de psychologiquement individuel.

Cette analyse n'est cependant pas encore suffisante, car la signification n'est tout simplement pas la seule à être une unité idéale : le sont aussi, par rapport aux vécus qui les prennent pour cible, l'aspect physique de l'expression (indépendamment de sa signification) et l'objet auquel se rapporte la conscience. Le signe sensible est le corrélat intentionnel idéal d'une multiplicité d'actes de perception ; l'objet est le corrélat intentionnel idéal d'une multiplicité de visées significationnelles et intuitives. Une question reste donc en suspens : quelle est précisément cette unité idéale de signification, distincte à la fois de l'unité idéale de l'*intentum* (l'objet visé) et de l'unité réelle de l'acte singulier ?

L'UNITÉ IDÉALE DE SIGNIFICATION EST UNE UNITÉ SPÉCIFIQUE

La théorie de l'idéal-spécifique

Quand nous disons que plusieurs expressions *veulent dire* la même chose, nous envisageons la signification comme un *signifier* identique *dans* plusieurs actes : « Nous trouvons alors dans la comparaison [entre les actes] un quelque chose de commun évident, et c'est cela avant tout, que nous nommerons la signification » [3]. En tant que signifier identique,

1. *LU I*, Hua XIX/1, p. [104-105] ; trad. fr. p. 114.
2. *Ibid.*
3. *VuB*, Hua XXVI, p. [87] ; trad. fr. p. 115.

l'identité de la signification n'est ni l'unité de l'objet signifié, ni l'unité de l'acte singulier, mais l'unité idéale d'une *intentio* partagée par plusieurs actes ; autrement dit, une *manière* commune *de signifier*. Les diverses occurrences de l'expression *le vainqueur d'Iéna* désignent toutes Napoléon comme le vainqueur d'Iéna. Sous chaque mode de l'intention de signification, sous chaque manière de signifier, se range donc une multiplicité d'actes aux caractéristiques psycho-linguistiques (prononciation, représentations mentales associées…) fort diverses. Si la signification est donc une unité dans la diversité, alors il est permis de la décrire comme un objet général, une *espèce* dont les actes du signifier sont les cas particuliers. Quand nous disons que la signification est la même *dans* plusieurs actes, « cette véritable identité (…) n'est autre que l'identité de l'espèce » [1] :

> (…) ; ce sens identique ne peut être rien d'autre que le général, l'espèce, par rapport à un certain moment présent dans tous les énoncés actuels du même sens, qui rend possible l'identification [qui permet de dire que ces énoncés veulent dire la même chose], alors que habituellement la teneur descriptive des vécus change d'une façon considérable [2].

L'unité idéale de la signification est une unité *spécifique* par opposition à la multiplicité des individus qu'elle subsume (les actes du signifier) et à leur unité réelle individuelle. Cette unité, comme toute essence ou espèce, est indifférente aux variations de ses individuations. La multiplicité des actes du signifier s'ordonne ainsi, en fonction de leur essence ou de leur mode de signifier commun, en plusieurs classes ou espèces : « la » signification *arbre*, « la » signification *pôle Nord*, « la » signification *vainqueur d'Iéna*, etc. Chacune réunit sous elle une multiplicité d'actes : toutes les utilisations (et compréhensions) possibles de l'expression *vainqueur d'Iéna*.

Le modèle de l'idéal-spécifique présente de nombreux avantages. Il permet tout d'abord de donner un statut ontologique à une signification qui n'admet pas de localisation dans la conscience et de détermination temporelle : « Si la signification n'est rien psychologiquement d'individuel (…), cela pourrait être alors conçu (…) comme une unité spécifique qui s'individue dans les actes du signifier d'une façon semblable (…) à l'espèce rouge dans les moments singuliers de rouge » [3]. À partir du moment où la signification est pensée sur le modèle d'un objet général (essence ou espèce), son intemporalité devient également intelligible :

1. *LU I*, Hua XIX/1, p. [105] ; trad. fr. p. 115.

2. Hua XXII, p. [156-157] ; *Recension de Palagyi* (1903), dans *Articles sur la logique*, trad. fr. p. 216-217.

3. *VuB*, Hua XXVI, p. [32] ; trad. fr. p. 55.

« Les actes conférant la signification sont des vécus fugitifs ; la signification elle-même est une unité idéale, intemporelle, identique à soi comme toute idée »[1]. Les individus peuvent bien passer et changer, l'espèce à laquelle ils appartiennent demeure. L'idéal-spécifique permet aussi de décrire les relations entre la signification et les actes du signifier sur le modèle du rapport entre une espèce et ses individuations réelles :

> A la signification en tant qu'unité [spécifique] correspond (...), dans le vécu actuel de signification, un aspect individuel [un moment du signifier] comme cas singulier de cette espèce : de même qu'à la différence spécifique rouge correspond, dans l'objet rouge, le moment rouge[2].
>
> (...) ; la signification [est] une unité spécifique qui s'individue dans les actes du signifier d'une façon semblable ou analogue à l'espèce rouge dans les moments singuliers de rouge[3].

La notion d'espèce, avec la stabilité ou l'immuabilité qu'elle implique, permet de comprendre comment la signification peut se manifester dans des vécus sans cesse changeants sans jamais se disperser dans la multiplicité et perdre son unité. De son côté, la multiplicité des vécus du signifier, univers bigarré en perpétuel changement, devient intelligible : l'espèce à laquelle un vécu appartient lui confère une unité logique et une communauté d'essence avec les autres vécus signifiant la même chose. « C'est ainsi, mais seulement ainsi [en tant qu'espèce], qu'elle [la signification] peut, en tant qu'unité idéale, embrasser (συμξάλλειν είς έν) la multiplicité dispersée des singularités individuelles »[4].

En outre, en tant qu'objet général réunissant une multiplicité d'actes, la signification n'est assujettie à aucune conscience ; elle n'est redevable de son être à aucune activité psychique contingente particulière. Elle est, en d'autres termes, indifférente au fait d'être pensée et exprimée par quelqu'un : « ce que je vise dans la proposition [π est un nombre transcendant], ou bien (quand je l'entends), ce que je conçois comme étant sa

1. *VuB*, Hua XXVI, p. [31] ; trad. fr. p. 55.

2. *LU I*, Hua XIX/1, p. [108] ; trad. fr. p. 119.

3. *VuB*, Hua XXVI, p. [32] ; trad. fr. p. 55.

4. *LU I*, Hua XIX/1, p. [105-106] ; trad. fr. p. 115. C'est ainsi, comme des unités idéales-spécifiques subsumant une infinité d'actes réels et possibles, et non comme des contenus de conscience réels, singuliers et contingents, qu'il faut comprendre ce que les sciences et la logique entendent par *concept* et *proposition* (loi, théorème) : « Ce n'est pas le jugement psychologique, c'est-à-dire le phénomène psychique concret, qui intéresse en premier lieu et à proprement parler le pur logicien, mais le jugement logique, c'est-à-dire la signification identique de l'énoncé, qui est une en face des multiples vécus de jugement », *ibid.*, p. [8] ; trad. fr. p. 5. Voir aussi p. [98] ; trad. fr. p. 106.

signification, c'est identiquement ce qu'elle est, peu importe que je pense et que j'existe, qu'il y ait en général des personnes qui pensent et des actes de pensée »[1]. Avant d'être éventuellement pensée et exprimée par un esprit, en attente d'une conscience qui la vise et l'exprime, la signification demeure ce qu'elle est, *i. e.* une espèce dont les individuations sont des possibilités non encore réalisées : « Aux significations correspondent des possibilités réelles [des actes de pensée et d'expression possibles], et éventuellement des réalités effectives [des actes effectivement accomplis] »[2].

Le paradigme des espèces naturelles

En tant qu'unités spécifiques, les significations sont comparables aux espèces naturelles, notamment aux couleurs sous lesquelles tombent une multiplicité de moments objectifs (la couleur rouge vif de ce foulard, la couleur rouge sombre de ce drapeau...). Puisque les cas particuliers correspondant à chaque espèce de signification sont des réalités psychiques, il est en effet plus facile, pour décrire le statut de la signification et ses relations avec les actes du signifier, de procéder par analogie à partir du rouge *in specie*. Nous disons que tous les objets rouges sont de la *même* couleur ou de la même *espèce* de couleur. Or le rouge *en général,* strictement identique dans une multiplicité d'individus, n'existe nulle part dans le monde, car s'il était une chose colorée parmi d'autres ou sa coloration superficielle, il ne se trouverait nulle par ailleurs, et serait voué un jour ou l'autre à disparaître avec la chose qui le supporte. Pour les mêmes raisons, « le » rouge n'existe pas non plus dans le monde psychique, car s'il était un contenu de conscience singulier (une sensation de couleur vécue par quelqu'un à un moment déterminé), son être s'en trouverait également réduits. Le rouge en général est donc un *irréel* :

> Outre les autres moments qui la constituent (extension, forme, etc.), chaque bande [colorée en rouge] a son rouge individuel, c'est-à-dire son cas singulier de cette espèce de couleur, tandis que celle-ci n'existe elle-même réellement ni dans cette bande, ni où que ce soit au monde ; ni surtout « dans notre pensée », en tant qu'elle aussi fait partie du domaine de l'être-réel, de la sphère de la temporalité[3].

Sur le modèle du rouge, on peut comprendre l'idéalité de la signification. À l'instar du rouge *in specie*, la signification a l'irréalité de l'espèce: elle n'existe ni dans le monde extérieur comme les objets empi-

1. *LU I*, Hua XIX/1, p. [105-106] ; trad. fr. p. 115.
2. *LU V*, Hua XIX/2, p. [352] ; trad. fr. p. 141.
3. *LU I*, Hua XIX/1, p. [106] ; trad. fr. p. 116.

riques, ni dans la conscience comme les contenus psychiques. Qu'il s'agisse d'objets colorés avec leur moment couleur ou de vécus avec leur intention de signification, il faut toujours distinguer les individus de leur espèce : de même que la couleur rouge « n'est pas le moment rouge passager, qui est un trait individuel de l'intuition [d'un objet coloré en rouge], réel à la manière d'un moment non-autonome d'un tout concret » [1], de même la signification n'est pas le moment d'un acte d'expression (l'intention de signification attachée à une nomination ou une énonciation), car ce moment, en tant que composante d'un vécu concret, est aussi réel, singulier et passager que le tout auquel il appartient.

L'analogie avec une espèce naturelle (la couleur rouge) permet également de comprendre la relation entre l'unité de signification et les actes du signifier comme celle d'une espèce avec ses cas particuliers :

> La signification se comporte ainsi par rapport à chacun des actes du signifier (...), en quelque sorte comme le rouge *in specie* par rapport aux bandes de papier que j'ai devant les yeux et qui « ont » toutes le même rouge [2].
>
> A la signification en tant qu'unité correspond (...) dans le vécu actuel de signification, un aspect individuel comme cas singulier de telle espèce : de même qu'à la différence spécifique rouge correspond, dans l'objet rouge, le moment rouge [3].
>
> La proposition se rapporte donc à chacun des actes du jugement auxquels elle appartient en tant qu'elle est leur visée identique, de la même façon par exemple que l'espèce du rouge appartient aux cas particuliers du « même » rouge [4].

Comme toute espèce se singularise dans des cas particuliers sans jamais se confondre avec eux, « la » signification se réalise dans des actes sans jamais se réduire à l'un d'entre eux. Le rouge revient d'une manière identique à plusieurs objets ; la même signification est partagée par plusieurs actes d'expression et de compréhension.

Le modèle des espèces naturelles permet aussi de comprendre par analogie *le mode de saisie* de la signification. La saisie d'une essence

1. Hua XXII, p. [425] ; *Edmund Husserl : Briefwechsel*, hg. v. Karl Schuhmann et E. Schuhmann, Dordrecht, Kluwer, 1994, Bd. I, p. [82] ; trad. fr. J. English, *Esquisse d'une lettre à Marty du 7 Juillet 1901*, dans *Husserl-Twardowski. Sur les objets intentionnels*, p. 388.

2. *LU I*, Hua XIX/1, p. [106] ; trad. fr. p. 115-116.

3. *LU I*, Hua XIX/1, p. [108] ; trad. fr. p. 119.

4. Hua XXII, p. [157] ; trad. fr. J. English, *Recension de Palagyi*, dans *Articles sur la logique, op. cit.*, p. 217.

(*eidos*) s'accomplit toujours au moyen d'une *abstraction éidétique* définie comme l'opération qui dégage une objectité générale (genre ou espèce) à partir de ses individuations après réflexion et comparaison. L'abstraction « fait se détacher le "rouge" d'une donnée visuelle concrète, ou le moment générique "couleur" du rouge déjà abstrait » [1]. Le rouge qui se détache en comparant divers objets et en écartant leurs différences n'est pas le moment singulier de tel ou tel objet, mais l'espèce, le rouge *in specie*. Pour saisir les espèces de signification, la conscience doit procéder de la même manière : elle doit réfléchir sur les individus dans lesquels elles se singularisent (les actes concrets du signifier), les comparer, et, après avoir écarté les différences psycho-linguistiques qui séparent ces vécus, détacher leur essence commune (l'espèce de signification à laquelle appartiennent tous les vécus qui, dit-on, « veulent dire la même chose »). Husserl comprend parfois la saisie de l'espèce comme une *variation* éidétique. Si l'énoncé *les trois hauteurs du triangle se coupent en un seul point* est formulé par plusieurs personnes à tour de rôle, il subit chaque fois des variations linguistiques (prononciation, conscience de son de mot) et psychologiques (eu égard aux moments où les actes sont vécus, à leurs durées, et aux contenus de représentation qui leur sont associés). Ces différences ressortent lors de la comparaison de l'acte actuel avec les actes précédents. Cependant, en passant ainsi d'un vécu à l'autre (je juge que *les trois hauteurs du triangle se coupent en un seul point*, tu juges que *les trois hauteurs*… il juge que *les trois hauteurs*... etc.), un *invariant* finit par se détacher, l'identité du signifier apparaît : nous remarquons que les actes *signifient la même* chose, « nous trouvons alors dans la comparaison un quelque chose de commun évident, et c'est cela, avant tout, que nous nommerons la signification » [2]. Pour saisir la signification identique, il n'est d'ailleurs pas nécessaire de comparer des actes réellement accomplis. En faisant subir à l'un d'entre eux toutes sortes de variations en imagination, un invariant (l'essence sans laquelle un individu de cette espèce ne peut être pensé) finit également par se détacher. Répétons en imagination l'énoncé *les trois hauteurs*... en lui apportant chaque fois des modifications : nous pouvons nous représenter l'expression sous des aspects physiques (sonores ou graphiques) très différents, nous pouvons lui associer mentalement diverses illustrations intuitives (nous imaginons une fois un triangle rectangle sur une feuille blanche, une autre fois un triangle isocèle dessiné à la craie rouge sur un tableau noir, etc.). En passant ainsi d'une modification à l'autre, on remarque que quelque chose ne change pas : les énoncés

1. *LU III*, Hua XIX/2, p. [291] ; trad. fr. p. 71.
2. *VuB*, Hua XXVI, p. [87] ; trad. fr. p. 115.

signifient toujours la même chose. Le signifier se détache comme l'identique dans la multiplicité des actes, comme l'espèce parmi les individus, comme l'invariant (l'essence) dans la variation.

En tant qu'espèce, en tant qu'unité d'une multiplicité, la signification – il importe de le noter – n'existe pas *en dehors* de la pluralité qu'elle ordonne et unifie. Les significations-espèces ne sont pas séparées des vécus du signifier dont elles ont été abstractivement détachées. Ce sont des essences *immanentes*[1], des « unité[s] *dans* la multiplicité »[2]. C'est pourquoi il faut se garder « d'interpréter l'opposition entre l'idéal et le réel en une absence de rapports. (…) Les significations idéales se dispersent dans les actes du signifier »[3]. En définissant la signification comme l'unité *spécifique* d'une multiplicité d'actes, la phénoménologie parvient à la saisir *en relation* avec les actes du signifier où elle apparaît originellement à la conscience, sans jamais la confondre avec un contenu de conscience singulier et avec l'objet qui est visé. Ce concept de signification *noétique*, ancré dans les *actes* du signifier, échappe ainsi au double écueil du psychologisme et du platonisme. Si l'identité *idéale* de l'espèce significationnelle n'est pas l'identité psychologique *réelle* (singulière, contingente et temporellement déterminée) des vécus particuliers, elle n'est pas non plus une mystérieuse entité métaphysique désincarnée séparée de ses individuations et capable de subsister sans eux comme les Idées d'un monde intelligible. L'unité de signification – répétons-le – se « réalise » dans actes de la conscience : ce qui n'est pas réel (ce qui n'a pas d'existence dans le temps et dans l'espace) est un non-réel ou un irréel qui a malgré tout besoin d'un support ontologique tangible dans des réalités singulières – fussent-elles psychiques – comme l'espèce a ses cas particuliers.

Malheureusement, la volonté de saisir l'unité *idéale* de signification en relation avec les contenus de conscience *réels*, apparait comme une synthèse périlleuse de l'idéal et du réel qui allait bientôt révéler sa fragilité.

1. Cf. *VuB*, p. [87] ; trad. fr. p. 115.

2. *LU I*, Hua XIX/1, p. [107] ; trad. fr. p. 117-118. Nous soulignons.

3. Hua XXII, p. [159] ; trad. fr. J. English, *Recension de Palagyi,* dans *Articles sur la logique, op. cit.*, p. 219.

CHAPITRE V

LES DIFFICULTÉS DE LA THÉORIE INTENTIONNELLE (NOÉTIQUE) DE LA SIGNIFICATION

LA QUESTION DU NOM PROPRE

La théorie husserlienne de la signification propre

On a parfois considéré que les signes puisent leur sens dans les objets visés : « En fait, le plus souvent, quand on entend parler de significations, ce sont les objets signifiés qui sont visés sous ce terme » [1]. Cette théorie référentielle de la signification est notamment défendue par Meinong :

> Tout vécu intérieur (...) a un objet, et, dans la mesure où le vécu parvient à l'expression (…), en face de cette expression, normalement, se tient une signification et celle-ci est à chaque fois un objet [2].
>
> (…) dans le cas des mots, la plupart du temps des objets au sens restreint du terme [des objets de la réalité effective] [3].

Les pensées, ainsi que les représentations dont elles sont composées, sont orientées vers des objets. Quand elles sont exprimées, ces objets donnent au discours sa signification : un mot « signifie dans la mesure où il exprime un vécu intellectuel, dont l'objet constitue dès lors la signification du mot » [4]. Il faut toutefois prendre la notion d'« objet » (*Gegenstand*) en un sens très large, car un vécu de représentation ne se rapporte pas

1. *LU I*, Hua XIX/1, p. [60] ; trad. fr. p. 61-62.
2. A. Meinong, *Selbstdarstellung (1921)*, GA VII, Hamburg, Meiner, 1988, p. 13.
3. A. Meinong, *Selbstdarstellung, op. cit.*, p. 30.
4. A. Meinong, *Uber Annahmen*, GA IV, Graz, Akademische Druck - und Verlagsanstalt, 1977, § 4, p. 26.

toujours à un objet réel de la réalité empirique, mais parfois à un objet fictif (*le centaure*) ou contradictoire (*un carré rond*). Husserl rejette catégoriquement cette identification du sens et de la référence [1]. « Jamais l'objet ne coïncide avec la signification » [2]. Il est inutile de rappeler ici l'argumentation husserlienne ; il s'agit simplement de savoir si le nom propre, qui semble désigner *directement* son objet sans la médiation d'une signification, ne constituerait pas une exception à la règle. La distinction entre la signification et l'objet auquel le discours fait référence s'applique parfaitement aux descriptions définies où le même objet est désigné au moyen de différentes marques distinctives (*le vainqueur d'Iéna*, *le vaincu de Waterloo*). En revanche, le nom propre, semble-t-il, se rapporte *directement* à un individu, sans aucune médiation : *Napoléon*. Il a un référent mais pas de signification à proprement parler ; il dénote un objet, mais ne signifie rien à proprement parler. Telle est la thèse défendue par Mill :

Les noms propres ne sont pas connotatifs ; ils désignent les individus, mais ils n'affirment pas, n'impliquent pas des attributs appartenant à ces individus [3].

> [On peut] donner à un individu un nom complètement insignifiant, appelé nom propre, nom qui suffit à désigner la chose dont on veut parler, mais qui par lui-même n'en affirme rien [4].

Un nom reçoit une signification à partir du moment où il donne une information sur un objet auquel il attribue une propriété :

> Lorsque les noms fournissent quelque information sur les objets, c'est-à-dire, lorsqu'ils ont proprement une signification, cette signification n'est pas dans ce qu'ils dénotent [l'objet], mais dans ce qu'ils connotent [la propriété, l'attribut]. Les seuls noms qui ne connotent rien sont les noms propres ; et ceux-ci n'ont, à strictement parler, aucune signification [5].

Les noms propres, qui ne mettent explicitement en avant aucun caractère de l'objet et ne nous apprennent rien sur leur compte, seraient donc dépourvus de signification :

1. *Cf.* la lettre du 5 Avril 1902 à Meinong, dans *Husserl Briefwechsel*, hg. v. K. et E. Schuhmann, Dordrecht, Kluwer, 1994, Bd. I, p. 142 ; trad. fr. B. Gallet, dans *Philosophie* 72 (2001), p. 17-18.

2. *LU I*, Hua XIX/1, p. [52] ; trad. fr. p. 53.

3. J. S. Mill, *Système de logique*, I, chap. II, trad. fr. Louis Peisse, Liège, Mardaga, 1988, p. 33-37. Cf. *LU I*, HUA XIX/1, chap. I, § 16.

4. *Ibid.*

5. *Ibid.*

> Lorsque nous appliquons à un objet son nom propre ; lorsque nous disons d'un homme, c'est Brown, c'est Smith, ou bien d'une ville, c'est York, nous ne disons rien de ces choses, si ce n'est que ce sont là leurs noms. (...) Il n'en est pas de même lorsque les objets sont désignés par un nom connotatif. Quand nous disons : la ville est bâtie en marbre, nous donnons une information qui peut être entièrement nouvelle pour celui qui l'entend, et cela par la signification du nom connotatif complexe « bâtie en marbre » [1].

À ses débuts, Husserl a défendu des thèses proches de Mill à travers sa distinction entre les *signes directs* et *indirects*. Alors que les noms propres désignent *directement* leur objet, les noms généraux et les descriptions définies le font par l'intermédiaire d'une marque distinctive conceptuelle. Les propriétés retenues pour identifier l'objet donnent alors au nom sa *signification* :

> Dans les signes indirects, il est nécessaire de séparer : ce que le signe signifie et ce qu'il désigne. Dans les signes directs, les deux choses coïncident. La signification d'un nom propre par exemple consiste en ceci qu'il dénomme précisément cet objet déterminé. Dans les signes indirects au contraire, il y a des médiations entre signe et chose, et le signe désigne la chose justement par ces médiations, et c'est précisément pour cela qu'elles constituent la signification. (...). La signification d'un nom général consiste par exemple en ceci qu'il désigne un objet sur le fondement et par la médiation de certaines marques distinctives conceptuelles qu'il possède [2].

Si la signification du nom réside dans la propriété de l'objet sélectionnée comme marque distinctive pour le désigner, Mill a raison de dire que le nom propre a une dénotation mais pas de signification. Contre toute attente, Husserl a cependant rejeté ensuite la théorie de la référence directe. Lorsqu'il reprend en 1903 la distinction entre signes directs et indirects, le nom propre est en effet maintenant affublé d'une signification :

> Une distinction essentielle est donc celle qu'il y a entre la représentation « directe » (par exemple la *signification d'un nom propre*), qui vise directement un objet déterminé, sans que n'importe laquelle des déterminations co-visées dans son sens soit privilégiée (…) ; et la représentation « indirecte » ou attributive, qui, en accordant de tels privilèges, vise l'objet en tant qu'il a telle ou telle détermination (…). Dans l'usage univoque du nom propre Socrate, ce sont, suivant l'occasion, tantôt telles propriétés ou

1. J. S. Mill, *Système de logique*, *op. cit.*, chap. II.

2. E. Husserl, *Zur der Logik der Zeichnen*, dans Hua XII, *Philosophie der Arithmetik. Mit ergänzenden Texten (1890-1901)*, hg. v. L. Eley, Den Haag, Nijhoff, 1970, p. [343-344] ; trad. fr. J. English, dans *Articles sur la logique, op. cit.*, p. 418.

relations de Socrate, et tantôt telles autres, qui peuvent être privilégiées psychologiquement ; logiquement, aucune d'entre elles n'est privilégiée, le sens du mot reste inchangé. Il en va différemment avec les représentations comme *le maître de Platon, le fils de Phénarète*, etc. L'appréhension du même objet en tant qu'il a telle ou telle qualité appartient au contenu ou au sens de ces représentations qui n'ont une signification identique ni entre elles ni avec la représentation du nom propre [1].

Les apories de la théorie husserlienne

Pourquoi le nom propre devrait-il donc recevoir une signification, lui qui vise *directement* son objet sans privilégier une détermination particulière ? La solution husserlienne consiste à dire maintenant que l'objet du nom propre est désigné tel qu'il est avec *toute*s ses propriétés (*Socrate*), sans que l'une d'entre elles ne soit privilégiée (*le maître de Platon*). Le nom propre bénéficierait donc maintenant de la signification la plus riche incluant globalement et implicitement toutes les déterminations de l'objet ! À ce titre, il est un mode de signification (direct et global) à part entière, au même titre que les significations indirectes et attributives.

> Qu'un nom nomme directement son objet [*Napoléon*], ou qu'il le nomme par l'intermédiaire des attributs qui concernent celui-ci [*le vainqueur d'Iéna*], il y a là sans doute une différence importante. Mais c'est là (…) une différence à l'intérieur du genre signification, qui est un [2].

Cependant Husserl serait bien en peine d'expliquer en quoi cette *signification propre* est différente de l'objet nommé qui est le référent de l'expression. Quelle différence y-a-t-il entre l'objet en tant que tout composé de plusieurs propriétés et la signification comme désignation globale de l'objet avec toutes ses propriétés ? N'est-ce pas l'objet lui-même, avec l'intégralité de ses propriétés, qui donne tout son sens au nom propre ? On est d'autant plus enclin à le croire que les variations mutuellement indépendantes de l'objet et de la signification, qui permettaient de conclure à leur différence, ne s'appliquent plus à ce genre d'expression. L'opposition entre l'univocité du sens et la multiplicité de la référence, qui caractérisait les noms communs, ne peut concerner un terme désignant un objet singulier. L'opposition entre la multiplicité des significations et l'identité de l'objet, qui caractérisait les descriptions définies, ne s'applique pas non plus à une expression qui ne met en avant aucune

1. Hua XXII, p. [175] et suiv., trad. fr. J. English, *Compte rendu de l'ouvrage de Jul. Bergmann (1903)*, dans *Articles sur la logique, op. cit.*, p. 239. Nous soulignons.

2. *LU I*, Hua XIX/1, p. [65] ; trad. fr. p. 68. Nous soulignons.

marque distinctive. Aussi Husserl finit-il par identifier la signification propre et l'objet désigné :

> Celui qui connaît Cologne elle-même et qui, en conséquence, possède la véritable signification propre du mot Cologne trouve dans chacun des vécus actuels de signification quelque chose qui correspond exactement à la perception servant ultérieurement de confirmation [1].

La « véritable signification » du nom *Cologne* n'est finalement rien d'autre que la ville de Cologne elle-même en présence de laquelle les actes de perception placent la conscience. Husserl a vraisemblablement eu tort d'imposer au nom propre une distinction entre le sens et le référent qui lui est manifestement étrangère.

LE PROBLÈME DES EXPRESSIONS OCCASIONNELLES

Le phénomène de la fluctuation des significations

La deuxième difficulté touche le cœur de la théorie phénoménologique de la signification, le modèle de l'idéal-spécifique, et concerne cette fois les expressions du langage ordinaire dont le sens est appelé à changer selon les circonstances [2]. Il est vrai que la théorie de l'idéal-spécifique s'applique parfaitement aux énoncés théoriques dont la signification, *indépendante* de l'identité du locuteur, du lieu et du moment où s'accomplit l'énonciation, est absolument indifférente aux circonstances de l'acte d'expression. Un théorème mathématique, une loi physique, formulés par des personnes différentes, à des moments et dans des lieux différents, *signifient* toujours et partout *la même* chose. En revanche, pour les expressions occasionnelles et vagues, les choses sont différentes. Les expressions indexicales (*moi*, *je*, *ici*, *là-bas, ceci…*) sont en effet étroitement liées aux conditions contingentes du discours. Elles dépendent de la *situation* singulière du locuteur dans le monde, du moment où il parle et de l'environnement dans lequel s'inscrit sa parole. Si bien que leur signification est, semble-t-il, appelée à changer suivant les cas. Considérons, par exemple, le pronom personnel : sa signification diffère avec chaque individu. « Le mot *je* nomme, suivant les cas, une personne différente, et il le fait au moyen d'une signification toujours nouvelle » [3]. Puisque toute personne se désigne elle-même en disant *je*, ce mot revêt autant de significations qu'il y a de locuteurs :

1. *LU I*, Hua XIX/1, p. [659] ; trad. fr. p. 161. Nous soulignons.
2. Cf. *LU I*, chap. III.
3. *LU I*, Hua XIX/1, p. [87] ; trad. fr. p. 94.

> Dans le discours solitaire, la signification du *je* se réalise essentiellement dans la représentation immédiate de notre propre personnalité, et c'est là que réside donc aussi la signification de ce mot dans le discours communicatif. Chaque interlocuteur a sa représentation du moi (et par suite son concept individuel de je) et c'est pourquoi la signification de ce mot diffère avec chaque individu [1].

De même, le démonstratif *ceci* désigne un nouvel objet et le mot *ici* un nouveau lieu chaque fois qu'une personne s'en empare pour l'utiliser dans un nouvel environnement extralinguistique.

> *Ici* désigne l'environnement spatial, vaguement délimité, de celui qui parle. Celui qui emploie ce mot vise par là le lieu où il se trouve, sur la base de sa représentation intuitive et de la position de sa personne avec sa localisation. Celle-ci varie suivant les cas et change également suivant les personnes [2].

La signification indexicale est d'autant plus sensible aux circonstances de l'acte d'énonciation qu'elle n'est pas une signification générale conceptuelle : *je* ne signifie pas *toute personne qui parle*, mais *la personne qui parle actuellement* ; *ici* ne signifie pas *tout lieu occupé par tout locuteur*, mais *le lieu déterminé dans lequel se trouve actuellement celui qui parle* ; *ceci* ne signifie pas *tout objet placé devant toute personne qui parle*, mais *l'objet qui se trouve devant celui qui prend actuellement la parole*. C'est bien la réalité singulière visée *hic et nunc* qui donne aux expressions de ce genre leur véritable sens. Ce constat peut même s'étendre à tout un énoncé :

> Les mots : *je te souhaite bonne chance*, par lesquels j'exprime actuellement un souhait, peuvent servir pour un nombre incalculable d'autres personnes à exprimer des souhaits du « même » contenu. Cependant, ce ne sont pas seulement les souhaits eux-mêmes qui sont différents suivant les cas, mais aussi les significations des énoncés des souhaits. Tantôt c'est la personne A qui se trouve en face de la personne B, tantôt la personne M qui est vis-à-vis de la personne N [les pronoms n'auront donc pas la même signification]. Quand A souhaite à B la « même chose » que M à N, le sens de cette proposition optative est manifestement différent dans les deux cas, puisqu'il inclut la représentation de la personne qui se trouve en face de l'autre [3].

Partout où la signification dépend directement des circonstances de l'acte de parole, il n'est guère possible de l'ériger au rang d'unité idéale-

1. *Ibid.*
2. *LU I*, Hua XIX/1, p. [90] ; trad. fr. p. 97.
3. *LU I*, Hua XIX/1, p. [85] ; trad. fr. p. 91-92.

spécifique : il semble impossible d'attribuer aux expressions occasionnelles « l'unité identique de signification dont nous avons pris clairement conscience ailleurs en l'opposant au changement des personnes et de leurs vécus, maintenant que les significations doivent justement varier avec les personnes et leurs vécus » [1].

La tentative d'intégration des expressions occasionnelles dans la théorie de l'idéal-spécifique

Malgré tout, Husserl tente désespérément de conserver sa théorie de l'idéal-spécifique en y intégrant la fluctuation des significations : « le contenu que vise dans un cas déterminé l'expression subjective orientant sa signification d'après la situation est une unité de signification idéale dans le même sens que le contenu d'une expression stable » [2], c'est-à-dire une unité spécifique. Pour justifier ce coup de force, il avance plusieurs arguments. Il admet tout d'abord que toute expression subjective (comprenant des indexicaux et donc dépendant de la situation du locuteur) est, au moins en droit, transformable en une expression objective, indépendante des circonstances de l'acte de parole : « Idéalement parlant toute expression subjective, si l'on maintient identique l'intention de signification qui lui est dévolue à un moment donné [si l'on continue de viser le même objet], peut être remplacée par des expressions objectives » [3]. Cette substitution repose sur le postulat de l'absence de limites de la raison objective : tout être est connaissable en soi dans ses déterminations intrinsèques et extrinsèques [4] ; et les vérités en soi peuvent être exprimées dans des énoncés objectifs au moyen de significations idéales : « A l'être en soi correspondent des vérités en soi, et à celles-ci, à leur tour, correspondent des énoncés fixes et univoques » [5] de la forme *S est p*. À peine ce principe est-il énoncé, que Husserl en restreint aussitôt la portée, puisqu'il ne tarde pas à reconnaître qu'une expression objective et intégrale de l'étant n'est qu'une possibilité *idéale* purement théorique :

> À vrai dire, nous devons ici reconnaître que ce n'est pas seulement pour des raisons de nécessité pratique, par exemple à cause de sa complication, que cette substitution [d'une expression objective à une expression subjective]

1. *LU I*, Hua XIX/1, p. [86] ; trad. fr. p. 92.
2. *LU I*, Hua XIX/1, p. [95] ; trad. fr. p. 103.
3. *Ibid.*
4. « Ce qui est a ses propriétés et ses relations nettement déterminées en soi », *ibid.*
5. *Ibid.*

> ne peut être effectuée, mais que, dans une très large mesure, elle n'est pas réalisable en fait et que même elle demeurera toujours irréalisable [1].

C'est pourquoi le premier argument est rapidement congédié : « Que l'on retranche de notre langue les mots essentiellement occasionnels, et qu'on essaie de décrire d'une façon univoque et objectivement fixe une expérience subjective quelconque : toute tentative de ce genre est manifestement vaine » [2]. Si l'on remplaçait le pronom *je* par l'expression : *toute personne qui se désigne elle-même en parlant*, non seulement on en altèrerait profondément le sens, mais on aboutirait aussi à des absurdités, puisque « je suis content » deviendrait : « toute personne qui se désigne elle-même en parlant est contente » !

Husserl ne se décourage pas pour autant et avance immédiatement un nouvel argument. On pourrait en effet envisager les significations occasionnelles comme des unités idéales-spécifiques en mettant les *fluctuations* de signification sur le compte de l'*acte* singulier du signifier. À cet égard il y a deux manières de procéder. À l'instar des différentes nuances de rouge à l'intérieur de l'espèce rouge, les actes du signifier pourraient varier à l'intérieur d'une même espèce de signification, comme de simples « nuances » d'une manière de signifier identique (*le vainqueur d'Iéna, l'homme qui a remporté la bataille d'Iéna, l'homme qui n'a pas connu la défaite à Iéna...*) :

> (...) ; les fluctuations des significations sont proprement des fluctuations de l'acte de signifier. C'est-à-dire que ce qui est fluctuant, ce sont les actes subjectifs qui confèrent la signification aux expressions. Mais ce ne sont pas les significations elles-mêmes qui se modifient [3].

On pourrait également dire que les intentions de signification des expressions polysémiques varient entre plusieurs unités (idéales) de signification possibles : *chef* désignerait tantôt le commandant (*le chef a donné un ordre*), tantôt la tête (*il a mis son couvre-chef*) ; mais *commandant* et *tête* demeureraient des unités spécifiques-idéales de signification réunissant chacune une multiplicité d'actes. C'est vraisemblablement à cette solution que songe Husserl lorsqu'il propose de distinguer « entre les actes fluctuants du signifier et les significations ayant une unité idéale entre lesquelles ils oscillent » [4]. Dans tous les cas, quelle que soit la solution adoptée, l'unité de chaque espèce de signification serait conservée malgré

1. *LU I*, Hua XIX/1, p. [95] ; trad. fr. p. 103.
2. *LU I*, Hua XIX/1, p. [96] ; trad. fr. p 104.
3. *Ibid.*
4. *LU I*, Hua XIX/1, p. [83] ; trad. fr. p. 90.

les modes de variation des intentions de signification. Malheureusement, ce nouvel argument produit à son tour un certain malaise, car l'hypothèse d'unités de signification idéales-spécifiques est en contradiction flagrante avec les exemples que Husserl n'a cessé d'accumuler. Pour justifier sa position, il évoque, il est vrai, « le fait que l'on parle normalement, en prenant modèle sur les expressions stables, d'une signification qui serait toujours identiquement la même, quel que soit celui qui énonce la même expression » [1] ; mais l'identité sémantique dont témoigne la répétition des expressions occasionnelles n'est pas nécessairement l'éternité d'une espèce. Ce que j'ai dit (*je mange ici*), je peux certes le répéter, et mes paroles auront encore le même sens si les circonstances de l'acte de parole n'ont pas changé ; cependant, si d'autres personnes énoncent la même phrase, rien ne garantit que le sens sera *partout* et *toujours* exactement le même.

En outre, lorsque Husserl affirme que l'hypothèse d'une variation des significations est une « façon de parler (...) pour ainsi dire absurde, *en admettant que nous continuions à entendre par significations des unités idéales*, aussi bien dans les expressions univoques et objectivement stables que dans les expressions équivoques et brouillées subjectivement » [2], on voit bien qu'il se soucie moins de soumettre la thèse de l'idéal-spécifique à la critique impartiale de l'indexicalité, que de minimiser l'importance de cette dernière au nom d'une idée préconçue de la signification. Ce n'est pas l'expression occasionnelle qui sert d'expérience cruciale pour l'hypothèse de l'idéal-spécifique ; c'est l'idéal-spécifique, érigé arbitrairement en principe absolu, qui sert de prétexte pour rejeter les fluctuations de la signification sur le signifier et relativiser ainsi le rôle des expressions empiriques. Aussi Husserl réaffirme-t-il, quelques années plus tard, sa confiance en la théorie de l'idéal-spécifique :

> Le renvoi aux propositions du genre : « Je pense maintenant », qui renferment dans leur teneur objective une relation à celui qui juge (en un mot : aux propositions occasionnelles ; (...)), ne peut absolument pas servir à mettre en question, de quelque façon que ce soit, cette « indépendance » qui est propre à l'espèce par rapport au cas particulier, donc à la proposition par rapport à l'acte contingent du jugement [3].

1. *LU I*, Hua XIX/1, p. [97] ; trad. fr. p. 105.
2. *LU I*, Hua XIX/1, p. [96-97] ; trad. fr. p. 104-105. Nous soulignons.
3. Hua XXII, p. [158] ; trad. fr. J. English, *Recension de Palagyi*, dans *Articles sur la logique*, *op. cit.*, p. 218.

LES AUTRES DIFFICULTÉS SOULEVÉES PAR LA THÉORIE DE L'IDÉAL-SPÉCIFIQUE

Un autre modèle d'idéalité

Il n'est pas non plus certain que le modèle de l'idéal-spécifique soit le seul qui puisse rendre compte de l'identité de la signification. Cette identité, dit Husserl, est d'abord celle de l'*intentio* : c'est l'identité spécifique du *signifier*, l'unité de l'*espèce* réunissant les actes qui, selon un mode de signifier commun, *veulent dire* la même chose. Or, pour décrire l'identité idéale de la signification par rapport aux actes du signifier, pourquoi ne pas envisager également l'identité de l'objet signifié (l'*intentum*) en face des actes de la conscience ? Car *l'unité intentionnelle* que Husserl oppose aux réalités psychiques singulières [1] correspond également au corrélat objectif de l'acte. Certains passages de *LU I* explorent furtivement cette nouvelle voie :

> Quand je porte le jugement suivant : si la somme des angles d'un triangle quelconque n'est pas égale à deux droits, l'axiome des parallèles n'est pas non plus valable, la prémisse hypothétique (...) veut dire aussi quelque chose, et (...) ce qu'elle veut dire n'est pas mon acte psychique d'une présupposition hypothétique, (...) ; tandis que cet acte subjectif est manifesté, c'est bien plutôt *une chose objective et idéale* qui est exprimée, à savoir l'hypothèse avec son contenu conceptuel, qui peut apparaître comme *la même unité intentionnelle dans de multiples vécus de pensée possibles,* et qui, dans la réflexion objective et idéale [lorsque nous ne réfléchissons pas sur les actes mais sur « ce qui, d'une certaine manière, est donné "en" eux » [2]], caractérisant toute pensée, *se tient en face de nous* avec évidence, comme étant une seule et la même [3].

Ici, l'unité intentionnelle n'est manifestement plus celle de l'*intentio*, mais plutôt celle de l'*intentum*, *i. e.* de la « chose » visée « en face » d'une multiplicité d'actes. De même, quand Husserl affirme que la proposition *π est un nombre transcendant* signifie toujours la même chose, quelle que soit la personne qui l'énonce à quelque moment que ce soit, l'identité de la signification pourrait fort bien être celle de l'objet visé lui-même

1. « Nous ne voyons pas l'essence de la signification dans le vécu conférant la signification, mais dans son "contenu", qui présente une unité intentionnelle identique par opposition au divers dispersé des vécus effectifs ou possibles des sujets parlants et pensants », *LUI*, Hua XIX/1, p. [102] ; § 30, trad. fr. p. 111.

2. Hua XXII, p. [48] ; trad. fr. p. 48.

3. Hua XXII, p. [51] ; trad. fr. p. 51-52. Nous soulignons.

(le nombre π) par opposition à la multiplicité des actes qui le prennent pour cible :

> je vois avec évidence que *ce que je vise* dans la proposition mentionnée, ou bien (quand je l'entends), ce que je conçois comme étant sa signification, c'est identiquement ce qu'elle est, peu importe que je pense et que j'existe, qu'il y ait en général des personnes qui pensent et des actes de pensée [1].

Comme l'a montré J. Benoist [2], la théorie intentionnelle de la signification des *LU* est donc souterrainement tiraillée entre deux modèles de l'identité idéale qui se font concurrence. D'un côté, le modèle idéal-spécifique qui définit la signification en relation avec les *actes* du signifier ; d'un autre côté, le modèle idéal-objectif, hérité de Bolzano, qui définit la signification à partir de l'*objet* signifié. Si le premier modèle finit par s'imposer au § 31 de *LU I,* c'est tout simplement parce que la phénoménologie privilégie, à ses débuts, les vécus intentionnels et écarte les objets visés à cause de leur transcendance : la signification est une *espèce* (*eidos*) obtenue abstractivement à partir des actes dans lesquels elle se réalise.

Les difficultés du processus abstractif

Cependant, le processus abstractif au moyen duquel les significations se détachent des actes pose lui aussi quelques problèmes. Peut-il être transféré des espèces naturelles aux espèces de significations ? Un moment identique du signifier se détache-t-il des réalités psychiques aussi facilement que les propriétés (couleur, forme...) abstractivement tirées des réalités physiques ? Pour saisir une signification, pour comprendre une expression, est-il d'ailleurs nécessaire de comparer plusieurs vécus et d'en extraire un moment identique ? J. Benoist est à cet égard très réservé :

> On retrouverait « la même » signification dans différents énoncés comme le même rouge dans différents objets. Il y a pourtant une grande différence : je vois le rouge, et celui-ci d'une certaine façon constitue bien un moment réel de l'objet (...) ; je ne vois pas la signification, et celle-ci ne se trouve nulle part dans les divers énoncés que je peux rapprocher au titre d'un moment réel. Un certain moment d'acte peut en être porteur ; il ne s'y identifie pas pour autant, et le rapport de ce moment d'acte à la propriété qu'il est censé porter (avoir telle ou telle signification, pour cet énoncé) est assurément plus complexe que celui du moment colorisant de l'objet à la propriété « être de telle ou telle couleur ». La généralité de l'espèce ne tient en effet

1. Hua XXII, p. [105] ; trad. fr. p. 115. Nous soulignons.

2. Cf. *Intentionnalité et langage, op. cit.*, p. 92-93 ; *Entre acte et sens*, Paris, Vrin, 2002, p. 25-26.

> pas ici dans la possibilité de recouvrement de différents objets partiels avec l'objet général constitué, mais dans celle, pour ainsi dire latérale, et appelée à le rester, de différentes visées [1].

Etre de telle ou telle couleur (pour un objet) et avoir telle ou telle signification (pour un vécu d'expression) sont, pour Husserl, absolument équivalents. Il s'agit de part et d'autre de propriétés inhérentes à un tout concret ; peu importe que celui-ci soit une réalité physique ou psychique. La signification est au moment du signifier de l'acte d'expression ce que le rouge *in specie* est au moment couleur de l'objet : une espèce par rapport à un cas particulier. Le parallélisme entre les espèces naturelles et les espèces significationnelles n'est cependant pas totalement transparent. La couleur est en effet véritablement une donnée de l'expérience sensible : on peut voir l'objet étalé devant nous et la couleur qui recouvre sa surface. En revanche, que la signification soit un aspect remarquable de l'expression à la manière du moment couleur sur une réalité physique, cela est moins évident, car les éléments qui doivent entrer en recouvrement pour qu'une espèce de signification (une manière de signifier commune) se détache ne sont plus ici des objets mais des actes. Or, s'il est possible de rapprocher et même de superposer des bandes colorées pour faire ressortir une couleur identique, comment la conscience pourrait-elle confronter des vécus fugitifs dispersés dans plusieurs consciences ou plusieurs moments ? S'agissant des vécus à l'intérieur d'un même flux de conscience, Husserl évoque certes une « conscience de surplomb » susceptible de dévoiler le contenu de signification identique dans plusieurs actes, présents et passés :

> La conscience que nous avons quand nous énonçons la proposition de la somme des angles dans le jugement effectif, et la conscience que nous avons ou que nous aurions dans le simple fait de se représenter [cet état-de-chose], dans le simple fait de comprendre sans conviction, sont, quant au contenu [de signification], intimement apparentées ; et cela tient à ce *qu'une conscience en surplomb* est possible, qui dit alors qu'ici et là, sans nuire à la différence qu'il y a entre le fait de croire et le fait de ne pas croire, il y a, conscient, un quelque chose de commun, un seul et même « contenu » [2].

Mais, encore une fois, comment comparer des actes successifs qui ne sont jamais co-présents dans la conscience ? Peut-on réveiller le juger et le rapprocher de la simple représentation pour les confronter l'un à l'autre ? Dans ce cas, compare-t-on le représenter au juger effectif ou à son

1. *Entre acte et sens, op. cit.*, p. 99-100. *Cf.* aussi p. 104-107.
2. *VuB*, Hua XXVI, p. [34] ; trad. fr. p. 57. Nous soulignons.

souvenir ? De plus, la conscience qui se rapporte à un certain état-de-chose peut-elle être à la fois jugeante et non-jugeante, positionnelle et simplement représentative ? Peut-on porter un jugement sur la somme des angles et, en même temps, comprendre ce jugement à partir d'une simple représentation de l'état-de-chose dans laquelle la croyance précédente serait suspendue ? En d'autres termes, peut-on feindre de ne pas croire quelque chose afin de comparer un vécu de simple compréhension et un acte de croyance ? La « conscience de surplomb » dont parle Husserl est donc pour le moins énigmatique.

Par ailleurs, si l'on veut faire l'économie d'une comparaison et obtenir la signification-espèce au moyen d'une variation éidétique à partir d'un seul cas, de nouvelles difficultés apparaissent. Quand il n'est plus question d'objets réels mais de vécus, le passage à la modalité imaginaire est en effet très périlleux. « Comment entendre le passage de la signification réelle (intuitive ?) à la signification imaginaire, nécessaire à l'extraction de l'essence ? Y a-t-il des significations “imaginaires” ? Ceci même a-t-il un sens » [1] ? On peut facilement passer d'un rouge perçu à un rouge imaginé, et lui faire subir toutes sortes de modifications (clarté, extension...) pour en détacher un invariant. En revanche, quand on passe d'un vécu du signifier effectivement accompli au même vécu simplement imaginé, *rien* n'a changé. Entre une signification réelle et une signification imaginaire, entre la signification du mot *arbre* tel qu'il est prononcé et cette signification telle qu'elle est représentée en imagination, il n'y a *aucune* différence. Le mot signifie exactement la même chose. L'intention de signification du mot représenté en imagination n'est pas moins « réelle » ou effective (c'est-à-dire vécue) que celle du mot prononcé à voix haute. La méthode des variations est donc inopérante dans le domaine des actes du signifier.

L'abstraction idéatrice et la variation éidétique ne sont pourtant pas les seules voies d'accès aux significations. En évoquant une « réflexion logique », le § 34 de *LU I* avait furtivement suggéré un autre moyen de saisir l'identité du sens. Pour comprendre de quoi il s'agit, il faut d'abord rappeler que la conscience est spontanément dirigée sur les objets, pas sur les significations : dans un énoncé, c'est bien *sur* l'objet-substrat (S), et non sur la signification elle-même (ce qui est énoncé de S), que nous sommes tournés et que nous portons un jugement. C'est pourquoi nous disons : *S est p,* et non : *le fait que S soit p...* Pour que le *contenu* de signification devienne à son tour l'objet thématique de la conscience, il est besoin d'une « réflexion logique » :

1. J. Benoist, *Entre acte et sens*, *op. cit.*, p. 109.

> La signification de la proposition énonciative, (…) le jugement au sens logique, (…) ne devient objet pour nous que dans un *acte réflexif de la pensée*, par lequel non seulement nous reportons notre regard sur l'énoncé effectué, mais encore nous effectuons l'abstraction requise (ou pour mieux dire l'idéation). (…) [Nous opérons] des *réflexions progressives sur les contenus des actes de pensée* que l'on vient d'accomplir [1].

De prime abord, on pourrait croire que rien n'a changé dans la théorie intentionnelle de la signification, puisqu'il est toujours question d'une *abstraction* ou d'une *idéation* susceptible de détacher l'espèce significationnelle des cas particuliers. Cependant, l'exemple que propose immédiatement Husserl concerne moins les actes du signifier que leur corrélat intentionnel :

> Une forme très commune de raisonnement (…); peut nous servir d'exemple : « Est-ce que SP est ? Cela se pourrait bien. Mais de cette proposition, il résulterait que M est. Cela ne se peut ; donc ce que j'ai tenu tout d'abord pour possible, à savoir que SP est, doit aussi être faux, etc. ». (…) Cette proposition *que SP est*, (…) n'est visiblement pas seulement le moment de signification fugitif dans le premier acte de pensée où cette idée nous est apparue pour la première fois, mais, dans les étapes ultérieures, (…) on continue sans cesse de viser la signification de la proposition que, dans l'unité du processus de pensée, nous appréhendons par idéation et identification comme une seule et même signification [2].

L'identité de la signification est certes mise ici sur le compte d'une *abstraction idéatrice*, mais celle-ci ne révèle pas nécessairement une essence ou une espèce d'*actes*. Car le *Sp* (ce contenu de signification que l'on retrouve identique au cours d'un raisonnement) pourrait être également envisagé comme une *objectité* de degré supérieur, un état-de-chose, corrélat intentionnel d'une multiplicité d'actes. Il pourrait être l'unité intentionnelle d'une interrogation, d'un raisonnement, d'une conclusion ; et, dans ce cas, l'*unité intentionnelle* désignerait l'état-de-chose identique visé dans la question (*Est-ce que* SP *est ?*) et les différentes étapes du raisonnement. Or, pour saisir l'identité de cette objectité, nous n'avons pas besoin de réfléchir sur les actes ; il suffit de revenir, à l'intérieur du discours, sur ce qui a été précédemment énoncé : « (...) ce que j'ai tenu tout d'abord pour possible, à savoir que *SP* est, doit aussi être faux, etc. ». La *réflexion logique* s'accomplit chaque fois qu'un énoncé porte réflexivement sur le contenu de sens d'un énoncé antérieur (« ce que j'ai dit… », « ce qui a été énoncé… »). L'identité idéale du contenu de signification

1. *LU I*, Hua XIX/1, p. [108] ; trad. fr. p. 119. Nous soulignons.
2. *LU I*, Hua XIX/1, p. [109] ; trad. fr. p. 119-120.

(*Sp*) que l'on ressaisit à l'intérieur du discours (« est-ce que *Sp* est ? », « que *Sp* est... »), n'est plus l'identité d'une espèce abstractivement tirée des vécus du signifi*er*, mais l'unité intra-discursive d'une formation de discours, l'*identité syntaxique* d'une formation *logique* saisie à partir d'une réflexion *logique* sur ce qui est signifi*é*. Cette nouvelle voie est toutefois vite abandonnée, car dans une théorie *intentionnelle* qui tient l'objet de conscience pour transcendant, la signification est d'abord et avant tout un *acte* du signifier et son identité idéale celle d'une *espèce* d'actes.

Pourtant, Husserl ne pouvait pas se satisfaire très longtemps d'une analyse focalisée sur les actes au détriment des objets intentionnels. Dans la préface de la 2e édition des *Prolegomena* datée de 1913, il précise ses griefs à l'encontre de la théorie de la signification de *LU I* :

> Comme autre lacune de cette *Recherche* (...), il faut mentionner que la distinction et le parallélisme du « noétique » et du « noématique » (dont le rôle fondamental, dans tous les domaines de la conscience, n'est pleinement mis en relief que par les *Ideen* mais qui, cependant, apparaît déjà dans maintes explications isolées des dernières Recherches de l'ancien ouvrage) n'y entrent pas encore en ligne de compte. Aussi l'ambiguïté fondamentale de la « signification » en tant qu'idée (*Idee*) ne s'y détache-t-elle pas encore. Il y est mis l'accent unilatéralement sur le concept noétique de la signification [le signifier], tandis qu'en maint passage important c'est cependant le noématique [le signifié] qui est plus particulièrement visé [1].

Le versant objectif de la corrélation intentionnelle où se trouvent les objets signifiés doit également être exploré. Mais pour que Husserl accorde enfin aux corrélats intentionnels du signifier toute l'attention qu'ils méritent, il fallait qu'il comprenne la nécessité, pour la phénoménologie, de prendre en compte *l'objet visé* par la conscience, au lieu de se limiter à l'analyse descriptive des contenus immanents [2].

1. E. Husserl, Hua XVIII, *Logische Untersuchungen, Erster Band : Prolegomena zur reinen Logik*, hg. v. E. Holenstein, Den Haag, Nijhoff, 1975, p. [13-14] ; trad. fr. H. Elie, A.-L. Kelkel et R. Schérer, *Prolégomènes à la logique pure*, Paris, P.U.F., 1959, p. XVII.

2. Sur l'évolution de la pensée de Husserl, *cf.* J. F. Lavigne, *Husserl et la naissance de la phénoménologie (1900-1913)*, Paris, P.U.F., 2005.

TROISIÈME PARTIE

LE DEUXIÈME VERSANT DE LA THÉORIE PHÉNOMÉNOLOGIQUE DE LA SIGNIFICATION : LE CONCEPT NOÉMATIQUE

CHAPITRE PREMIER

LA NOTION D'OBJECTITÉ CATÉGORIALE

LA DISTINCTION ENTRE L'OBJET PUR ET SIMPLE ET L'OBJECTITÉ CATÉGORIALE

La description de la manière dont l'objet est significationnellement visé

La signification est liée à ce que *veulent dire* les expressions: « L'expression "veut dire" ceci et cela, et c'est ce qui fait sa signification » [1]. En tant que vécu intentionnel, l'acte de signifier (intention de signification) a un corrélat intentionnel: un objet est en lui et par lui signifié. Les objets désignés par les noms, les état-de-choses énoncés méritent également que l'on s'intéresse à eux : « Le mot signification peut (...) avoir aussi un sens qui, sans toucher non seulement aucun acte, mais rien non plus de spécifique qui serait tiré de l'acte, touche (...), quelque chose de corrélatif qui s'y oppose du côté objectif » [2]. Quelle est donc cette signification qui, sans se confondre avec l'objet visé par la conscience,

1. *VuB*, Hua XXVI, p. [31] ; trad. fr. p. 54.
2. *VuB*, Hua XXVI, p. [35] ; trad. fr. p. 59.

se trouve sur le versant objectif de la corrélation intentionnelle ? Pour y voir un peu plus clair, il faut se pencher sur la *manière* dont l'objet est signifié (« la manière dont on a (…) voulu en dire quelque chose » [1]). Les expressions *le vainqueur d'Iéna* et *le vaincu de Waterloo*, par exemple, se rapportent au même objet, mais elles ne *veulent* pas *dire* la même chose, puisque Napoléon y est désigné tantôt en tant que *vainqueur d'Iéna*, tantôt en tant que *vaincu de Waterloo*.

> Toute représentation nominale ne représente pas simplement l'objet, mais elle a aussi, en un sens différent, une « signification », et cela veut dire tout d'abord : elle représente un objet en le représentant sur tel ou tel mode, par exemple en tant que déterminé de telle et telle façon, se tenant en relation avec tels et tels autres objets [« la maison *à côté de l'église* », « le vainqueur *d'Iéna* »], etc. [2].

À chaque mode de représentation nominale correspond, du côté de l'objet, une manière d'être désigné. *Le vainqueur d'Iéna* est donc à la fois une manière subjective de signifier et, pour un objet, une manière d'être signifié. Pour saisir ici la signification, il faut donc prendre l'objet tel qu'il est désigné, il faut considérer l'objet nommé « avec son mode d'être déterminé, en tant que conçu de telle et telle façon, et seulement en tant que tel » [3] (en tant que *vainqueur d'Iéna,* en tant que *vaincu de Waterloo,* ou tout simplement en tant que *Napoléon*). Compte tenu des différentes *façons* dont un objet peut être visé par un nom, on pourra ainsi établir une distinction entre l'*objet pur et simple* qui est signifié et ce même objet tel qu'il est signifié (« l'objet signifié *en tant que tel* » [4]). Le premier donne à l'expression son *objet* ou référent (Napoléon) et l'autre sa *signification* (*le vainqueur d'Iéna*).

Dans l'énoncé on relève une distinction similaire :

> Le même objet-sujet peut être représenté selon des manières qui ont une signification différente [Napoléon, le vainqueur d'Iéna, le vaincu de Waterloo...], et la même propriété peut l'être de même [vainqueur, victorieux, qui a remporté une bataille, qui ignore la défaite...]. Par conséquent, nous avons à distinguer l'état-de-chose énoncé de la manière suivant laquelle il vient à chaque fois à être énoncé, à savoir dans la forme des différentes significations des énoncés qui, voulant dire

1. *VuB*, Hua XXVI, p. [28] ; trad. fr. p. 51.
2. *VuB*, Hua XXVI, p. [76] ; trad. fr. p. 104.
3. *VuB*, Hua XXVI, p. [36] ; trad. fr. p. 59.
4. *VuB*, Hua XXVI, p. [36] ; trad. fr. p. 59.

quelque chose de différent, énoncent pourtant du même sujet la même propriété [1].

À partir des différentes significations nominales disponibles en sélectionnant telle ou telle marque distinctive (*le vainqueur d'Iéna*, *le vaincu de Waterloo*) ou tel nom propre (*Napoléon*, *Napoléon Bonaparte*), on obtient des énoncés qui, bien qu'ayant des sens différents, se rapportent au même état-de-chose : *Napoléon est un empereur*, *le vainqueur d'Iéna est un empereur*, *le vaincu de Waterloo est un empereur*, *le mari de Joséphine est à la tête d'un empire*, etc. C'est pourquoi il faut distinguer l'état-de-chose *qui* est énoncé (le-fait-que-Napoléon-est-empereur) et, considérant la manière dont il est énoncé, l'état-de-choses *tel qu*'il est énoncé. L'état-de-chose demeure identique, puisque la même propriété est énoncée du même sujet ; en revanche la *manière* dont cet état-de-chose est énoncé a changé. L'objet auquel se rapporte l'énoncé est l'état-de-chose visé, la signification de cet énoncé est l'état-de-chose énoncé *en tant que tel*. Si l'énoncé porte sur une *situation-de-chose*, on peut également distinguer la situation-de-chose *qui* est énoncée (la relation entre a et b) et, considérant la manière dont elle est énoncée (une fois à partir de a en tant que relation de supériorité, une autre fois à partir de b en tant que relation d'infériorité), la situation-de-chose énoncée *en tant que telle* ($a > b$, $b < a$). La première est l'objet sur lequel porte l'énoncé (son référent), la deuxième sa signification [2].

La définition de la signification comme objectité catégoriale

Si nous nous attachons donc à la *manière* dont on a voulu dire quelque chose sur le compte d'un objet ou d'un état-de-chose, et si nous prenons soin de distinguer alors l'objet qui est signifié et le même objet *tel qu*'il est signifié (désigné, énoncé), nous obtenons un nouveau concept de signification. Il ne s'agit plus du concept noétique regroupant les actes du signifier dans des espèces selon leur mode de signifier commun, mais, en face des actes, d'un concept *noématique* concernant un objet intentionnel : le nommé en tant que tel (*le vainqueur d'Iéna*), l'énoncé en tant que tel (*Napoléon est le vainqueur d'Iéna*) [3], identiques en face de la multiplicité des actes qui visent (nomment, énoncent) la même chose de la même

1. *VuB*, Hua XXVI, p. [29] ; trad. fr. p. 52.

2. Husserl s'oppose ici aux théories référentielles qui confondent signification et objet, en particulier le contenu du jugement et son objet. *Cf.* D. Seron, *Objet et signification*. Chap. I, « Le concept de jugement », Paris, Vrin, 2003.

3. Ce qu'en logique on appelle « proposition ».

manière. Par opposition à l'objet pur et simple, réalité ultime indépendante de la conscience, l'objet signifié *en tant que tel* est une objectité *catégoriale*. Quand on considère l'objet *tel qu'*il est signifié, on est en effet reconduit à l'objet *tel qu'*il est conçu ou *pensé* par la conscience, à partir de concepts (*en tant que* vainqueur, vaincu…), et tel qu'il est ensuite déterminé dans des jugements (*Napoléon est le vainqueur d'Iéna*). Par opposition à l'unité de l'objet visé, la multiplicité des significations se traduit donc ici par la diversité des objectités catégoriales obtenues à partir des conceptions et des déterminations possibles d'un même objet (Napoléon tel qu'il est pensé en tant que vainqueur d'Iéna, en tant que vaincu de Waterloo…).

La typologie des significations à partir des différentes formes d'objectités catégoriales

Les objectités catégoriales de degré inférieur

Les catégories de signification (nom, énoncé...) correspondent donc aux différents types d'objectités catégoriales (le nommé *en tant que tel*, l'énoncé *en tant que tel*…). Puisque la manière dont l'objet est *signifié* est le corrélat d'une manière de *signifier*, il faut cependant revenir aux modes subjectifs de l'intention de signification pour découvrir les objectités catégoriales correspondantes. Or, les manières de signifier sont, dans le discours, *l'expression de la pensée*. Les intentions de signification traduisent la manière dont la conscience a pensé un objet, la façon dont elle a saisi les données de l'expérience dans ses opérations catégoriales (concepts et jugements). L'élucidation des catégories de significations noématiques (objectités catégoriales) renvoie donc à l'activité catégoriale comme à leur source.

Cette activité est elle-même précédée d'un moment antéprédicatif. Car pour que des objets puissent être pensés, il faut d'abord qu'ils soient donnés à la conscience. C'est pourquoi les actes de la pensée sont fondés sur *l'expérience sensible* ; ils « se construisent sur de simples perceptions ; (…) [qui] donnent l'objet de perception »[1]. L'objet qui apparaît dans un flux de sensations n'est d'abord qu'un *ceci-là* indéterminé et ponctuel. Le premier travail de la pensée consiste donc à saisir son *unité* à travers ses multiples apparitions sensibles en réunissant les données de l'expérience dans une synthèse d'identification. Pour avoir affaire à *un* objet, la

1. *VuB*, Hua XXVI, p. [82] ; trad. fr. p. 110.

conscience doit comprendre que le ceci-là que nous percevons maintenant sous tel aspect et le ceci-là que nous percevions auparavant sous un autre aspect (la maison dont on aperçoit successivement les différentes faces) sont *une seule et même* chose.

Ce qui se présente ainsi simplement au cours de l'expérience sensible, une fois que la synthèse d'identification a fait son œuvre, est ensuite mis en forme par la pensée. Une première saisie catégoriale des données de l'expérience s'accomplit quand la conscience appréhende le ceci-là comme *moulin* ou *maison*, *homme* ou *mannequin*. L'objet unitaire de l'expérience, auparavant indéterminé, est maintenant saisi selon tel ou tel concept. Cette première détermination se poursuit par la mise en forme de l'objet d'expérience dans des structures attributives de type *Sp* où une qualité intrinsèque (*la* petite *maison*) ou extrinsèque (*la maison* à côté de l'église) est explicitement détachée.

À ce premier degré antéprédicatif de l'activité catégoriale correspond, à titre de corrélat intentionnel, une première forme d'objectité catégoriale, l'objet saisi ou conçu *en tant que tel*: « Nous distinguons (...), dans la représentation *le moulin sur le ruisseau*, l'objet qui est nommé [un objet d'expérience], et l'objet catégorial » [1], l'objet saisi en tant que moulin-sur-le-ruisseau, une fois que la détermination conceptuelle et la mise en relation avec un autre objet ont fait leur œuvre. En passant de la simple représentation intuitive brute (ceci-là) à une représentation catégoriale (*le moulin sur le ruisseau, l'homme dans la rue, le mannequin derrière la vitrine*), nous avons désormais affaire à un objet qui, une fois saisi dans des formes catégoriales, est *pensé*. Parce qu'il résulte d'un travail de la pensée sur les données de l'expérience sensible, cet objet mérite le titre de *catégorial*.

À partir de là, il est possible de définir la *signification* du nom. Il ne s'agit ni de l'acte de nomination (je dis : *le vainqueur d'Iéna*), ni de l'objet désigné (Napoléon), mais de l'objectité catégoriale, *i. e.* l'objet *tel qu'il est pensé* (Napoléon saisi conceptuellement en tant que *vainqueur d'Iéna*) [2]. La signification intervient donc déjà dans les premières opérations catégoriales, indépendamment du langage : « L'appréhender et le connaître qui

1. *VuB*, Hua XXVI, p. [80] ; trad. fr. p. 108.

2. L'objet représenté « en tant que déterminé de telle et telle façon, se tenant en relation avec tels et tels autres objets, etc. », *VuB*, Hua XXVI, p. [76] ; trad. fr. p. 104. Le *nom propre* a également, pour Husserl, une signification dans la mesure où il constitue un mode de représentation de l'objet. Il traduit la manière dont l'objet a été pensé, non pas indirectement (au moyen d'une médiation conceptuelle : *vainqueur d'Iéna*), mais directement et globalement avec toutes ses qualités, sans que l'une d'entre-elles ne se détache explicitement : *Napoléon* ! *Cf.* p. [48] ; trad. fr. p. 72.

met en relation, sur le fond d'une simple perception [peuvent s'accomplir] sans mots » [1]. Il ne faut pas confondre l'activité de la pensée où se constitue l'objectité catégoriale et les actes linguistiques qui la traduisent verbalement. La pensée bénéficie en effet d'une antériorité par rapport au langage : la représentation catégoriale s'accomplit « avant tout exprimer verbal, avant toutes représentations de mot » [2]. Une fois que l'activité catégoriale est accomplie, la représentation linguistique prend le relais et exprime verbalement la pensée : *le moulin sur le ruisseau*, *le vainqueur d'Iéna*. Les noms désignent alors les objets de l'expérience tels qu'ils ont été conçus : ce qui a été pensé en tant que moulin est désigné comme *moulin*, ce qui a été pensé en tant qu'homme est nommé comme *homme*. Et les *objectités catégoriales* qui se forment au cours des premières opérations catégoriales donnent aux noms correspondants leur *signification* (*le moulin sur le ruisseau, le vainqueur d'Iéna*). L'objet tel qu'il est signifié dans le langage reflète l'objet tel qu'il a été pensé.

Les objectités catégoriales de degré supérieur

La nominalisation (*Napoléon, ce moulin...*) transforme l'objet d'expérience en « objet-sur-quoi » [3]. Le ceci-là devient un objet sur lequel on peut porter des jugements : Napoléon *est le vainqueur d'Iéna* ; ce moulin *est ancien*, *il est au bord du ruisseau*. Les éléments (substrats, propriétés) qui étaient implicitement donnés dans l'expérience sensible de manière globale et indifférenciée apparaissent explicitement. Le ceci-là n'est plus un tout réunissant indistinctement une multiplicité de caractères ; il devient sujet de diverses déterminations. Les qualités qui se sont détachées au cours de l'expérience sensible sont quant à elles articulées à leur substrat au moyen de la copule, recevant ainsi la forme de concept-prédicat déterminant l'objet-sujet. Dans la connexion prédicative intervient une représentation générale ou conceptuelle. Le jugement range un individu dans une classe, il subsume un objet sous un concept-prédicat : *ceci est un moulin, il est à côté du ruisseau* ; *cela est un arbre, il est vert*. Au fur et à mesure que de nouveaux prédicats sont reliés au substrat (S *est* p *et* q *et* r...), la détermination de l'objet s'enrichit. À chaque mise en forme de l'objet d'expérience correspond une nouvelle objectité catégoriale : « Si nous prenons un objet individuel, il peut alors être pensé de telle et telle façon, de lui ceci et cela peut être prédiqué, et ensuite peuvent se constituer

1. *VuB*, Hua XXVI, p. [59] ; trad. fr. p. 83.
2. *VuB*, Hua XXVI, p. [78] ; trad. fr. p. 106.
3. *VuB*, Hua XXVI, p. [66] ; trad. fr. p. 91.

des objets propositionnels [S est p, S est q] et nominaux [Sp, Sq, Spq...] et d'autres sortes d'objets catégoriaux »[1]. L'objectité catégoriale correspondant à la *mise en forme synthétique* accomplie par le jugement est un *état-de-chose* de la forme *S est p*. Il est vrai que l'objet-substrat sur lequel porte le jugement est également son « objet », mais il est déjà le corrélat de la représentation nominale *S*. Dans le juger, nous ne visons pas simplement S mais le *fait que* S-est-p ; nous avons conscience d'un état-de-chose.

À nouveau Husserl tient à distinguer l'activité de la pensée et son expression linguistique : « La conscience se forme : "ceci (...) est de telle ou telle propriété" (...). Mais tout cela avant tout exprimer verbal »[2]. Les synthèses judicatives s'accomplissent en effet indépendamment du langage et ne sont pas nécessairement exprimées dans un énoncé. L'activité linguistique présuppose l'activité catégoriale, car on ne peut énoncer *S est p* si l'on n'a pas déjà pensé l'objet d'expérience en tant que p. Quand l'acte de jugement est verbalement exprimé, l'objet-substrat sur lequel il porte devient le *référent* de l'énoncé dont la *signification* réside, elle, dans la manière dont cet objet est pensé (en tant que p). L'opposition entre l'identité de l'objet signifié, référent de l'expression, et la multiplicité des significations (*Napoléon est le vainqueur d'Iéna, le vaincu de Waterloo...*) est d'abord une opposition entre l'objet visé et les diverses façons dont il est pensé (la multiplicité des objectités catégoriales). La structure grammaticale de l'énoncé reflète la composition de l'objectité catégoriale, puisqu'on retrouve dans l'articulation syntaxique en sujet, verbe et attribut(s) la composition de l'état-de-chose en substrat, propriété(s) et relation(s) : « [Dans le] caractère grammatical [la manière dont les unités de signification sont articulées] doivent se refléter les représentations catégoriales et leurs formes »[3]. Par exemple, si nous jugeons : *Les cimes de ces arbres sur le rempart s'agitent au vent du matin*, l'acte de jugement a pour corrélat intentionnel une objectité catégoriale, un état-de-chose (*le fait que* les cimes de ces arbres sur le rempart s'agitent au vent du matin). Cette objectité catégoriale est l'articulation de plusieurs éléments (un objet-substrat, l'objet en relation avec lequel il a été pensé...) sous une certaine forme (*S est p*). Quand nous exprimons notre jugement, tout cela se retrouve dans le discours. La structure syntaxique de l'énoncé traduit la structure ontologique de l'objectité catégoriale (l'objet tel qu'il a été pensé)[4]. Il importe donc de bien distinguer les niveaux ontologique,

1. *VuB*, Hua XXVI, p. [103] ; trad. fr. p. 134.
2. *VuB*, Hua XXVI, p. [81] ; trad. fr. p. 109.
3. *VuB*, Hua XXVI, p. [78] ; trad. fr. p. 106.
4. Cf. *VuB*, Hua XXVI, p. [86] ; trad. fr. p. 114.

logique, et linguistique. Le premier niveau comprend les objets-substrats et leurs propriétés. Le second traduit la manière dont la pensée appréhende les objets de l'expérience : on y trouve le jugement (avec son sujet, sa copule et son prédicat) ainsi que son corrélat intentionnel (l'état-de-choses. Le troisième niveau est celui du discours ou de l'énoncé grammatical dont l'articulation exprime la pensée. L'énoncé et ses parties puisent leur *signification* dans le deuxième niveau : les significations noématiques ne sont ni des contenus de conscience, ni des objets purs et simples, mais des objectités catégoriales. La signification nominale est l'objet représenté en tant que tel (l'objet tel que la pensée le conçoit à partir de ses concepts) ; la signification de l'énoncé est l'état-de-chose jugé en tant que tel (l'objet tel qu'il a été jugé). En tant qu'objectité catégoriale, la signification se constitue dans l'activité catégoriale avant toute expression verbale.

L'apparition de ce nouveau concept noématique (le pensé en tant que tel) implique une révision du statut ontologique de la signification.

CHAPITRE II

LE STATUT ONTOLOGIQUE DE LA SIGNIFICATION NOÉMATIQUE

LA REDÉFINITION DE L'IDENTITÉ IDÉALE DE LA SIGNIFICATION

Le passage de l'identité de l'espèce à l'identité intentionnelle-objective

L'identité de la signification noématique, en face de la multiplicité des actes du signifier, n'est plus l'identité d'une espèce d'actes, mais celle d'un objet intentionnel. Noématiquement parlant, des actes veulent dire la même chose si un objet y est visé ou pensé de la même manière. Or la conscience ne saisit pas l'identité de la signification noématique comme elle le faisait pour la signification noétique : la signification est maintenant quelque chose d'identique « qui peut être tiré, non pas par analyse psychologique (...), en tant que moment identique dans les actes, mais en tant que c'est une objectivité intentionnelle » [1]. Pour accéder à l'identité noétique, il fallait détacher l'espèce des actes dans lesquels elle se réalise et se singularise. L'abstraction idéatrice n'est plus de mise depuis que nous considérons, en face des actes, leurs corrélats intentionnels, le signifié en tant que tel. Comment faut-il donc procéder ? Dans toute activité intentionnelle, la conscience est prioritairement dirigée sur l'objet, pas sur l'objectité catégoriale (l'objet tel qu'il est pensé). Quand nous parlons du vainqueur d'Iéna, nous pensons à Napoléon. Quand nous portons des jugements (Napoléon est le vainqueur d'Iéna), nous sommes orientés sur la chose qui reçoit les déterminations. C'est elle, en position de sujet, qui est

1. *VuB*, Hua XXVI, p. [120] ; trad. fr. p. 152.

le thème explicite de l'activité de pensée ; et nous n'avons qu'une conscience implicite de l'état-de-chose (S-est-p), de ce qui a été jugé à propos de S. Pour que l'objectité catégoriale elle-même (le jugé *en tant que tel*) devienne à son tour un objet de conscience thématique, une « réflexion catégoriale » [1] est nécessaire. Après avoir énoncé un jugement (*Napoléon est le vainqueur d'Iéna, les cimes de ces arbres...*), on peut revenir sur ce qui a été jugé et réfléchir sur la manière dont l'objet a été pensé. Cette réflexion fait explicitement apparaître l'objectité catégoriale (le jugé *en tant que tel*) sur laquelle le regard de la conscience glisse habituellement pour se focaliser sur l'objet pur et simple. Ensuite, il n'y a plus qu'à opérer une *nominalisation* : en donnant à l'objectité catégoriale une forme nominale (*le fait que S est p* ; *que S soit p...*), la conscience transforme l'état-de-choses en objet-substrat susceptible de recevoir des déterminations [2].

Le passage du modèle spécifique au modèle syntaxique

La saisie de l'identité de signification noématique par réflexion catégoriale implique un nouveau modèle de l'identité idéale. Une fois que la conscience a dégagé l'identité de l'objectité catégoriale, elle peut répéter un énoncé (*Napoléon est le vainqueur d'Iéna*) pour en ressaisir l'identité propositionnelle dans des jugements d'identité : « ce qui est jugé là » (première nominalisation) est la même chose que « ce qui était jugé auparavant » (deuxième nominalisation) = *Napoléon est le vainqueur d'Iéna*, réunissant ainsi dans une synthèse d'identification deux significations d'énoncé. L'exhibition de l'identité de la signification noématique s'accomplit donc par simple nominalisation, avec les seules ressources syntaxiques du langage, sans aucune variation éidétique. On retrouve là les analyses du § 34 de *LU I* : « ce qui fait l'identité de "sens" de l'énoncé ou du membre d'énoncé *SP* est que je puisse le reprendre sous la forme pour ainsi dire nominale *que SP est* dans un discours syntaxiquement construit » [3]. L'identité de l'objectité catégoriale n'est pas fondée sur une *éidétique*, comme l'identité noétique de l'espèce, mais sur une *grammaire* ; elle ne se révèle pas dans une abstraction idéatrice, mais dans la construction *syntaxique* elle-même, dans la structure *grammaticale* de l'énoncé et sa reprise

1. *VuB*, Hua XXVI, p. [81] ; trad. fr. p. 108.

2. Cf. *VuB*, Hua XXVI, p. [73] ; trad. fr. p. 99-100. *Cf.* aussi § 18 et 25 (p. [85] ; trad. fr. p. 112-113).

3. J. Benoist, « L'identité d'un sens : Husserl, des espèces à la grammaire », dans *Liminaires phénoménologiques : recherches sur le développement de la théorie de la signification de Husserl*, Bruxelles, Publications des Facultés universitaires Saint-Louis, 1998, p. 251.

dans l'acte de nominalisation. Cela n'a rien d'étonnant : l'objectité catégoriale (l'état-de-choses) est obtenue par la mise en forme catégoriale de l'objet d'expérience, et ce travail de la pensée trouve son expression dans la structure syntaxique du discours (S/est/p). Si l'objectité catégoriale se construit dans les opérations catégoriales telles qu'elles sont exprimées dans les articulations *logiques* de l'énoncé, il est naturel que son identité se manifeste également dans des opérations *syntaxiques*. On saisit l'identité de S est p – ou d'un de ses membres (Sp) – au moyen d'une réflexion *logique* sur ce qui est dit et, une fois que le dit en tant que tel a reçu une forme nominale, par sa reprise dans un discours où l'objectité catégoriale devient à son tour sujet de déterminations : *que Sp est...* ; *du fait que S est p il s'ensuit que...* On est donc passé de l'*idéal-spécifique* à l'*idéal-identique*, de l'identité d'une essence d'actes dévoilée par une abstraction idéatrice ou une variation éidétique à l'identité d'une objectité catégoriale que le discours ressaisit par nominalisation.

Le statut objectif de la signification en tant qu'objectité catégoriale

La réforme du statut de la signification ne s'arrête pas là. Si la signification est un objet intentionnel (l'objet tel qu'il est pensé), quel est précisément le statut ontologique qui lui revient par opposition à l'objet pur et simple qui est signifié ? Ce statut est passablement complexe : en tant qu'*objectité* catégoriale, la signification a incontestablement un statut objectif par opposition aux actes du signifier ; mais en tant qu'objectité *catégoriale* elle est également ancrée dans la vie intentionnelle subjective. Voyons cela de plus près.

En tant qu'*objectité* catégoriale, la signification n'est ni un contenu de conscience subjectif immanent (un vécu), ni même une espèce que l'on pourrait abstraire des vécus [1]. Dans une certaine mesure, elle s'affranchit de la sphère des actes et peut recevoir un statut « objectif », sans pour autant se confondre avec l'objet pur et simple auquel la pensée et le discours font référence. La signification acquiert une certaine solidité qui la met à l'abri des intermittences de la vie intentionnelle : « Les actes psychiques sont à chaque fois des apparitions fluides et fugitives ; les significations sont au contraire, par opposition à ces multiplicités, des unités identiques » [2]. Cette unité est celle de l'objet visé en tant que tel, en face d'une multiplicité d'actes. Quand plusieurs personnes répètent : *le vainqueur d'Iéna*, en face

1. Cf. *VuB*, Hua XXVI, p. [47] ; trad. fr. p. 71.
2. *VuB*, Hua XXVI, p. [25] ; trad. fr. p. 47.

des actes de nomination se tient un seul et même corrélat intentionnel : Napoléon pensé *en tant que* vainqueur d'Iéna (et il en va de même pour le jugement).

S'il est vrai qu'une certaine « objectivité » revient à la signification noématique, celle-ci n'est pas pour autant réductible à l'*objet* pur et simple :

> Le jugement S est p a son « contenu », il juge quelque chose, à savoir S est p (...). *Ce contenu de jugement* [le jugé en tant que tel : S est p] (...), [qui] appartient à la sphère des objectités intentionnelles (...) *n'est pas pour autant l'objet du jugement* (...), puisque celui-ci, si le jugement est faux, n'a aucune existence du tout. Mais, même dans le jugement faux, il est possible de trouver avec évidence son quoi, son contenu [le jugé en tant que tel] (...) [1].

Le contenu sémantique d'un jugement, c'est précisément ce qui y est jugé : le jugé *en tant que tel*, l'état-de-choses S est p, *i. e.* une objectité catégoriale qui peut être identiquement visée par plusieurs actes. Or, cette objectité catégoriale n'est pas exactement l'objet auquel se rapporte le jugement, car si cet objet n'existe pas (*l'actuel roi de France est chauve*), ou s'il reçoit une détermination qui ne lui appartient pas véritablement (*Napoléon est le vainqueur de Waterloo*), l'énoncé a toujours une signification : *S est p.* C'est pourquoi il faut distinguer l'objet tel qu'il est pensé (en tant que p) et l'objet qui est pensé. Le premier donne à l'énoncé sa signification noématique, le second – quand il y en a un ! – son référent. La signification ne se confond donc pas purement et simplement avec l'objet envisagé indépendamment de la conscience comme réalité ultime. En tant qu'objectité *catégoriale*, elle est nécessairement liée à l'activité catégoriale, au travail de la pensée sur les données de l'expérience. L'analyse du statut ontologique de la signification doit donc prendre en compte son ancrage dans la vie intentionnelle.

L'ANCRAGE DE LA SIGNIFICATION EN TANT QU'OBJECTITÉ *CATÉGORIALE* DANS LA VIE INTENTIONNELLE

La rupture entre l'objectité catégoriale et l'objet transcendant

L'ancrage de l'objectité catégoriale dans la vie subjective se traduit par son éloignement de l'objet transcendant et son rapprochement de l'objet intentionnel. D'entrée de jeu, l'objectité catégoriale se démarque de l'objet

1. *VuB*, Hua XXVI, p. [119] ; trad. fr. p. 151. Nous soulignons.

transcendant : « On parle souvent (...) de l'objet intentionnel en tant que tel ou de l'objet signifié en tant que tel. Et ce “en tant que tel” (…) concerne (…) une indifférence en face de l'être et du non-être qui vaut purement et simplement pour l'objet nommé ou signifié »[1]. Quand nous envisageons l'objet tel qu'il est pensé et signifié, nous ne nous soucions pas de savoir s'il existe véritablement, nous nous attachons seulement à la manière dont il est visé (pensé) par la conscience. En particulier, l'état-de-chose énoncé[2] n'est pas l'état-de-chose effectif, car l'énoncé peut être faux (*Napoléon est le vainqueur de Waterloo*)[3]. Le jugement a donc toujours une signification noématique (un jugé en tant que tel), qu'un état-de-chose véritable corresponde ou non à ce qui y est jugé. Il en va de même pour les noms tels que *l'actuel roi de France* ou *le nombre le plus grand* : même si aucun objet ne correspond véritablement à ce qui est représenté, il demeure possible d'envisager ici l'objet tel qu'il est représenté (conçu) et désigné.

L'écart entre l'objectité catégoriale et l'objet transcendant, le pensé en tant que tel et l'existant effectif, se creuse un peu plus avec la notion de *catégorial présomptif* ou *assomptif* abordée au § 28 de *Vub*. Aux deux concepts noétique et noématique de signification correspondent deux concepts de *vérité,* tournés vers l'acte de jugement et son corrélat objectif, le jugé. « Nous entendons souvent dire que la vérité est un prédicat qui revient aux jugements, que tout jugement (…) qui a une fondation suffisante (…) est vrai »[4]. Toutefois, puisque la vérité n'est pas quelque chose d'éphémère, le jugement auquel elle revient n'est pas un acte fugitif singulier, mais le jugement *in specie* : le « jugement en tant qu'unité idéale, le jugement qui est un quelque chose d'identique, quel que soit celui qui l'accomplit et à quelque moment que ce soit que quelqu'un l'accomplisse »[5]. À quelle condition le jugement ainsi compris peut-il donc être considéré comme une *vérité* ? On répond habituellement : il doit être *évident* ou fondé sur un jugement *évident* dans lequel une vérité (le fait que S soit p, l'être-p de S) est donnée. L'*évidence* implique *la donation* en propre *de l'objectité catégoriale* visée, l'intuition de l'état-de-chose. Autrement dit, un jugement est vrai s'il y a véritablement une *objectité* correspondant à ce qui a été pensé, si l'état-de-chose visé existe tel qu'il a été jugé. Ce n'est donc pas vraiment l'*acte* de jugement subjectif et contingent qui endosse la valeur de vérité, ni quelque chose de spécifique qui serait tiré

1. *VuB,* Hua XXVI, p. [35-36] ; trad. fr. p. 59.
2. Auquel les logiciens donnent le nom de *proposition.*
3. Cf. *VuB,* Hua XXVI, Appendice IV, p. [148] ; trad. fr. p. 183.
4. *VuB,* Hua XXVI, p. [88] ; trad. fr. p. 116.
5. *Ibid.*

de lui, mais le *jugé en tant que tel*, lequel constitue un contenu de signification identique dans une multiplicité d'actes. Ce contenu est vrai lorsque l'objectité visée existe effectivement telle qu'elle est visée. C'est précisément ce qui manque aux jugements faux et imaginaires. Pourtant leurs énoncés ont, comme les autres, une signification : ils *veulent dire* quelque chose dans la mesure où quelque chose a été pensé en eux, même si rien ne remplit ces conditions. C'est pourquoi il faut distinguer l'état-de-chose véritable et l'état-de-choses présumé en tant que tel.

Cette distinction ressort de manière évidente dans les assomptions. On peut en effet se représenter quelque chose qui n'existe pas, tel le romancier qui forge un personnage imaginaire auquel il donne un nom et sur le compte duquel il énonce certaines choses *comme si* cela était vrai, *comme si* le représenté en tant que tel existait véritablement. On peut également tirer les conséquences de prémisses dont on admet la vérité. On peut enfin émettre une hypothèse et envisager ses conséquences avant de la soumettre à un contrôle expérimental. Ce qui est pensé n'est pas posé dans l'être mais seulement « dans l'idée »[1]; on se représente un objet (S) ou un état-de-chose (le fait que S soit p) sans se prononcer sur son existence, sans le tenir pour véritablement existant. Cette position assomptive (*admettons que S est p... supposons que S est p... imaginons que S est p...*) a, comme toute opération catégoriale, son corrélat intentionnel : non pas une objectité transcendante qui existerait véritablement indépendamment de ce que l'on pense et dit à son égard, mais un « catégorial présumé » ou « assomptif », à savoir l'objectité telle qu'elle est saisie dans une tournure assomptive (le S est p *supposé ou admis en tant que tel*, par opposition à l'état-de-choses effectif). Avec le *catégorial assomptif* ou *présomptif*, l'objectité catégoriale s'éloigne des choses transcendantes et se rapproche un peu plus des objets intentionnels.

Le rapprochement entre l'objectité catégoriale et le noème

Par opposition à l'objet transcendant pur et simple, l'objectité catégoriale est le *corrélat intentionnel* de l'activité catégoriale, l'objet *tel qu'*il est pensé. Etroitement liée aux opérations de la conscience, elle est donc un *objet intentionnel*. Tel est le cas des significations nominales : *le vainqueur d'Iéna, le vaincu de Waterloo*. Les différentes manières dont la même personne est saisie conceptuellement constituent autant de significations. Et l'*objet représenté ou pensé en tant que tel* n'est rien d'autre qu'un objet intentionnel, corrélat de la saisie catégoriale. De même, la signification

1. *VuB*, Hua XXVI, p. [92] ; trad. fr. p. 119.

d'énoncé, à titre de jugé *en tant que tel*, fait partie de la sphère des objets intentionnels. Elle est le corrélat intentionnel idéalement identique d'une multiplicité d'actes de jugement.

Lorsque nous comprenons une expression (nom ou énoncé), nous ne saisissons pas un objet véritablement existant, mais simplement un objet intentionnel : un objet tel qu'il est visé par la conscience, un état-de-chose tel qu'il est jugé dans un énoncé de jugement (*Napoléon est le vaincu d'Iéna*), un objet tel qu'il est représenté ou désigné par un nom (*L'actuel roi de France, un carré rond*). La compréhension ne porte ni sur l'actuel roi de France en personne, ni sur le carré rond lui-même – lesquels n'existent nulle part – mais sur le roi de France pensé en tant qu'actuel et sur le carré pensé en tant que rond. Cet objet intentionnel (ce *visé en tant que tel*) n'est ni un acte de conscience, ni un objet transcendant : « La pensée [ou le sens] "carré rond" n'est pas un carré rond [un objet existant véritablement]. [Il s'agit d'un] "objet intentionnel en tant que tel" » [1].

En tant qu'objet intentionnel, la signification noématique occupe une *position* intermédiaire *entre* l'acte subjectif et l'objet transcendant auquel il se rapporte. La signification n'est pas l'objet pur et simple, mais l'objet envisagé *tel qu'*il est visé : non pas Napoléon purement et simplement, mais Napoléon pensé en tant que vainqueur d'Iéna ou vaincu de Waterloo ; non pas le fait que Napoléon soit véritablement le vainqueur d'Iéna, mais le fait – si l'on peut dire – qu'il soit pensé ou déterminé en tant que ceci ou cela. Cet « objet » entre guillemets est donc délesté de tout le poids ontologique qui revient à l'être réel ou véritable : « Nous devons (...) manifestement distinguer la chose elle-même, qui est nommée, et la même chose prise selon la manière dont on a voulu ici en dire quelque chose » [2]. Parce qu'elle est une mise en forme de l'objet d'expérience, l'objectité catégoriale n'est cependant pas un *autre* objet. Elle est obtenue en détachant de l'objet-substrat certaines propriétés et en le ressaisissant en tant que ceci ou cela, dans des structures attributives (Sp) ou prédicatives (S est p) déterminantes. L'objectité catégoriale est l'objet d'expérience conceptuellement conçu de telle ou telle manière.

C'est précisément à partir d'une objectité catégoriale que la conscience se rapporte à l'objet pur et simple. C'est *en tant que* vainqueur ou vaincu que Napoléon est pensé et nommé. C'est donc par la médiation d'une signification noématique que la conscience se représente tel ou tel objet,

1. *VuB*, Hua XXVI, Appendice VII (probablement daté de 1907), p. [155-156] ; trad. fr. p. 192-193.

2. *VuB*, Hua XXVI, p. [28] ; trad. fr. p. 51.

que le nom se relie à quelque chose ; c'est par elle que s'accomplit la relation objective de l'acte.

> L'objet est conceptuellement pensé tantôt de cette manière-ci, tantôt de celle-là [1].

> [L'objet est pensé] en tant que déterminé de telle et telle façon, se tenant en relation avec tels et tels autres objets, etc. [2].

Dans la sphère de l'intuition, l'articulation de l'acte de conscience à l'objet repose également sur un élément médiateur : « Les différentes représentations [intuitives] qui entrent dans la synthèse de l'identification se relient, en tant que représentations différentes avec un sens différent, au même objectif. Et ce sens est l'analogue de la signification dans la sphère prédicative » [3]. Il faut à nouveau établir une distinction entre deux types d'objectités : l'objet *qui* est intuitivement donné ou représenté et l'objet *tel qu'*il est intuitivement donné ou représenté, la maison *qui* est donnée en propre ou présentifiée en image et la maison *telle qu'elle* est perçue ou présentifiée. Car la représentation intuitive a aussi son corrélat intentionnel : l'objet perçu, souvenu, imaginé *en tant que tel* (tel qu'il est donné ou présentifié par la conscience). De même que le signifié en tant que tel constitue la *signification* de l'acte d'expression, le représenté en tant que tel constitue le *sens* de la représentation intuitive. Par son entremise, le vécu s'articule à l'objet et représente quelque chose. À partir de la face que nous percevons, nous nous représentons la maison ; au-delà des apparitions ponctuelles et fragmentaires, nous visons la maison elle-même dans son intégralité. À partir d'une image dans le souvenir ou l'imagination, nous nous représentons un objet. Le *sens* (le représenté en tant que tel) est au représenter intuitif ce que la *signification* (le signifié en tant que tel) est au représenter verbal : le médiateur de la relation objective. Ainsi y-a-t-il des sens différents pour un seul et même objectif : une perception sensible, un souvenir et un acte d'imagination, chacun à partir de son propre objet intentionnel, peuvent représenter la même chose. À travers des sens différents, ils visent le même objet. La maison en-tant-que-perçue-sous-telle-face, la maison-en-tant-que-souvenue-sous-tel-aspect, la maison-en-tant-qu'imaginée-sous-tel-aspect, etc., sont autant d'*objets intentionnels* renvoyant au même objet, autant de *sens* différents pour une même référence objective. Entre la *signification*, à l'intérieur de la modalité significationnelle, et le *sens*, à l'intérieur de la modalité intuitive, il y a donc une

1. *VuB,* Hua XXVI, p. [79] ; trad. fr. p. 106.
2. *VuB,* Hua XXVI, p. [76] ; trad. fr. p. 104. *Cf.* aussi p. [71] ; trad. fr. p. 97.
3. *VuB,* Hua XXVI, p. [60] ; trad. fr. p. 84.

identité fonctionnelle : l'objectité catégoriale donne au signifier une *signification* au moyen de laquelle il se rapporte à un objet (il signifie quelque chose) ; l'intuitionné en tant que tel donne à l'intuitionner un *sens* par l'intermédiaire duquel il se rapporte à un objet (il représente quelque chose).

La confirmation du rapprochement entre la signification et l'objet intentionnel

Les analyses noético-noématiques d'*Ideen I* confirment le rapprochement entre signification et objet intentionnel. On peut en effet relever de nombreuses analogies entre la signification et ce que Husserl appelle le *sens noématique*[1]. Il y a dans l'objet intentionnel (noème) deux composantes :

> Comme la perception, tout vécu intentionnel a son objet intentionnel, c'est-à-dire son sens objectif (...). Bien entendu le noème complet ne se réduit pas à ce caractère qui au cours de nos analyses d'exemples s'est détaché comme « sens »[2] (...). Le noème complet consiste en un complexe de moments noématiques et (...), le moment spécifique du sens n'y forme qu'une sorte de couche nucléaire nécessaire, sur laquelle sont essentiellement fondés d'autres moments[3].

> Le fonds noématique comporte un noyau central qui s'impose d'abord de façon prédominante : c'est « l'objectivité visée comme telle », l'objectivité entre guillemets, comme l'exige la réduction phénoménologique[4].

La première composante du *noème* est le *sens noématique* : « l'objet dans le comment de ses déterminations », « le “quelque chose” (...) qui tantôt est déterminé de telle façon, tantôt de telle autre »[5]. Le sens noématique répond à la question : à quel titre, avec quelles déterminations, l'objet est-il visé ? Comment apparait-il à la conscience ? Le sens noématique constitue un noyau identique dans les noèmes d'actes de différentes modalités. Napoléon, par exemple, pouvait être perçu *en tant que vainqueur d'Iéna*, souvenu *en tant que vainqueur d'Iéna*, imaginé *en tant que vainqueur d'Iéna*, peint *en tant que vainqueur d'Iéna*, et enfin désigné comme *le vainqueur d'Iéna*. Tous ces noèmes (le perçu, le souvenu,

1. Cette notion est introduite au § 90 d'*Ideen I*. *Cf.* troisième section, chap. III (en particulier, § 88 et 94) et IV ; ainsi que la quatrième section, chap. I (§ 128 à 132).

2. Husserl l'appelle aussi le *contenu* : « Tout noème a un “contenu”, à savoir son sens » *Ideen I*, p. [297] ; trad. fr. p. 436.

3. *Ideen I*, Hua III/1, *op. cit.*, p. [206] ; trad. fr. p. 310. Le chapitre IV est consacré aux autres composantes noématiques.

4. *Ideen I*, Hua III/1, p. [215] ; trad. fr. p. 323.

5. *Ideen I*, Hua III/1, p. [303] ; trad. fr. p. 442-443.

l'imaginé, le figuré, et le signifié *en tant que tels*) ont en commun le *sens noématique* car l'objet dont on a conscience y est partout visé avec la même détermination. De même, la maison telle qu'elle est visée depuis la façade est le sens noématique commun à différents noèmes : la maison telle qu'elle perçue, souvenue, imaginée et même signifiée (*la maison dont la façade a été rénovée*) à partir de la façade. Puisque le même objet peut être visé selon *différentes* modalités intentionnelles avec la *même* détermination (il peut être donné dans une perception, reproduit dans le souvenir, présentifié dans l'imagination, significationnellement visé avec le même sens noématique), Husserl distingue dans le *noème* une deuxième composante qui varie en fonction du caractère thétique de l'acte, et qui fait précisément la différence entre les noèmes dont le noyau de sens est identique. Il s'agit du « mode de donation » de l'objet, c'est-à-dire la manière selon laquelle un objet – avec la même détermination ou le même sens noématique – est donné à la conscience [1] :

> Le sens objectif (...) était apparu plus haut en comparant des noèmes de représentations de types différents, des perceptions, des souvenirs, des représentations par portrait, etc. Ce sens objectif demandait à être décrit (...) en termes identiques d'une espèce de conscience à l'autre, dans le cas limite (...) où un objet parfaitement semblable, pareillement orienté, appréhendé semblablement à tous points de vue – par exemple un arbre – se figurait au moyen de perceptions, de souvenirs, de portraits, etc. Mais face à cette identité de « l'arbre qui apparaît comme tel », plus celle du comment « objectif » de son apparaître [le sens noématique], il reste, quand on passe d'une espèce d'intuition à l'autre et d'une espèce de représentation à l'autre, les différences mouvantes qui portent sur *le mode de donnée*. Cet élément identique accède à la conscience, tantôt de façon « originaire », tantôt « par souvenir », ou encore « par portrait », etc. Mais ce qu'on désigne ainsi ce sont des caractères de « l'arbre qui apparaît comme tel » [et non des propriétés de la chose transcendante] ; on les trouve en dirigeant le regard sur le corrélat noématique et non sur le vécu et sa composition réelle. Ce qui s'exprime ainsi ce ne sont pas des « modes de la conscience » (…), mais des *modes sous lesquels l'objet de conscience lui-même et en tant que tel se donne* [2].

On distinguera, par exemple, Napoléon perçu, souvenu, imaginé, picturalement représenté, signifié (chaque fois en tant que le vainqueur d'Iéna). Les déterminations à partir desquelles l'objet est visé (vainqueur d'Iéna) demeurant les mêmes, les noèmes dont le noyau de sens est

1. *Cf.* § 97, § 102 et suiv., § 132.
2. *Ideen I*, Hua III/1, p. [233] ; trad. fr. p. 346-347. Nous soulignons.

identique se distinguent par leur caractère thétique. Car aux « actes qui “posent” de l’être »[1] correspondent certains moments ou caractères variables dans les noèmes corrélatifs[2] : l’objet visé dans la perception est posé comme existant actuellement et véritablement ; le même objet – avec les mêmes déterminations – est posé dans le souvenir comme ayant existé et dans l’imagination comme quasi-existant.

Seule la première composante noématique (le *sens noématique*), qui présente de nombreuses analogies avec la signification linguistique, retiendra ici notre attention. On retrouve d’abord l’*identité fonctionnelle* entre la signification (*Bedeutung)* qui revient au signifier et le sens (*Sinn*) qui revient aux actes intuitifs. La signification opère une médiation entre l’acte et l’objet : l’intention de signification se rapporte à l’objet *via* une objectité catégoriale (« l’expression désigne (nomme) l’objet *au moyen de sa signification* »[3]). Ainsi Napoléon peut-il être désigné comme *le vainqueur d’Iéna* ou *le vaincu de Waterloo* ; c’est *en tant que* ceci ou cela, donc à partir d’une certaine détermination, que la conscience se rapporte à lui en pensée et en parole. Or, le *sens noématique* occupe également une position intermédiaire entre l’acte et l’objet, et remplit à l’égard de la *noèse* la fonction que la signification remplissait déjà à l’égard du signifier. Il est en effet le médiateur entre l’acte et son objet, l’élément par lequel le vécu de représentation se rapporte à quelque chose d’objectif. A partir de *l’arbre apparaissant sous un certain angle* la conscience se représente un arbre ; à partir de la façade qui apparaît au cours de la perception elle se représente la maison. « Tout vécu intentionnel a un noème et dans ce noème un sens (*Sinn*) au moyen duquel il se rapporte à l’objet »[4]. Le sens noématique est donc l’extension à tous les actes de la fonction que la signification exerçait à l’égard du signifier. De même que la signification noématique « donne la direction [aux vécus du signifier] dans la mesure où nous sommes bien dirigés naturellement sur les objectivités »[5], de même le sens oriente les actes de la conscience vers un objet déterminé.

De plus, le contraste entre l’unité de l’objet visé et la multiplicité des *noèmes* fait écho à l’opposition entre l’unité de l’objet signifié et la

1. *Ideen I*, Hua III/1, p. [239] ; trad. fr. p. 355.

2. « Le second groupe de “caractères” qui modifient noème et noèse est formé par les caractères noématiques de l’être (être véritable, douteux, vraisemblable, possible, etc.) auxquels correspondent, du côté de la noèse, les caractères noétiques de croyance ou caractères doxiques (certitude, doute, conjecture, supputation) » note de Ricœur, trad. fr. p. 354.

3. *LU I*, Hua XIX/1, p. [54] ; trad. fr. p. 55-56. Nous soulignons.

4. *Ideen I*, Hua III/1, p. [310] ; trad. fr. p. 452.

5. *VuB*, Hua XXVI, p. [38] ; trad. fr. p. 62.

diversité des significations. De même que plusieurs expressions se relient au même objet à partir de significations différentes, plusieurs actes de représentation *se rapportent au même* objet au moyen de *noèmes différents*. Ces *différences* concernent soit le sens noématique, quand le même objet est visé à partir de déterminations différentes (une maison est perçue ou imaginée de face, puis de profil ; Napoléon est désigné ou imaginé en tant que le vainqueur d'Iéna, puis en tant que le vaincu de Waterloo), soit le caractère thétique, lorsque le même objet avec les mêmes déterminations est visé selon différentes modalités intentionnelles (une maison perçue et souvenue de face ; Napoléon imaginé, peint, pensé et désigné comme vainqueur d'Iéna). Compte tenu de cette double possibilité de variation noématique, on distinguera, d'une part, l'identité de l'arbre comme réalité physique individuelle envisagée indépendamment de la conscience qui le vise, et, d'autre part, la multiplicité des *noèmes* d'arbre : l'arbre perçu en tant que tel, corrélat de la perception ; l'arbre souvenu en tant que tel, corrélat de l'acte de souvenir ; l'arbre imaginé en tant que tel, corrélat de l'acte d'imagination ; l'arbre signifié en tant que tel, corrélat de l'intention de signification. Chaque modalité admet elle-même une diversité de sens noématiques : au cours d'un acte de perception la maison peut être visée de face, de profil, de près, de loin... ; au cours d'un acte de signification Napoléon peut être pensé en tant que *vainqueur* ou *vaincu*... En tant que corrélat intentionnel du penser et du signifier, l'objectité catégoriale (le pensé en tant que tel) apparaît donc comme une espèce de noème ; et le noème est quant à lui une extension de la signification à toutes les modalités intentionnelles.

Tout cela témoigne d'une profonde analogie entre la *Bedeutung* et le *Sinn*[1]. Quand nous nous tournons vers le corrélat du signifier, nous pouvons distinguer l'objet qui est signifié (Napoléon) et la multiplicité des manières selon lesquelles il peut être signifié (*le vainqueur d'Iéna, le vaincu de Waterloo...*) ; autrement dit les objectités catégoriales dans lesquelles les expressions puisent leur signification et par l'intermédiaire desquelles elles visent leur objet. Quand nous nous tournons vers le corrélat de la perception (ou d'une autre modalité intuitive), nous distinguons également l'objet qui est perçu (la maison) et la multiplicité des manières selon lesquelles il peut être perçu (devant, derrière, sur le côté, de près, de loin, en pleine lumière, à l'ombre...) ; autrement dit les *noèmes* perceptifs dans lesquels les représentations intuitives puisent leur *sens* et

1. « Les différentes représentations qui entrent dans la synthèse de l'identification se relient, en tant que représentations différentes avec un sens différent, au même objectif. Et ce sens est l'analogue de la signification dans la sphère prédicative » *VuB*, p. [60] ; trad. fr. p. 84.

au moyen desquels elles se rapportent à leur objet. Noétiquement parlant, le *Sinn* est le moyen par lequel l'acte se rapporte à son objet ; il est donc à la *noèse* ce que la signification est au signifier. Noématiquement parlant, le *Sinn* est le mode de visée de l'objet, la manière dont celui-ci apparaît à la conscience ; à ce titre, il est donc également à l'objet visé ce que la signification est pour l'objet signifié : la manière d'être visé, *ce en tant que quoi* l'objet est visé. L'objet signifié *en tant que tel* est déjà, dans la sphère de l'intention de signification, une figure de « l'objet dans son comment ». La distinction entre « l'objet qui est visé » purement et simplement et « l'objet tel qu'il est visé » [1] (noème) apparaît comme l'extension, à toute la sphère de la conscience, de la distinction entre l'objet qui est signifié et l'objet signifié en tant que tel.

L'analogie entre le *Sinn* et la *Bedeutung* ne s'arrête pas là. En s'attachant à la *manière* dont l'objet est visé (l'objet dans son *comment*), le *sens* et la *signification* affichent l'un et l'autre une indifférence à l'égard de l'existence de l'objet transcendant. Avec l'*objectité catégoriale*, la théorie de la signification se penchait sur l'objet pensé *en tant que tel*, sans se demander si un objet correspond véritablement à ce qui est là pensé. Avec la notion de *catégorial assomptif*, le fossé s'était creusé entre l'objet intentionnel et l'objet transcendant. Cette tendance se confirme avec la notion de *noème :* « La "chose pure et simple" n'est pas l'objet intentionnel complet » [2]. L'étant, la chose matérielle qui existe effectivement dans le monde, n'est pas le *noème*. Les analyses noématiques ne portent ni sur l'acte de conscience, ni sur l'objet pur et simple (les choses transcendantes de la réalité), mais sur l'objet *tel qu'il est visé* par la conscience, l'objet dans le *comment* de son être-intentionné. Le statut de l'« objet » intentionnel est donc bien difficile à définir : le « corrélat de la conscience est inséparable de la conscience, sans pour autant être réellement contenu en elle » [3]. Le noème n'est ni un moment de l'objet dans son en soi, ni une partie réelle de l'acte :

> Le vécu de perception pris en lui-même comporte bien dans son essence [en tant que vécu intentionnel] « l'arbre perçu comme tel », ou le noème complet qui reste intact quand on met hors circuit la réalité de l'arbre lui-même et celle de l'ensemble du monde [le noème n'est donc pas la chose transcendante] ; mais d'autre part ce noème avec son « arbre » entre

1. *LU V* (2ème éd.), Hua XIX/2, *op. cit.*, p. [414-415] ; trad. fr. p. 205-206.
2. *Ideen I*, Hua III/1, *op. cit.*, p. [76] ; trad. fr. (modifiée) p. 120.
3. *Ideen I*, Hua III/1, p. [295] ; trad. fr. p. 434.

> guillemets n'est pas réellement contenu dans la perception, pas plus que ne l'était l'arbre de la réalité [1].

L'objet de conscience, le visé *en tant que tel*, n'est pas une composante interne réelle de l'acte. Il a son propre mode d'être distinct des vécus. Toutefois, parce qu'il est lié à la manière dont la conscience vise son objet, le *noème* n'a pas non plus la transcendance absolue de l'étant en soi :

> C'est un objet totalement dépourvu d'autonomie [2].

> Le corrélat de la conscience est inséparable de la conscience, sans pourtant être réellement contenu en elle. Ainsi le noématique se distingue comme une objectivité qui appartient à la conscience et qui pourtant garde son originalité [3].

Le noème d'arbre, par exemple, n'est pas l'arbre en tant que réalité naturelle extérieure :

> C'est « dans » la perception réduite (dans le vécu phénoménologique pur) que nous découvrons, comme *appartenant indissolublement à son essence*, le perçu comme tel (…). L'arbre pur et simple, la chose dans la nature, ne s'identifie nullement à ce perçu d'arbre comme tel qui, en tant que sens de la perception, *appartient à la perception et en est inséparable*. L'arbre pur et simple peut flamber, se réduire en ses éléments chimiques, etc., mais le sens [l'arbre perçu en tant que tel] – le sens de cette perception, lequel appartient nécessairement à son essence – ne peut pas brûler, il n'a pas d'éléments chimiques, pas de forces, pas de propriétés naturelles [4].

Le noème est indifférent à l'égard des modifications physico-chimiques qui affectent la réalité naturelle. Il est également absolument indépendant de l'existence de l'objet transcendant : « Même si l'objet représenté ou pensé d'une représentation donnée (…) n'existe pas (…), la représentation ne peut être dépouillée de son objet représenté en tant que tel, et donc (…) il faut instituer une distinction entre l'objet de la représentation et l'existence de cet objet » [5]. En revanche, le noème est sensible aux variations des actes et des modes de conscience. L'arbre perçu *en tant que tel* est le corrélat ponctuel d'un acte de perception (l'arbre tel qu'il est perçu de loin en hiver au petit matin). Aussitôt que l'acte se modifie – en changeant de point de vue, en s'éloignant ou en se rapprochant de l'objet, en observant le même arbre à un autre moment... –, un nouveau noème

1. *Ideen I*, Hua III/1, p. [225-226] ; trad. fr. p. 336. Nous soulignons.
2. *Ideen I*, Hua III/1, p. [229] ; trad. fr. p. 342.
3. *Ideen I*, Hua III/1, p. [295] ; trad. fr. p. 434.
4. *Ideen I*, Hua III/1, p. [205] ; trad. fr. p. 308. Nous soulignons.
5. *Ideen I*, Hua III/1, p. [207] ; trad. fr. p. 311.

accompagne le nouveau vécu. L'arbre, comme on dit habituellement, n'est plus perçu de la même manière ; phénoménologiquement parlant, ce n'est plus le même noème d'arbre : ce qui m'apparaissait comme une masse sombre et immobile dans le brouillard matinal, m'apparaît maintenant en plein jour en tant que platane agité par le vent. Parce qu'il est inséparable du mode de conscience, le noème n'est pas l'objet transcendant.

La méthode de réduction confirme la scission entre le noème et la chose transcendante : « Le vécu de perception pris en lui-même comporte bien dans son essence "l'arbre perçu comme tel", ou le noème complet *qui reste intact quand on met hors circuit la réalité de l'arbre lui-même et celle de l'ensemble du monde* »[1]. Pour accéder à la *noèse* et à son corrélat intentionnel, il faut mettre entre parenthèses toute *position transcendante*[2]. Le noème est intrinsèquement lié à *l'épochè :* « L'*épochè* précisément libère le regard non seulement pour les intentions (les vécus intentionnels) qui se déroulent dans la vie purement intentionnelle, mais également pour ce que ces intentions posent chaque fois comme valide en elles-mêmes, dans leur propre teneur de sens, en tant que leur objet, et pour la façon dont elles le font »[3]. Même l'objet de perception est un *phénomène* – et non une chose transcendante du monde – depuis que la phénoménologie envisage la chose qui apparaît comme « l'objectité corrélative » de l'acte de perception (« dans la mesure et à partir du moment où elle est consciente dans une conscience de cette sorte »[4]). Par opposition à la chose qui se constitue comme unité intentionnelle d'une multiplicité de perceptions, le *noème* est l'objet « tel qu'il est nous est donné et tel qu'il est visé intuitivement de façon immanente dans le phénomène en question »[5], *i.e.* dans *un un* vécu singulier phénoménologiquement *réduit*. Le noème est l'objet de conscience *en tant que tel,* l'objet tel qu'on en a conscience dans tel ou tel vécu une fois que toute position transcendante a été neutralisée. Après l'*épochè*, l' « arbre » réduit n'est donc plus cette chose naturelle, ce corps en bois, qui existe indépendamment de la conscience, qui peut brûler et qui

1. *Ideen I*, Hua III/1, p. [225-226] ; trad. fr. p. 336. Nous soulignons.

2. *Krisis*, Hua VI, hg. v. W. Biemel, Den Haag, Nijhoff, 1962, p. [244] ; trad. fr. G. *Granel, La crise des sciences européennes et la phénoménologie transcendantale*, Paris, Gallimard, 1976, p. 271.

3. *Cf.* E. Husserl, *ELE*, Section II, Hua XXIV, hg. v. U. Melle, Dordrecht, Nijhoff, 1984 ; trad. fr. L. Joumier, *Introduction à la logique et à la théorie de la connaissance*, Paris, Vrin, 1998.

4. *Krisis*, Hua VI, *op. cit.*, p. [232] ; trad. fr. p. 275.

5. *Krisis*, Hua VI, *op. cit.*, p. [230] ; trad. fr. p. 273. L'*épochè* concerne aussi les actes de la la conscience qui font également partie du monde en tant que *réalités psychiques vécues par les hommes.*

possède bien d'autres qualités physiques et chimiques ; il est maintenant le *corrélat intentionnel* des visées qui se rapportent à lui, un noème d'arbre, un arbre perçu *en tant que tel* [1]. En tant que noème, il est étroitement lié à la *noèse* et ne peut être indifférent à la manière dont la conscience le vise.

Husserl finit donc par rejoindre la distinction de Twardowski entre l'objet effectif transcendant et l'objet intentionnel (le visé en tant que tel). La représentation a toujours son représenté en tant que tel, son objet simplement représenté, même si aucun objet transcendant ne lui correspond :

> Que j'aie une perception de A ou une image de A ou une représentation vide du simple genre de A, je peux toujours en tirer une donnée, *qui n'est pas l'objet A au sens normal, car il peut exister tout aussi bien que ne pas exister*. Ce que nous revendiquons à présent comme donnée, ce n'est pas l'existence au sens de celle que pose le jugement existentiel qui se construit sur la perception concernée. On dira : *c'est l'« objet intentionnel en tant que tel » qui « existe » même quand « l'objet lui-même » n'existe pas* [2].

Chaque modalité intentionnelle (percevoir, imaginer, signifier) a son propre objet intentionnel : son perçu en tant que tel, son imaginé en tant que tel, son signifié en tant que tel. Cet « objet » entre guillemets « existe » dans tous les cas, même lorsque l'objet proprement dit fait défaut et que rien, dans le monde réel ou idéal, ne correspond à ce qui a été visé par la conscience. Pour être recevable, la distinction entre l'objet *qui* est représenté et l'objet représenté *en tant que tel* doit toutefois remplir deux conditions. Elle ne doit pas impliquer une séparation réelle entre les deux objets distingués, comme s'il y avait d'un côté la chose extérieure et, d'un autre côté, sa réplique en nous sous la forme d'un contenu de représentation immanent. « Si nous tentons de séparer de cette façon l'objet réel (dans le cas de la perception externe : la chose perçue dans la nature) et l'objet intentionnel, et d'inclure ce dernier à titre réel dans la perception, nous nous heurtons à une difficulté : deux réalités [l'une transcendante, l'autre immanente] doivent désormais s'affronter, alors qu'une seule se présente [à la conscience] et qu'une seule est possible » [3]. L'objet visé par la conscience dans ses actes de perception, c'est bel et bien la chose transcendante elle-même, et non une de ses répliques : « c'est la chose, l'objet de la nature que je perçois, l'arbre là-bas dans le jardin ; c'est lui et rien d'autre qui est l'objet réel de l'intention percevante. Un second arbre immanent, ou

1. Cf. *Ideen I*, § 90 et 97.
2. *VuB*, Appendice XIV, Hua XXVI, p. [188], trad. fr. p. 236. Nous soulignons.
3. *Ideen I*, Hua III/1, p. [207] ; trad. fr. p. 312.

même un “portrait interne” de l’arbre réel qui est là-bas, au dehors, devant moi, n’est pourtant donné en aucune façon (…) » [1]. En outre, la distinction husserlienne est admissible si elle est également complétée par une autre distinction entre le contenu intentionnel de l’acte et son contenu psychique immanent réel (les éléments – actes partiels – dont il est composé ainsi que les moments qui le caractérisent). On pourrait en effet avoir l’impression que l’objet intentionnel fait littéralement partie de l’acte, que le jugé en tant que tel est une composante réelle de l’acte de jugement :

> Bornons-nous à ce que nous avons à l’esprit quand nous jugeons (...) « l’or est jaune ». Cela peut-il être donné autrement que par le jugement ? N’est-ce pas un composant réel de l’acte de jugement ? Car, enfin, on serait enclin à dire que, lorsque je juge, cela est présent : « l’or est jaune », c’est là le « phénomène » que je possède. Et il a bel et bien sa temporalité. Que je juge lentement ou rapidement, et il s’étend plus longuement ou plus brièvement dans le temps phénoménologique [2].

Il faut néanmoins distinguer, d’une part, les composantes internes du juger aussi fugaces que le vécu concret auquel elles appartiennent (les représentations partielles incluses en lui ainsi que le moment de la prise de position), et, d’autre part, ce qui est jugé (non pas ce sur quoi l’on juge, mais le jugé en tant que tel). L’objet intentionnel n’est pas une *partie réelle* de l’acte au même titre que ses composantes immanentes ; en tant que *visé*, il appartient à son contenu *intentionnel.* Par opposition à la transcendance de la chose, l’objet intentionnel est certes *immanent* : le « sens de la perception » est « le perçu comme tel », « tel qu’il réside à titre “immanent” dans le vécu de la perception (...), c’est-à-dire tel qu’il nous est offert par ce vécu quand nous interrogeons purement ce vécu lui-même » [3] et que nous nous penchons sur ce qui est visé « en » lui, considérant l’objet tel qu’il est ici visé par cet acte et « dans » cet acte. Mais, par opposition aux composantes proprement réelles de l’acte, cette *immanence* est, si l’on peut dire, *intentionnelle* : « Le corrélat de la conscience est inséparable de la conscience, sans pourtant être réellement contenu en elle. Ainsi le noématique se distingue comme une objectivité qui appartient à la conscience et qui pourtant garde son originalité » [4]. Le statut ontologique du noème – et, partant, de la signification noématique – qui ne fait partie ni de la nature extérieure, ni des réalités psychiques, reste donc bien difficile à définir.

1. *Ideen I,* Hua III/1, p. [207-208].
2. *VuB,* Appendice IV, Hua XXVI, p. [148] ; trad. fr. (modifiée) p. 182.
3. *Ideen I,* Hua III/1, p. [203] ; trad. fr. (modifiée) p. 305-306.
4. *Ideen I,* Hua III/1, p. [295] ; trad. fr. p. 434.

La spécificité du noème significationnel

Si les nombreuses analogies entre l'objectité catégoriale et l'objet intentionnel (*VuB*), la signification et le sens noématique (*Ideen*), confirment l'appartenance du nouveau concept de signification au versant *objectif* de la corrélation intentionnelle, elles ne doivent pas dissimuler l'originalité du noème significationnel. Il est vrai que « sous la plupart de leurs aspects, les noèmes ressemblent aux *Sinne* linguistiques » [1], mais on aurait tort d'en conclure que la signification et le sens (*noème*) sont strictement identiques, comme si le sens (*Sinn*) noématique n'était rien d'autre qu'une extension de la signification (*Bedeutung*) linguistique à l'ensemble de la vie intentionnelle, et la signification un *noème* comme les autres : « Il ne saurait toutefois être question de conclure pour autant que sens linguistique [*Sinn* expressif] et sens noématique sont tout simplement identiques l'un avec l'autre en essence » [2]. Même si la signification noématique (le pensé en tant que tel) est une espèce de *noème* (de visé en tant que tel), le *noème* significationnel – on verra bientôt pourquoi – conserve sa spécificité. La distinction entre l'objet pur et simple *qui* est signifié et l'objet signifié *en tant que tel* a vraisemblablement été le prototype de la corrélation noético-noématique, exportable dans les autres modalités intentionnelles. Le perçu en tant que tel, *sens* de l'acte de perception, est, à ce titre, un *analogon* de la signification. En faisant abstraction de la spécificité de chaque modalité intentionnelle, Husserl pouvait établir une distinction générale entre l'objet *qui* est visé et l'objet visé *en tant que tel* :

> Le noème en général n'est (...) rien d'autre que la généralisation de l'idée de signification au domaine total des actes [3].
>
> À l'origine, ces mots (*bedeuten*, *Bedeutung*) ne se rapportent guère qu'à la sphère verbale, à celle de « l'exprimer ». Mais on ne peut guère éviter (...) d'élargir la signification de ces mots et de leur faire subir une modification convenable qui leur permet de *s'appliquer d'une certaine façon à toute la sphère noético-noématique* : donc à tous les actes sans tenir compte s'ils sont ou non combinés à des actes expressifs. Ainsi, nous n'avons jamais cessé de parler, pour tous les vécus intentionnels, du « sens » (*Sinn*) – bien

1. D. Follesdal, « La notion husserlienne de noème », trad. fr. J.-M. Roy, dans *Les Études philosophiques*, Janvier-Mars 1995, Paris, P.U.F., p. 9.

2. J.-M. Roy, « La dissociation husserlienne du *Sinn* et de la *Bedeutung* », *Phénoménologie et logique*, J.-F. Courtine (dir.), Paris, Presse de l'E.N.S., 1996, p. 153.

3. *Ideen III*, Hua V, hg. v. M. Biemel, Den Haag, Nijhoff, 1975, p. [89] ; trad. fr. D. Tiffeneau, Paris, P.U.F., 1993, p. 106.

> que ce mot soit employé en général comme équivalent du mot « signification » (*Bedeutung*) [en relation avec les actes du signifier][1].

Le *sens noématique* est donc un élargissement de la *Bedeutung*. Alors que le sens (*Sinn*), autrefois synonyme de signification (*Bedeutung*)[2], était initialement réservé au corrélat intentionnel du signifier, le voilà devenu « la partie centrale du noème de toute espèce de vécu intentionnel »[3]. Le terme de *Bedeutung* est quant à lui dévolu au signifier[4]. Dans son acception la plus large, le *sens* désigne le « visé en tant que tel », le noyau noématique ; et la *signification* est quant à elle le *sens* des actes expressifs (le signifié en tant que tel), corrélat noématique de l'intention de signification.

On peut alors s'interroger sur les motifs qui motivent l'extension du sens au-delà de son champ linguistique natal. Pourquoi les corrélats intentionnels des actes non-expressifs (le perçu, le souvenu, l'imaginé en tant que tels) sont-ils interprétés en terme de *sens* ? Pourquoi Husserl envisage-t-il le noyau noématique comme *Sinn* ? Le *Sinn* est l'objet visé en tant que tel, l'objet intentionné avec telle ou telle détermination ; mais pourquoi les déterminations de l'objet visé seraient-elles précisément du *sens* ? Quand je perçois une chose grande ou petite, colorée en rouge ou en bleue, etc., pourquoi les propriétés qui appartiennent au noème de la perception (le perçu en tant que tel) seraient-elles des éléments de *sens* ? Il y a deux manières de répondre à la question. On peut tout d'abord constater que dans les descriptions définies (*le vainqueur d'Iéna*, *le vaincu de Waterloo*) la *signification* change en fonction des propriétés de l'objet sélectionnées comme marques distinctives. Or ces propriétés sont également susceptibles d'être visées selon d'autres modalités intentionnelles : elles peuvent être données dans une perception ou présentifiées en souvenir et en imagination. Si l'objet visé avec telle ou telle *détermination* (« l'objet dans le comment de ses déterminations ») mérite le titre de *sens* noématique, c'est tout simplement parce que les *déterminations* (vainqueur, vaincu) sont d'abord pensées comme le lieu du *sens* linguistique par opposition au référent (l'objet-substrat). On peut également noter que l'élargissement du sens hors de son milieu originel n'est pas accidentel. S'il y a du *sens* dans le noème, ce n'est pas seulement parce que les déterminations au moyen

1. *Ideen I*, Hua III/1, § 124, p. [285] ; trad. fr. p. 418-419. Nous soulignons.
2. « Signification *est pour nous* synonyme *de* sens » *LU I*, Hua XIX/1, p. [58] ; trad. fr. p. 59.
3. J.-M. Roy, « La dissociation husserlienne », *op. cit.*, p. 154.
4. Cf. *Ideen I*, Hua III/1, p. [285] ; trad. fr. p. 419.

desquelles l'objet est pensé ont été comprises comme les significations des expressions. Pour être légitime, cet élargissement terminologique doit être fondé sur « une communauté d'essence [du sens noématique] avec le sens linguistique »[1]: « entre le sens linguistique et le sens noématique, il doit bien y avoir une "unité éidétique remarquable" [*Ideen I,* § 133] qui fonde l'identité de leur appellation [en tant que *Sinn*] »[2]. On devrait donc retrouver dans les autres *Sinn* (le perçu, le souvenu, l'imaginé en tant que tels) une propriété essentielle du *Sinn* linguistique (le signifié en tant que tel):

> Husserl n'élargit pas le terme de *Sinn* pour la simple raison que le noyau noématique s'est trouvé ainsi appelé dans l'analyse de l'intention de signification, mais parce que tout noyau noématique conserve quelque chose de ce qui fait la spécificité du noyau noématique de l'intention de signification[3].

Quelle est donc cette propriété commune en vertu de laquelle le *sens* linguistique et le *sens* noématique sont l'un et l'autre du *sens* ?

> Le véritable fondement de l'élargissement du concept de *Sinn* linguistique tient à ce que (...) quelque chose de propre au mode d'être spécifiquement symbolique du noyau noématique [sa propriété d'être intentionné] se retrouve dans le simple fait d'être un noyau en général, avant d'être un noyau de tel ou tel mode[4].

Les noèmes significationnels (les signifiés en tant que tels) et intuitifs (les perçus, souvenus et imaginés en tant que tels) sont tous des figures du *visé en tant que tel*. Le fait d'être intentionné est commun à tous les noèmes. L'objet est partout pris tel qu'il est intentionné. À partir du moment où l'on distingue dans le *noème* significationnel deux composantes, une matière ou un noyau noématique (le fait d'être visé avec telle ou telle détermination : vainqueur d'Iéna, vaincu de Waterloo) et un mode de donnée (le fait d'être visé symboliquement), à partir du moment où l'on constate que la première composante appartient aux *noèmes* de tous les modes de conscience, le *Sinn* est naturellement appelé à devenir le noyau noématique en général, abstraction faite de la deuxième composante.

Pour autant, les noèmes des différents modes d'intentionnalité (le perçu, le souvenu, l'imaginé, le signifié en tant que tels) ne sont pas interchangeables. Le noème significationnel partage certes avec les autres des caractéristiques communes (quelque chose y est visé d'une certaine

1. J.-M. Roy, « La dissociation husserlienne », *op. cit.*, p. 152.
2. J.-M. Roy, « La dissociation husserlienne », *op. cit.*, p. 153.
3. J.-M. Roy, « La dissociation husserlienne », *op. cit.*, p. 166.
4. *Ibid.*

manière), mais il n'en conserve pas moins sa *spécificité*. Le *noème* significationnel *n'est pas* le *noème* perceptif ; l'objet tel qu'il est pensé *n'est pas* l'objet tel qu'il est perçu [1]. Si la visée perceptive de la maison qui est devant moi et sa visée significationnelle (lorsqu'elle est désignée en tant que *la maison de telle ou telle rue*) ne relèvent pas de la même modalité intentionnelle, les différences noétiques doivent nécessairement se répercuter sur les corrélats noématiques. Ces différences reposent sur l'opposition entre la présence et l'absence de la chose visée :

> Entre la perception d'un côté et la représentation symbolique par image ou par signe de l'autre, il existe une DIFFÉRENCE EIDÉTIQUE INFRANCHISSABLE. Dans ces types de représentation nous avons l'intuition d'une chose avec la conscience qu'elle dépeint ou indique par signe *une autre chose* ; quand nous tenons la première dans le champ de l'intuition, ce n'est pas sur elle que nous sommes dirigés, mais (...) nous sommes dirigés sur la seconde, celle qui est copiée ou désignée. On ne voit rien de tel dans la perception, pas plus que dans le souvenir ou dans la simple image (*Phantasie*). Dans les actes d'intuition immédiate nous avons l'intuition de la « *chose elle-même* » ; (...) on ne prend donc conscience d'aucune chose à l'égard de laquelle ce qui est perçu servirait de « signe » ou « d'image-portrait » [2].

La perception donne la « chose elle-même », en propre. Celle-ci est alors présente devant nous, « en chair et en os » [3]. En revanche, dans la représentation linguistique l'objet intuitivement présent à l'esprit (la forme tracée sur le papier, le complexe sonore) n'est pas celui que nous visons. À partir de la perception du signe sensible nous visons une *autre* chose, souvent absente ; nous désignons un objet qui n'est pas nécessairement sous nos yeux. À cet égard, la représentation signitive, en tant que relation intentionnelle indirecte, est proche de la représentation en image où la chose est visée à partir de sa copie. Dans les deux cas, une chose tient lieu d'une autre ; c'est pourquoi le mot et l'image sont des représentations *symboliques*. Toutefois, l'image conserve encore certaines qualités de la chose visée (forme, couleur..) à laquelle elle s'efforce de ressembler, alors que le signe est conventionnel. Si le critère retenu est l'*absence* de l'objet visé, on peut rapprocher l'intention de signification et la représentation en image, puisque la chose visée, au lieu d'apparaître elle-même à la conscience, est remplacée par un symbole (image ou signe linguistique).

1. *Cf.* R. Bernet, « *Le concept de noème* », dans *La vie du sujet. Recherches sur l'interprétation de Husserl dans la phénoménologie*, Paris, P.U.F., 1994.
2. *Ideen I*, Hua III/1, p. [90] ; trad. fr. p. 139. Nous soulignons.
3. *Ibid.*

Si le critère est la relation entre le contenu re-présentant et l'objet visé, l'opposition passe désormais entre les modalités intuitives et la modalité significationnelle : dans les premières il y a une proximité entre les deux termes de la relation intentionnelle (le contenu de représentation présent à la conscience est soit une partie de l'objet, soit une image qui lui ressemble) ; dans la dernière le rapport entre la chose visée et le contenu de représentation (le signe présent à la conscience sensible) est en revanche purement conventionnel. Le signe ne ressemble pas à la chose signifiée.

> Partout nous distinguons de l'objet visé – désigné, reproduit, perçu – un contenu actuellement donné dans le phénomène [quelque chose qui est présent à la conscience au cours d'un acte] mais qui n'est pas visé [un contenu de représentation à partir duquel nous visons autre chose, l'objet perçu, souvenu ou désigné] : d'une part, le contenu du signe, de l'autre, l'esquisse imaginative et perceptive de l'objet. Mais, tandis que le signe et ce qui est désigné « n'ont rien à faire l'un avec l'autre », il y a entre les esquisses imaginatives ou perceptives et la chose elle-même des rapports internes d'appartenance [1].

Les différences noétiques entre les visées perceptive et significationnelle doivent rejaillir sur leurs corrélats intentionnels, les *noèmes* perceptif et significationnel. Même si l'objet perçu n'apparaît pas immédiatement dans son intégralité mais à travers une succession d'*esquisses* [2], on a d'emblée affaire à la chose *elle-même* dès la première perception : « Dans la perception, l'objet a paru être présent "corporellement", pour ainsi dire en personne » [3]. Au premier coup d'œil, c'est une partie *de l'objet lui-même* qui est donnée à la conscience : un fragment (un côté de la maison, la surface de la table) ou une marque distinctive (la silhouette de l'arbre, la démarche ou le bégaiement d'une personne, la couleur de son costume). L'objet est immédiatement *présent* à travers certaines qualités sensibles ou certaines parties :

> Il se peut (...) que nous ne nous contentions pas « d'un seul regard », et que nous considérions (...) la chose sous toutes ses faces dans un flux continu de perceptions, en la palpant, pour ainsi dire, avec nos sens. Or, chaque perception singulière de cette suite est déjà *une perception de cette chose*. Que je regarde ce livre ici présent d'en haut ou d'en bas, de l'intérieur ou de l'extérieur, *c'est toujours ce livre-là que je vois*. C'est toujours cette seule

1. *LU VI*, Hua XX/1, p. [591] ; trad. fr. p. 77.
2. *Ideen I*, Hua III/1, p. [91] ; § 43, trad. fr. p. 140. *Cf.* aussi p. [89] ; trad. fr. p. 138.
3. *LU V*, Hua XIX/1, p. [458] ; trad. fr. p. 249.

> et même chose, et la même non pas seulement au sens physique, mais aussi quant à l'intention des perceptions elles-mêmes [1].

Le noème perceptif n'est donc pas entièrement coupé de la chose transcendante visée ; il reste en contact avec elle puisqu'il en est lui-même une partie ou un aspect. La chose telle qu'elle est perçue est la chose *elle-même* morcelée, partielle (la maison dont on fait peu à peu le tour, le cube que l'on tourne dans tous les sens) : « Cette conscience est conscience d'une unique chose perçue qui apparaît avec une perfection croissante, en présentant des faces toujours nouvelles et selon des déterminations toujours plus riches » [2].

Avec le signifier, au contraire, ce qui est présent à la conscience n'est ni une partie ou un aspect de l'objet, ni une image qui lui ressemble, mais un ou plusieurs signes conventionnels : *la maison de telle ou telle rue à tel numéro*, *le vainqueur d'Iéna*, *Napoléon*. Alors que la perception nous met directement en présence de la chose, le signifier interpose entre la conscience et l'objet visé un signe artificiel. Le signe sensible que nous percevons n'est pas l'objet que nous visons ; ce que nous visons n'est pas ce que nous intuitionnons. Dans la modalité intuitive, le perçu en tant que tel et le visé coïncident partiellement ; dans la modalité significationnelle, le perçu (le signe sensible) et le visé (le signifié) sont radicalement distincts. Non seulement l'objet significationnellement visé n'est pas nécessairement présent devant nous au moment où l'on parle de lui, mais il est en outre parfois inexistant. Nous pouvons parler de « choses » qui, en dehors du discours que l'on tient sur elles, n'ont aucune forme d'existence (*la montagne d'or*, *le fer en bois*, *le cercle carré*). Le noème significationnel prend ses distances avec l'objet réel de la perception sensible. À la différence du noème perceptif que remplit la présence corporelle de la chose visée, il s'inscrit dans une double absence : en amont car au moment où nous parlons nous n'avons pas nécessairement sous les yeux la chose visée, et en aval car, une fois notre discours achevé, ce que nous avons significationnellement visé n'a pas toujours une existence effective [3].

Les différences entre les *noèmes* significationnel et perceptif ne s'arrêtent pas là. Dans sa critique de la *Bildertheorie*, Husserl avait montré que la signification ne se réduit jamais à ce qui est représenté ici et maintenant dans la conscience ; le sens linguistique n'est pas lié au contenu de représentation accidentellement et momentanément présent à l'esprit.

1. *LU VI*, Hua XX/1, p. [677] ; trad. fr. p. 182. Nous soulignons.
2. *Ideen I*, Hua III/1, p. [89] ; trad. fr. p. 138.
3. *Cf.* R. Bernet, « Le concept de noème », *op. cit.*, III, p. 80 et 83.

Le signifié en tant que tel est « “plus idéel” [que le perçu ou le souvenu en tant que tel], parce qu'il est plus indépendant du contenu “réel” de l'acte de conscience ponctuel » [1]. Puisque le perçu en tant que tel n'est qu'une partie de l'objet réal, il est, d'un point de vue noétique, directement lié à la position du sujet : « Le caractère partiel de l'apparence noématique est dépendant par essence de l'orientation ponctuelle du sujet percevant » [2]. Selon le point de vue du spectateur, une partie seulement de l'objet tridimensionnel est visible. Au fur et à mesure que nous en faisons le tour, la chose nous apparaît successivement de différentes manières : sous un autre angle ou un nouvel éclairage, de plus près ou de plus loin, avec de nouvelles qualités et de nouvelles parties. Le *noème* perceptif varie donc en fonction de l'orientation du sujet ; il est nécessairement lié aux conditions dans lesquelles s'accomplit le vécu de perception singulier. L'intention ponctuelle détermine ici directement la manière dont l'objet est perçu. Il en va différemment avec le *noème* significationnel. Le signifié en tant que tel ne dépend pas des circonstances dans lesquelles s'accomplit chaque vécu du signifier (de la personne qui parle, du lieu et du moment où elle prend la parole, des représentations mentales passagères qui lui traversent l'esprit). « Le “dit comme tel” peut être compris indépendamment de tout rapport à l'intention ponctuelle de celui qui parle » [3], en particulier indépendamment du contenu psychique singulier qui s'associe de manière contingente au signifier :

> La conscience est quelque chose de temporel, de fluant [les contenus de représentation se succèdent dans le flux immanent] ; mais ce qui ne l'est pourtant pas, c'est le quoi [ce qui est visé (pris en tant que tel) par le juger], qui est une unité, pris exactement tel qu'on en a conscience dans le monde des « significations » [4].

Une « unité » qui reste identique au fur et à mesure que nos vécus (les intentions de signification et les représentations intuitives qui les accompagnent) ne cessent de changer en nous.

Tant qu'il est le corrélat d'un acte *ponctuel*, le noème est individualisé temporellement [5]. Chaque acte a son noème, et chaque nouvel acte amène avec lui un nouveau noème. Le noème perceptif, corrélat de la perception sensible, ne cesse de changer au fur et à mesure que se succèdent les impressions sensibles au cours de l'expérience. Quand nous faisons le tour

1. R. Bernet, « Le concept de noème », *op. cit.*, p. 84.
2. *Ibid.*
3. *Ibid.*
4. *VuB*, Appendice XVII, Hua XXVI, p. [195] ; trad. fr. (modifiée) p. 245.
5. R. Bernet, « Le concept de noème », *op. cit.*, p. 72.

d'une maison, le corrélat noématique de la perception est chaque fois différent : la maison est d'abord perçue de face, puis de côté, par derrière, etc., avec également des changements de couleur et de forme en fonction de l'éclairage et de l'orientation de l'observateur. Il y a alors autant de noèmes que d'actes intuitifs. De prime abord, on pourrait croire que le noème significationnel ne fait pas exception à la règle. Pourquoi ne serait-il pas lui aussi le corrélat d'un acte ponctuel ? Pourquoi chaque acte de jugement ne transporterait-il pas avec lui ou en lui son jugé en tant que tel comme chaque vécu de perception a son perçu en tant que tel ?

> Bornons-nous à ce que nous avons à l'esprit quand nous jugeons (...) « l'or est jaune ». Cela peut-il être donné autrement que par le jugement ? N'est-ce pas un composant réel de l'acte de jugement ? Car, enfin, on serait enclin à dire que lorsque je juge, cela est présent : « l'or est jaune », c'est là le « phénomène » que je possède. Et il a bel et bien sa temporalité. Que je juge lentement ou rapidement, et il s'étend plus longtemps ou plus brièvement dans le temps phénoménologique [1].

« La signification noématique [au même titre que le noème intuitif] semble donc n'être rien d'autre que le corrélat noématique d'un acte de jugement ponctuel, temporellement individualisé dans le flux de conscience » [2]. La signification n'est apparemment rien de plus que ce qui est visé par un acte singulier à un moment déterminé. Dès lors, ne suffit-il pas de juger à un autre moment pour que, l'acte ayant changé, la signification (le jugé en tant que tel) soit également différente ? La signification n'a-t-elle pas une existence déterminée dans le temps comme l'acte du juger ponctuel auquel elle semble être indissociablement liée ? Une telle conclusion serait erronée, car la signification est *idéalement identique* pour une multiplicité d'actes. Je peux contempler autant de fois que je le veux le même objet, le perçu en tant que tel sera chaque fois nouveau en fonction de mon orientation ; et même si je restais immobile, les corrélats noématiques successifs des différentes phases de l'expérience sensible ne peuvent rester insensibles aux changements qui affectent l'environnement (les objets alentours, l'éclairage, etc.). Le noème perceptif change nécessairement au fur et à mesure que s'enrichit l'expérience. En revanche, je peux répéter autant de fois que je veux un nom ou un énoncé sans engendrer de nouvelles significations. « Si nous jugeons répétitivement *l'or est jaune*, nous avons alors plusieurs jugements, mais plusieurs jugements qui ont le

1. *VuB*, Hua XXVI, p. [148] ; trad. fr. (modifiée) p. 182.
2. R. Bernet, « Le concept de noème », *op. cit.*, p. 83.

même contenu logique [l'or-est-jaune] »[1]. Quand on dit que plusieurs expressions *veulent dire la même chose* (ou qu'elles ont la même *signification*), cela ne signifie pas seulement qu'elles ont en commun une certaine manière de signifier, cela signifie aussi qu'en face des actes le même objet est signifié de la même manière, que l'objet visé en tant que tel est identique. Sur le versant objectif de la corrélation intentionnelle, la signification n'est plus une espèce d'actes, mais une espèce d'objet intentionnel : l'objet pensé en tant que tel (objectité catégoriale).

Avec les deux concepts noétique et noématique de signification, comme caractère spécifique du signifier et objectivité signifiée en tant que telle[2], Husserl embrasse désormais le phénomène de la signification dans toute sa complexité, dépassant ainsi les théories précédentes orientées unilatéralement tantôt sur les actes, comme la psychologie descriptive de Brentano, tantôt sur les objets idéaux, comme la sémantique objective de Bolzano. Cette dualité est déjà visible dans les significations nominales : « La signification du sujet est à double sens. Par-là peut être visé le caractère spécifique du signifier du sujet, donc l'essence spécifique de la position nominale (...) ; mais ce peut être, d'autre part, le quoi y étant conscient [le nommé en tant que tel], qui ne devient pas objectif par une réflexion phénologique [sur les actes], mais par une réflexion catégoriale [sur les objets intentionnels] »[3]. Dans les énoncés suivants : *l'arbre est vert, l'arbre est secoué par le vent, l'arbre est sur le point de fleurir,* le sujet veut dire la *même* chose. On peut concevoir cette *identité* soit comme une unité noétique, soit comme une unité noématique. Quand, considérant l'acte de signifier, nous disons que les sujets de ces trois phrases *signifient* la même chose, nous dégageons un moment du signifier commun. La signification est alors une manière de signifier identique détachée des actes par abstraction idéatrice. On peut aussi mettre l'accent sur l'identité corrélative de l'objet intentionnel (l'objet signifié en tant que tel) : les noms signifient *la même chose*, puisque l'objet visé par le sujet est partout appréhendé en tant qu'*arbre*. Les deux concepts de signification traduisent la complexité du phénomène de la signification (un mot veut dire/quelque chose) qui a un pied dans le milieu subjectif et un autre dans le milieu objectif, puisqu'il est à la fois acte du signifier (vouloir-dire) et objet signifié (quelque chose est dit). Un mode de signification est tout à la fois, pour la conscience, une manière de penser et de dire les choses, et, pour l'objet, une manière d'être

1. *VuB*, Hua XXVI, p. [120] ; trad. fr. p. 152.
2. *VuB*, Hua XXVI, p. [44] ; trad. fr. p. 69.
3. *VuB*, Hua XXVI, p. [86-87] ; trad. fr. p. 114.

pensé et dit. Le dédoublement du concept de signification est donc la traduction de *la corrélation noético-noématique* propre à la modalité significationnelle de la conscience.

En dépit des progrès apportés par l'analyse des corrélations noético-noématiques, la théorie de la signification de *VuB* soulève pourtant encore de sérieuses difficultés.

CHAPITRE III

LES DIFFICULTÉS SOULEVÉES PAR LA THÉORIE NOÉTICO-NOÉMATIQUE DE LA SIGNIFICATION

LE RETOUR DE LA QUESTION DES EXPRESSIONS OCCASIONNELLES ET EMPIRIQUES

Une première remise en cause du concept noétique de signification

Le problème des expressions occasionnelles et empiriques que les *LU* avaient évincé au nom du principe de la toute-puissance de la raison objective, devait tôt ou tard ressurgir. Dans un manuscrit probablement daté de 1911 [1], Husserl reprend la question : les significations dirigées sur quelque chose de singulier et ancrées dans un contexte déterminé (*cet oiseau qui s'envole là-bas*, *ce papier blanc sur la table*) sont-elles des unités idéales *spécifiques* indifférentes aux changements affectant les actes du signifier selon les circonstances ? Ou doivent-elles changer en fonction du lieu, du moment et de l'identité du locuteur ? « Les significations dirigées sur quelque chose de réel, d'individuel enferment en un certain sens une relation à celui qui s'exprime ou (ou plutôt et) à celui qui comprend l'expression » [2]. Dès lors, on voit mal comment des significations appelées à changer au gré des circonstances selon la situation des interlocuteurs pourraient être des *unités spécifiques* embrassant plusieurs actes.

1. *Cf.* Appendice XIX.
2. *VuB*, Hua XXVI, p. [202] ; trad. fr. p. 255-256.

C'est d'autant plus difficile que la modification imaginaire censée dévoiler un invariant ne s'applique pas aux significations empiriques. Quand les actes se rapportent à des objectités idéales, la modification intentionnelle ne pose aucune difficulté car l'objet visé n'a pas d'existence effective. Que le signifier exprime une intuition donnant l'objectité visée elle-même ou bien un acte d'imagination où elle est simplement représentée comme possible, cela n'a aucune espèce d'importance : l'objectité idéale est exactement la même. Au lieu d'accomplir effectivement le jugement *2+2 = 4*, « je peux me projeter en imagination dans un tel juger »[1]. Je m'imagine en train de juger *2+2 = 4* (par exemple, je me représente l'écolier que j'étais autrefois récitant ses tables). Une fois que la prise de position est neutralisée, il ne reste qu'une simple représentation d'un état-de-chose : *2+2 = 4*. C'est donc toujours le même état-de-chose idéal qui est visé. Une fois que mon jugement est transposé en imagination, je peux poursuivre librement les variations : tantôt j'imagine que le juger est accompli à partir d'une intuition (dans un souvenir je me représente à l'école en train d'effectuer l'opération 2+2 = 4 à partir de la manipulation de bâtonnets) ; tantôt j'imagine que le juger est accompli de manière purement symbolique (je m'imagine récitant mécaniquement les tables d'addition). Un invariant se détache : les énoncés de jugement transposés en imagination (j'imagine que je juge 2+2 = 4) et l'énoncé de jugement effectif (je juge que 2+2 = 4) *signifient la même chose*. Il en va différemment pour le signifier visant des objets empiriques, car désormais la transposition des actes dans l'imagination ne conserve plus une identité de signification. À partir de l'intuition d'un état-de-chose empirique, je porte un jugement : Je vois du papier blanc et je dis *ce papier* (réel) *est blanc*. Essayons de le transposer en imagination. Nous nous représentons un papier imaginaire et nous jugeons : *ce papier* (fictif) *est blanc* ; ou bien nous nous imaginons jugeant *ce papier est blanc* (*comme si* nous portions effectivement un jugement devant un papier réel). L'énoncé *ce papier* (réel) *est blanc* et l'énoncé *ce papier* (fictif) *est blanc* veulent-ils dire la même chose ? Manifestement non :

> Si je pense en imagination au phénomène entier de jugement [*ce papier est blanc*], à l'intuition empirique sous-jacente [la représentation d'un papier blanc sur laquelle s'appuie le jugement], subséquemment au viser qui juge en se mesurant [à l'intuition empirique], ce tout transposé dans l'imagination, j'ai alors un jugement imaginaire [j'imagine que je suis en train de porter ce jugement : *ce papier* – fictif – *est blanc*] qui a son adéquation imaginaire [le jugement *ce papier est blanc* est en accord avec le papier blanc

1. *VuB*, Hua XXVI, p. [209] ; trad. fr. p. 263.

> fictif que je me représente en imagination]. Mais *je ne peux pas dire que ce qui vaut là pour le jugement imaginaire, vaut « effectivement »* [comme s'il s'agissait d'un juger actuel accompli à partir de la représentation d'un papier réel] [1].

Une fois transposé dans l'imaginaire, l'énoncé de jugement n'a plus exactement le même sens. Car *ce papier est blanc* ne signifie plus : *il y a devant moi effectivement un papier blanc*, mais seulement : *il se peut qu'il y ait devant moi un papier blanc*, ou bien : *le papier tel que je l'imagine est blanc.* La signification a nécessairement changé parce que les objets empiriques sur lesquels elle porte ne sont plus indifférents à la différence entre le réel et l'imaginaire : le papier blanc fictif n'est pas le papier blanc réel [2]. L'objet imaginé sur lequel se dirige l'intention de signification de l'énoncé n'est pas l'objet perçu sur lequel se dirige l'intention de signification. L'un est seulement possible, l'autre est réel [3]. La non-équivalence entre l'objet effectif et l'objet imaginaire interdit la transposition de la signification d'un énoncé de jugement empirique effectif dans la signification d'un énoncé de jugement empirique imaginaire : les énoncés *il y a (devant moi) du papier blanc* et *le papier que j'imagine est blanc* ne sont pas équivalents. Et si la transposition dans l'imaginaire ne fonctionne plus, alors il est hors de question de détacher un invariant sémantique à partir des expressions empiriques :

> La signification empirique [*ce papier est blanc*], n'est pas une idée au sens d'un *eidos*, qui pourrait être tirée d'un signifier actuel et d'un signifier imaginaire, de la même façon que le rouge est une idée qui peut être tirée d'un percevoir-du-rouge en fait et d'un quasi-percevoir-du-rouge, à savoir d'un imaginer-du-rouge [4].
>
> De même qu'une chose est un objet qui ne peut être que tiré, qui ne peut être que trouvé d'avance comme donné dans la perception (dans l'intuition perceptive et la visée s'y animant), de même *la signification dirigée sur quelque chose d'objectif* [la signification empirique] *ne peut être que tirée d'un signifier actuel* fondé sur un poser-une-chose (d'un acte positionnel non modifié), à savoir dans la réflexion de signification s'y animant, qui jette la vue sur le signifié, sur le visé en tant que tel. Le visé en tant que tel, la signification [empirique noématique], ne peut pas être tirée comme une

1. *VuB*, Hua XXVI, p. [209] ; trad. fr. p. 263. Nous soulignons.
2. *VuB*, Hua XXVI, p. [214] ; trad. fr. p. 269.
3. Cf. *VuB*, Hua XXVI, p. [209] ; trad. fr. p. 263.
4. *VuB*, Hua XXVI, p. [214] ; trad. fr. p. 269.

> idée (un *eidos*) peut l'être tout aussi bien des modifications correspondantes, donc sur le fondement de la quasi-représentation, du quasi-viser, du quasi-signifier et du quasi-réfléchir [1].

Les significations empiriques ne peuvent nous être données que dans des actes positionnels (perception, souvenir). Il est alors encore possible de trouver dans plusieurs actes positionnels un contenu de signification identique. Par exemple, en répétant l'énoncé *ce papier est blanc* obtenu à partir d'une intuition de l'état-de-chose, nous pouvons saisir une signification identique. Mais l'unité de signification obtenue n'est plus l'unité noétique-spécifique d'une multiplicité d'actes ; il s'agit exclusivement, en face des actes, de l'unité noématique du signifié en tant que tel (l'état-de-chose pensé en tant que papier-qui-est-blanc). *Exclusivement*, car là où la transposition dans l'imaginaire et la variation éidétique sont disqualifiées, il n'y a aucune unité noétique à saisir, aucune essence d'actes à détacher.

L'identité idéale des significations empiriques est noématique

Les significations des expressions occasionnelles et empiriques n'ont cependant pas perdu leur *identité idéale*: «La signification, ce qui est présumé dans l'énoncer, ce qui est nommé en tant que tel dans le nommer (...), est un quelque chose d' "idéal" et (...) d'idéalement unitaire par opposition à une quantité d'actes possibles» [2]. Il est vrai que le sens de ce genre d'expression change en fonction de la situation contingente du locuteur, de sorte qu'il n'y a plus ici d'unité idéale-spécifique. En revanche, en face d'une multiplicité d'actes, l'objet intentionnel reste identique – et cela quelles que soient les circonstances – tant qu'il est pensé de la même manière. Selon la personne qui l'emploie et le moment où elle le fait, l'expression *cette chaise* désigne une fois le meuble sur lequel je suis assis, une autre fois celui qui est exposé en vitrine ; mais tandis que changent les actes et leur référent, l'objet est toujours conçu de la même manière (en tant que *chaise*). C'est là quelque chose « d'idéalement visé » et « d'idéalement identique » [3]. L'identité idéale de la signification empirique est donc l'identité *noématique* d'un objet intentionnel.

Or, la conscience ne saisit pas l'identité noématique de signification comme son identité noétique. Elle n'opère pas une abstraction idéatrice à partir des *actes* du signifier, mais une synthèse d'identification orientée sur l'*objet* visé en tant que tel : plusieurs expressions ont la même signification

1. *VuB*, Hua XXVI, p. [214] ; trad. fr. p. 269. Nous soulignons.
2. *VuB*, Hua XXVI, Appendice XIX, p. [208] ; trad. fr. p. 262.
3. *VuB*, Hua XXVI, p. [202] ; trad. fr. p. 255.

si et seulement si le *même objet* empirique y est pensé de la *même manière*. L'identité noématique suppose donc également une reconnaissance de l'identité de l'objet *qui* est signifié, car on ne comprendrait pas qu'un objet est visé de la *même manière*, si on ne savait pas d'abord qu'il s'agit du *même objet* :

> Quand il s'agit de représentations empiriques, j'accomplis une visée d'identité, une position d'unité, et je vise précisément [dans plusieurs vécus] la même chose, et c'est là la présupposition pour l'orientation d'une signification identique [1].

> Si j'accomplis les représentations [*Napoléon, le vainqueur d'Iéna*] d'une manière telle qu'elles valent pour moi comme représentations de la même personne, alors l'intention de signification est orientée aussi en ayant un sens semblable dans un cas et dans l'autre, et le nom propre par exemple, de même le nom qui détermine de façon semblable [*le vainqueur d'Iéna*] « ont » une signification semblable, mieux, identiquement la même, ils sont employés avec une signification identique [2].

Husserl n'a pas ici l'intention de nier la différence entre la signification du nom propre, globale et directe, et la signification des descriptions définies, partielle et indirecte. Il veut simplement attirer l'attention sur le fait qu'un nom, quel que soit le contexte dans lequel il intervient, conserve une signification identique tant que les représentations empiriques sur lesquelles s'appuie la nomination restent orientées sur le *même objet*. Le nom propre *Napoléon* (ou la description *le vainqueur d'Iéna*) désigne une fois le personnage d'un tableau, une autre fois une statue, une autre fois encore il est associé au souvenir d'une conférence. L'expression désigne donc tour à tour l'objet d'une représentation picturale, l'objet d'une représentation sculpturale, et enfin l'objet d'un souvenir. La signification nominale demeure néanmoins identique dans la mesure où les représentations intuitives exprimées se rapportent toutes au même objet – la manière dont il est visé (en tant que *Napoléon* ou bien en tant que *vainqueur d'Iéna*) demeurant également identique. L'identité de l'objet visé est donc la condition préalable de l'identité de signification noématique ; il n'y a pas d'identité du signifié *en tant que tel* sans une identité du *signifié*, laquelle repose sur la réunion des différentes représentations de l'objet dans une synthèse de recognition. Husserl le montre à travers les représentations d'un objet imaginaire :

1. *VuB*, Hua XXVI, p. [208] ; trad. fr. p. 262.
2. *VuB*, Hua XXVI, p. [204] ; trad. fr. p. 257.

> Si je me représente un centaure dans la fantaisie et si je dis alors « ce centaure » ou si je lui donne un nom propre [*Centaurus*], en orientant la signification propre vers l'intuition, la question se pose alors de savoir si cette signification aussi [comme celle qui revient aux expressions se rapportant à des objets non-empiriques] est séparable de l'acte du signifier et du représenter sous-jacent et par là séparable aussi de la personne qui pense, etc. [1].

Car si la signification empirique était attachée à un vécu singulier et dépendait des circonstances dans lesquelles il est accompli, chaque vécu aurait sa propre signification. La réponse ne se fait pas attendre :

> *Dans la mesure où elles* [les représentations imaginaires d'un centaure] *s'accordent ensemble dans l'unité d'un viser imaginaire, elles représentent la même chose*, le même centaure de différents côtés ou de différents âges, et c'est vers cela que peuvent s'orienter les significations [indexicale (*ce centaure*) ou propre (*Centaurus*)], qui alors éventuellement, sur le fondement des deux représentations, sont des *significations identiques* [lorsque des représentations imaginaires différentes reçoivent le même nom (*ce centaure* ou *Centaurus*)] [2].

Une signification empirique qui s'appuie sur de multiples représentations d'un même individu est donc identique si et seulement si on a conscience de viser partout le même objet :

> Quand les significations individuelles de chose, d'une manière générale les significations empiriques (qui sont orientées vers les différents actes du représenter (du poser) empirique [perception et souvenir]) peuvent-elles être *identiques* ? Corollairement, quand les intentions de signification qui sont fondées dans différentes représentations empiriques peuvent-elles porter en soi des *significations identiques* ? *Je dois être capable alors, dira-t-on, de reconnaître l'objet représenté la seconde fois comme le même que celui que je me suis représenté la première fois* [3].

La synthèse de recognition apparaît donc comme la condition de possibilité de l'identité de la signification noématique empirique : si deux représentations

> se rencontrent ensemble dans une conscience, si par exemple un souvenir de l'une vient ensemble avec l'autre, une conscience d'unité les unit, en tant précisément que conscience du seul, du même objet. (...) *C'est de la possibilité de joindre les représentations dans la conscience de l'unité <qui>*

1. *VuB*, Hua XXVI, p. [203-204] ; trad. fr. p. 257.
2. *VuB*, Hua XXVI, p. [205] ; trad. fr. p. 258. Nous soulignons.
3. *VuB*, Hua XXVI, p. [206] ; trad. fr. p. 260. Nous soulignons.

> *rend consciente l'unité de l'objet de deux représentations* (se joignant en une représentation) *que dépend la question de savoir si nous pouvons parler* (...) *de la même signification individuelle* [*cet arbre, ce centaure*], *de la même signification propre* [*Napoléon, Centaurus*], *de la même signification attributive* de la forme « ceci, qui est a », etc. [1].

> Si nous pensons donc à une multiplicité de représentations qui sont *unies par des synthèses de reconnaissance* possibles, et à une multiplicité d'intentions de signification qui se dirigent vers elles, et qui se dirigent vers elles en s'ajustant à une teneur semblable de détermination, alors toutes ces intentions de signification ont *la même signification* [2].

L'identité de la signification empirique repose donc doublement sur l'identité de l'objet qui est visé et sur l'identité de la manière dont il est visé. C'est à cette double condition (viser le même objet, et le viser de la même manière) qu'un nom désignant une réalité empirique singulière conserve la même signification.

Un nouveau coup porté au concept noétique de signification

L'abandon de l'identité idéale noétique au profit de l'identité idéale noématique, la substitution de l'unité intentionnelle de l'objet visé à l'unité spécifique des actes, témoigne de la marginalisation de plus en plus grande du concept noétique de signification. En tant qu'objet *intentionnel*, la signification reste néanmoins liée à la manière dont les *actes* visent leur objet :

> Si l'exprimer (…) s'oriente nécessairement vers les actes qui font l'expérience, et si *l'identité de la signification veut dire alors qu'un groupe d'actes est rassemblé* [dans une synthèse de recognition autour du même objet intentionnel] (...), *alors les significations empiriques ne sont pas séparables des actes ni donc non plus des personnes* [3].

En d'autres termes, elles ne sont pas indépendantes des circonstances qui entourent l'acte d'expression. Il suffit de modifier ces circonstances pour que se produisent des changements corrélatifs de signification, pour que le signifié en tant que tel ne soit plus exactement le même. C'est pourquoi on ne peut comprendre le sens des expressions empiriques si on ignore qui parle, à quel moment, et à quel endroit. Et si la signification empirique est *inséparable* des actes d'expérience réunis dans une synthèse de recognition ainsi que des consciences qui les vivent, alors elle n'est pas

1. *VuB*, Hua XXVI, p. [204] ; trad. fr. p. 258. Nous soulignons.
2. *VuB*, Hua XXVI, p. [207] ; trad. fr. p. 260. Nous soulignons.
3. *VuB*, Hua XXVI, p. [211] ; trad. fr. p. 266. Nous soulignons.

un objet général (une espèce) susceptible d'être *détaché* de ses individuations, mais quelque chose de *singulier*, *un* objet intentionnel attaché à certains actes d'expression accomplis dans des conditions déterminées. Ce n'est pas une essence immuable identique dans des actes de même espèce, mais quelque chose qui doit varier en fonction des circonstances.

Pour autant, on aurait tort d'en conclure qu'il doit y avoir autant de significations empiriques que d'actes du signifier : « Bien entendu, la signification ne dépend pas de l'acte singulier » [1]. La signification noématique est en effet la même pour tous les actes positionnels réunis dans une conscience d'identité. Je peux répéter autant de fois que je veux : *cette table,* le nom conserve la même signification tant que l'objet visé est *le même* et qu'il est saisi de la même manière (en tant que *cette-table*). En revanche, la signification empirique est différente chaque fois que les actes visent un objet différent ou que la synthèse de recognition n'est pas accomplie.

La signification empirique n'est pas non plus liée à une conscience unique : elle « n'appartient pas (…) à la personne singulière » [2], comme si elle ne valait que pour elle et devait prendre pour les autres personnes un tout autre visage. Il est vrai que, sur la base des vécus d'expérience, chaque conscience accomplit ses propres vécus du signifier. Je vois devant moi un oiseau qui s'envole à l'instant et je dis : *cet oiseau s'envole.* Les expressions empiriques expriment bien *mes* vécus singuliers (ce que *je vois* ici et maintenant) avec leurs corrélats intentionnels ponctuels (un oiseau tel qu'il est perçu par moi *hic et nunc*). Cela ne signifie cependant pas que la signification noématique est propre à chaque conscience, comme si personne d'autre ne pouvait viser la même chose de la même manière ou comprendre les paroles d'autrui.

Mais comment une compréhension mutuelle est-elle donc possible à partir d'expériences privées ? Comment des significations exprimant l'expérience contingente d'un locuteur dans un contexte déterminé peuvent-elles être accessibles aux autres consciences ? Tout simplement parce que les hommes vivent ensemble dans le même monde où ils puisent « un champ commun de significations empiriques » [3] :

> *Des personnes différentes peuvent se comprendre sur quelque chose d'empirique.* Cela veut dire : la personne A accompli un représenter et un signifier empiriques [A aperçoit devant lui un oiseau et déclare : *cet oiseau là-bas s'envole*]. La personne B insère son représenter pareil, et dirige vers

1. *VuB*, Hua XXVI, p. [212] ; trad. fr. p. 267.
2. *VuB*, Hua XXVI, p. [213] ; trad. fr. p. 268.
3. *VuB*, Hua XXVI, p. [213-214] ; trad. fr. p. 268-269.

> le même ou essentiellement le même [représenter] son signifier [B aperçoit devant lui le même oiseau et déclare : *cet oiseau là-bas s'envole*] (…). *Nous avons ainsi, des mêmes objets, les mêmes « groupes » de possibilités de perception, qui peuvent être liées les uns aux autres dans la conscience d'unité, dans lesquels nous nous mouvons tous en identifiant* ; nous faisons ensuite de nouvelles expériences, chacun les siennes, mais de telle façon que nous pouvons en général, en les comprenant mutuellement, en « prendre livraison », nous les approprier, *en accomplissant en général les mêmes identifications que les autres*, etc. Nous nous trouvons tous ainsi en face d'un champ commun, *d'un champ commun de significations empiriques*, de significations-de-ceci, et puis ensuite de significations de déterminations, de prédications, etc. [1].

L'objet empirique qui confère à l'expression sa signification *noématique* (le ceci-là appréhendé en tant qu'*oiseau-qui-s'envole*, en tant qu'*arbre-qui-verdit*) n'est pas seulement l'objet de *mon* expérience actuelle ; il est également *pour d'autres consciences* un objet d'expérience possible à l'intérieur du monde commun. Même si chaque conscience vit ses propres expériences et accomplit ses propres synthèses d'identification, l'objet n'en demeure pas moins le corrélat d'un *même groupe de possibilités de perception* pour toute conscience : chacun peut voir la même chose de près ou de loin, en faire le tour, etc. ; chacun peut également réunir ces diverses apparitions dans une conscience d'identité. C'est ainsi, à partir des objets empiriques du monde commun, que se constitue « un champ commun de significations empiriques » [2] (*ceci, cet oiseau qui s'envole, cet arbre qui verdit...*). Ces significations noématiques singulières (portant sur un objet *individuel*) mais supra-individuelles (l'objet empirique est pour *toute* conscience un objet d'expérience possible et un substrat d'un même mode d'appréhension conceptuelle) sont la condition de possibilité de la compréhension intersubjective.

Qu'en est-il toutefois de l'interlocuteur qui n'a aucune expérience directe de la chose désignée ? Maintenant que la synthèse d'identification à partir « des mêmes "groupes" de possibilités de perception » fait défaut, comment peut-il comprendre une expression rapportant un fait empirique dont il n'a pas été témoin ? Il faut attendre *FTL* et le concept d'*horizon* pour obtenir une réponse. Ce concept apparaît d'abord au § 27 des *Ideen* lorsque Husserl comprend la nécessité d'étendre l'intentionnalité au-delà de l'actualité. Chaque vécu accompli dans un présent vivant implique en effet une multiplicité de potentialités. La perception de la façade de la maison

1. *VuB*, Hua XXVI, p. [213-214] ; trad. fr. p. 268-269. Nous soulignons.
2. *Ibid.*

dont je suis en train de faire le tour s'accompagne d'un cortège de perceptions inactuelles : les perceptions précédentes sur lesquelles la conscience pourrait revenir, ainsi que les perceptions des faces encore inexplorées qu'elle pourrait accomplir. Chaque « je suis en train de percevoir » est entouré d'un « j'ai déjà perçu » que l'on pourrait réactualiser et d'un « je pourrais percevoir » en attente d'actualisation. L'*horizon* est cet excès du champ de conscience au-delà de ce qui est actuellement présent. Il comprend plusieurs strates. La première correspond à « l'ensemble des objets co-présents à l'intuition [objets auxquels je ne prête pas maintenant attention] (...) et cernant constamment le champ actuel de la perception »[1]. La deuxième strate correspond à « l'horizon obscurément conscient de réalité indéterminée »[2] qui traverse et entoure ce qui est actuellement perçu et ce qui est co-présent. Il s'agit d'un « environnement indéterminé (...), qui s'étend (...) à l'infini »[3], au-delà de ce qui est actuellement (co)présent. C'est là, dans l'horizon infini du champ de l'expérience possible, que les expressions occasionnelles et empiriques puisent leur signification. Ce champ – il faut le souligner pour rendre compte de la supra-individualité des significations empiriques et de leur compréhension intersubjective – s'inscrit dans un *monde commun* :

> L'ego et l'alter ego constituent *un seul et même monde* parce que les apparitions de celui-ci relèvent bien du même ensemble d'apparitions possibles que celles dont dispose le premier – et il faut qu'il en soit ainsi pour qu'ils puissent faire (au moins en droit) la même expérience. (...) Ainsi, c'est bien dans la mesure où l'expérience de ce *Leib* implique celle de l'environnement dont autrui fait lui-même l'expérience que le monde ne m'est pas seulement donné tel qu'il est pour moi, mais aussi *tel qu'il est pour autrui*[4].

Ce dont un sujet fait actuellement l'expérience, un autre sujet peut (ou a pu) en faire également l'expérience dans la mesure où l'ego et l'alter ego (co)habitent dans le même environnement. Dès lors, l'identité supra-individuelle des significations empiriques est une *identité d'horizon* :

> Toute la vie quotidienne de l'individu et de la communauté se rapporte à des *types de situations similaires* [l'envol de l'oiseau, le verdoiement de l'arbre], de sorte que tout homme qui entre dans telle situation a *eo ipso*, en

1. *Ideen I*, Hua III/I, p. [57] ; trad. fr. p. 89. Voir l'analyse de la perception du bureau, p. [57] ; trad. fr. p. 88.

2. *Ibid.*

3. *Ibid.*

4. A. Schnell, *Husserl et les fondements de la phénoménologie constructive*, Grenoble, Millon, 2007, p. 263. Nous soulignons.

> tant qu'homme normal, les *horizons de situation* qui appartiennent à cette situation et qui sont *communs aux situations du même type*. (…) L'intentionnalité d'horizon (…) *est ce qui détermine essentiellement le sens des jugements occasionnels*, toujours et bien au-delà de tout ce qui à chaque fois est dit et peut être dit expressément et de façon déterminée dans les mots mêmes [1].

Une signification empirique n'est donc pas seulement orientée sur l'événement singulier dont je fais l'expérience et dont d'autres consciences pourraient être spectatrices. L'objet empirique donné *hic et nunc*, l'événement particulier dont je suis témoin (le vol de cet oiseau, le verdoiement de tel arbre) partagent avec toutes les *autres situations de même type* certaines qualités communes. Le vécu d'expérience et son expression ont donc comme *horizon* intentionnel une *situation typique* (être-devant-un-arbre-verdoyant, voir-un-oiseau-s'envoler) qui est pour toute conscience l'objet d'une expérience possible. C'est pourquoi, à partir d'un type de situation familier, chacun peut comprendre les paroles d'autrui (*cet oiseau s'envole*, *cet arbre verdit*) : il suffit qu'il ait déjà fait ou qu'il puisse faire dans le monde commun le même *type* d'expérience. En tant que situations typiques à l'horizon d'une multiplicité d'actes, les significations empiriques sont donc des *unités intentionnelles idéales*. Il est clair qu'il n'est plus ici question de l'identité *noétique* d'une espèce d'actes, mais de l'identité *noématique* de l'objet visé en tant que tel.

Toutes les corrections que l'analyse des expressions empiriques impose à la théorie phénoménologique de la signification ne manquent pas d'éveiller des soupçons quant à la validité de la théorie de l'idéal-spécifique. Le concept noétique de signification qui vient d'être exclu des significations empiriques, s'applique-t-il encore aux significations se rapportant à des objets idéaux ? Ces significations sont-elles des *objets généraux* au même titre que les espèces naturelles ? L'Appendice XIX tâche de répondre.

1. *Cf.* E. Husserl, Hua XVII, *Formale und Transzendentale Logik, Versuch einer Kritik der logischen Vernunft,* hg. v. P. Jansen, La Haye, M. Nijhoff, 1974, p. [207] ; trad. fr. S. Bachelard, *Logique formelle et logique transcendantale*, Paris, P.U.F., 1957, p. 269. Nous soulignons.

Le problème du statut ontologique de la signification noématique

L'identité de la signification noématique (objectité catégoriale) n'est pas l'identité d'une objectité générale

Considérons à nouveau l'*identité idéale* qui caractérise la signification. Quand on dit que « de nombreux actes (…), peuvent porter le même jugement, énoncer le même énoncé, par exemple 2>3 [1] » [2], cela signifie que la même situation de chose est pensée de la même manière, en tant que relation de supériorité entre 2 et 3. L'identité est donc celle du *jugé en tant que tel*. C'est l'identité *noématique* d'un objet intentionnel. Peut-on, dès lors, envisager la signification noématique comme quelque chose de *général* dont les corrélats noématiques des actes ponctuels seraient les cas particuliers ? Je formule et répète plusieurs fois l'énoncé *2 <3*, quelqu'un d'autre le reprend à son tour : la signification est-elle ce que les corrélats de tous ces actes ont en commun ?

> De même que le singulier de l'essence rouge est un rouge effectif, de même *le singulier de l'essence signification est un visé* effectif, un « jugement » effectif, un actuellement nommé [ou jugé] en tant que tel. *La signification serait alors en fait une espèce, un objet général. Mais le singulier de ce général* [les cas particuliers dans lesquels il s'individualise], *ce ne sont pas des actes, mais des viséités d'acte* [des objets intentionnels], qui, de leur côté, sont inséparables d'actes effectifs, et, en cela [s'agissant des significations empiriques], non modifiés [positionnels] [3].

Il est vrai que la signification *noématique* est *identique* pour une multiplicité d'actes. Quand on répète *cet arbre verdoyant*, le nommé en tant que tel est le *même* tant que l'objet est pensé en tant qu'arbre-verdoyant. Quand plusieurs personnes déclarent *Napoléon est le vainqueur d'Iéna*, le jugé en tant que tel est le *même* tant que l'objet est déterminé comme vainqueur d'Iéna. Or, cette multiplicité d'actes s'accompagne d'une multiplicité de noèmes ponctuels : la nomination s'accompagne chaque fois d'un nommé en tant que tel, le jugement d'un jugé en tant que tel. Chaque intention de signification a son signifié en tant que tel. Dès lors, pourquoi la signification noématique ne serait-elle pas l'unité spécifique d'une multiplicité de corrélats noématiques (le corrélat de l'intention de A

1. L'énoncé faux souligne que l'important, ici, est l'objet *tel qu'*il est pensé.
2. *VuB*, Hua XXVI, p. [215] ; trad. fr. p. 271.
3. *VuB*, Hua XXVI, p. [216] ; trad. fr. p. 271. Nous soulignons.

qui dit *le vainqueur d'Iéna,* le corrélat de l'intention de B qui répète le même nom, etc.) ?

Husserl écarte immédiatement cette hypothèse : « Une signification déterminée, un "jugement" déterminé ne se différencie pas avec les actes, il n'est pas une différence inférieure [une espèce] du genre jugement, *mais même pas un genre ou une espèce* » [1]. Si chaque signification *noématique* était un objet général dont les individuations seraient les corrélats noématiques respectifs des actes ponctuels de même signification, alors chaque vécu aurait *sa propre* signification, *son propr*e signifié en tant que tel, comme chaque objet rouge a en lui *son* moment couleur. Il y aurait donc une *multiplicité* de signifiés, *analogues* mais néanmoins *distincts*, que l'on pourrait ranger sous la même espèce. Or, chaque signification noématique est, au contraire, *strictement la même* pour plusieurs actes. Le signifié en tant que tel ne se multiplie pas chaque fois que l'acte est répété ; il est partout numériquement *identique*. L'un dit : *le vainqueur d'Iéna* ; un autre répète à son tour : *le vainqueur d'Iéna* ; il n'y a pas *deux* noèmes qui se ressembleraient, mais un seul et unique noème : Napoléon conçu *en tant que vainqueur-d'Iéna*, un point c'est tout Cet objet intentionnel est quelque chose de singulier qui n'a aucune extension logique : « le jugement logique déterminé ["la" signification *cet arbre est vert,* "la" signification *Napoléon est le vainqueur d'Iéna*, etc.], le nom déterminé ["la" signification *le vainqueur d'Iéna*, "la" signification *le vaincu de Waterloo*, etc.] n'est pas quelque chose de général au sens d'un genre » [2] ou d'une espèce.

Cependant, au moment où la signification retrouve un semblant d'unité conceptuelle après l'éviction du concept noétique, une différence entre les significations empiriques et idéales ne réapparaît-elle pas sous une autre forme, à l'intérieur de la signification noématique ?

Une scission dans la sphère noématique entre les significations empiriques et idéales

Si les significations se rapportant à des objectités idéales (nombres, espèces de couleur...) ne sont pas des objets généraux, en quoi se distinguent-elles donc des significations empiriques portant sur des réalités singulières ? Une objectité idéale (le nombre 2, la couleur rouge) est une espèce embrassant une multiplicité de cas particuliers, mais elle constitue le référent de l'expression (l'objet qui est signifié), pas sa signification qui se trouve plutôt dans le signifié *en tant que tel* (le nombre 2 conçu en tant

1. *VuB*, Hua XXVI, p. [216] ; trad. fr. p. 271. Nous soulignons.
2. *VuB*, Hua XXVI, Appendice XIX, p. [216] ; trad. fr. p. 271.

que somme – 1 + 1 –, différence – 3 - 1 –, racine carrée de 4...), lequel est *un* objet intentionnel. En répétant 1 + 1, la signification noématique ne s'est pas dispersée dans une multiplicité d'actes et de noèmes, elle est et reste unique : elle est *la* détermination de 2 *en tant que* somme de deux unités. En ce sens, il est permis de parler de *la* signification par opposition aux multiples actes de la conscience, à condition de prendre cette unité comme celle d'*un* objet intentionnel, et non comme celle d'un objet général (espèce).

À ce titre, une signification empirique est également l'identique d'une multiplicité d'actes: « Prenons le jugement *Göttingen se trouve sur la Leine*. Nous distinguons ici aussi l'énoncer actuel, le phénomène actuel de son de mot, le juger actuel. D'autre part, *le* son de mot, *l'*énoncé, *le* jugement [au singulier] » [1], c'est-à-dire des unités idéales *identiques* (grammaticales – *le* son –, sémantiques – *l'*énoncé – ou logiques – *le* jugement –). Au premier abord, il n'y a donc pas de différence entre les significations empiriques et idéales. Quand je répète un énoncé (*2 = 1+1 ...* ; *Göttingen se trouve sur la Leine*...) le jugé en tant que tel demeure identique :

> D'innombrables énoncés de fait, jugements de fait (actuels) pourraient bien se relier à ce même état-de-choses [Göttingen est sur la Leine] dans exactement le même sens [tant que la même ville est déterminée de la même manière], pourraient énoncer: « Göttingen est sur la Leine ». Et je peux bien parler ici aussi [au singulier] « du » jugement « Göttingen est sur la Leine » [2].

Certes, mais l'objet *qui* est signifié (l'état-de-chose empirique auquel se rapporte l'expression) a-t-il la généralité d'une essence ? Quand on parle « du » jugement *Göttingen est sur la Leine* (au singulier), « la question se pose de savoir quelle sorte de généralité c'est là, si c'est la généralité d'une idée pure » [3] comme les objectités idéales que visent des jugements tels que *2 < 3*, *le triangle a trois côtés*. Puisque le caractère empirique et singulier de l'objet visé (*la* ville de Göttingen) et de l'environnement auquel elle appartient (*le* monde dans lequel vivent les hommes) est manifestement incompatible avec l'extension d'une essence, la réponse ne se fait pas attendre :

> Les « innombrables » représentations et nominations possibles de Göttingen sont telles qu'elles proviennent toutes *d'hommes, appartenant à*

1. *VuB*, Hua XXVI, p. [216] ; trad. fr. p. 271. Nous soulignons.
2. *VuB*, Hua XXVI, p. [216] ; trad. fr. p. 272.
3. *Ibid.*

> *un seul et même monde*, ou bien elles sont toutes des représentations telles et des nominations telles qu'elles *appartiennent à l'unité d'une constitution possible de cette terre déterminée, avec ce Göttingen déterminé* [1].

Dans ces conditions, l'objet *qui* est signifié (*cette* ville empirique singulière) ne peut absolument pas être une généralité. Par conséquent, l'objet signifié *en tant que tel*, qui n'a pas abandonné son caractère empirique (cette même ville conçue comme *Göttingen-située-sur-la-Leine*), ne l'est pas non plus. La différence entre les expressions idéales et empiriques apparaît dès lors en toute clarté. Les premières visent un objet général au moyen d'une signification noématique qui n'est pas elle-même une généralité, car l'objet intentionnel (le signifié en tant que tel) n'a pas sous lui une multiplicité d'individus. Les secondes visent un objet réal singulier existant *hic et nunc* dans un monde déterminé ; elles ne sont générales ni du point de vue de la signification noématique, ni du point de vue du référent. L'*identité* de la signification noématique empirique est celle d'une « objectivité empirique déterminée » [2] spatio-temporellement localisée (la-ville-de-Göttingen-près-de-la-Leine-en-Allemagne-sur-la-terre-des-hommes). Faire abstraction des réalités empiriques, c'est oblitérer « un moment de signification essentiel » [3], car il appartient à la signification empirique de se diriger sur une chose singulière et de la saisir avec certaines déterminations. Et si les hommes, à partir de leurs vécus de représentation et d'expression et en dépit de la singularité des significations empiriques, peuvent néanmoins se comprendre, c'est – répétons-le – parce qu'ils font l'expérience des mêmes choses à l'intérieur d'un même monde, et que ces choses s'inscrivent dans des situations empiriques typiques :

> Des hommes effectifs et possibles portent le même jugement « Göttingen se trouve sur la Leine », dans la mesure où ils portent des jugements de la même essence [dirigés sur le même objet empirique :] de telle sorte que par là ils se comportent dans leur représenter et leur juger de fait de telle façon que la relation à cette objectivité empirique [la ville qui est au bord de la Leine] est établie effectivement pour eux tous [4].

Et une fois que la relation au même objet empirique est établie, l'énoncé *Göttingen se trouve sur la Leine* reçoit la même signification pour tous les interlocuteurs possibles. On peut donc parler de la *même* signification nominale (*Göttingen sur la Leine*) ou du *même* jugement (« la »

1. *VuB*, Hua XXVI, p. [216] ; trad. fr. p. 272. Nous soulignons.
2. *VuB*, Hua XXVI, p. [216-217] ; trad. fr. p. 272.
3. *Ibid.*
4. *Ibid.*

proposition *Göttingen est sur la Leine*), à condition de ne pas interpréter cette identité comme celle d'une espèce dont les actes répétés ou leurs corrélats noématiques ponctuels seraient les cas particuliers, mais tout simplement comme l'unité de la chose singulière visée – prise telle qu'elle est visée – et du monde tout aussi singulier dont elle fait partie. En définitive, les significations empiriques puisent leur identité dans le monde commun qui est à l'horizon de toute parole humaine [1], dans « cette terre déterminée » [2] où sont rassemblées les choses dont nous parlons. La « mondanéité constitutive de la signification » [3] empirique la distingue radicalement de la signification idéale.

Cependant, si les significations noématiques empiriques sont orientées sur un objet réal singulier, pourquoi Husserl continue-t-il de leur attribuer une *idéalité* ? Les significations « peuvent être *un quelque chose d'identique* à des nombreux actes positionnels, elles ont *un quelque chose d'idéal*, dans la mesure où elles ne sont pas des morceaux réels de tels actes, donc ne vont ni ne viennent avec eux, puisqu'en effet des actes sans cesse nouveaux peuvent contenir identiquement la même signification » [4]. La signification est *idéale* par opposition à la *réalité* et à la temporalité des vécus. Si elle était une composante des actes passagers, nous ne retrouverions pas la *même* signification « dans » des actes toujours nouveaux. Mais quelle est donc l'*idéalité* qui revient aux significations empiriques maintenant que l'idéalité de l'objet général a été écartée ? « Dans la sphère empirique, nous avons certes aussi des significations en tant qu'idées, et (...) cependant ces idées ne sont pas des idées pures [des *eidos*, des espèces], mais portent des empreintes empiriques ineffaçables » [5]. Dès lors, l'identité idéale de la signification empirique pourrait bien être celle d'une *idée* régulatrice au sens kantien :

> De quelle idéalité peut-il s'agir dès lors, si ce n'est (tout de même) de celle de la normalité, de la signification comme norme [règle d'usage] en dernier ressort, au moins sur le terrain de l'usage empirique de la signification (…) ? Les significations sont ici *Ideen* au sens kantien, horizon infini d'un processus de détermination empirique susceptible de révision [ceci n'est pas un homme mais un mannequin], et non plus *eidos* au sens d'un

1. « Les "innombrables" représentations et nominations possibles de Göttingen sont telles *qu'elles proviennent toutes d'hommes, appartenant à un seul et même monde* », *VuB*, Hua XXVI, p. [216-217] ; trad. fr. p. 272. Nous soulignons.

2. *Ibid.*

3. J. Benoist, « L'identité d'un sens », dans *Liminaires phénoménologiques, op. cit.*, p. 267.

4. *VuB*, Hua XXVI, Appendice XIX, p. [217] ; note 1, trad. fr. p. 273. Nous soulignons.

5. *Ibid.* ; trad. fr. p. 272-273.

> platonisme (...). La signification est marquée par une continuelle recherche, un continuel réglage de la signification [sur l'objet d'expérience], et on ne peut plus séparer sa plus ou moins grande « détermination » de la façon dont elle fonctionne pour ainsi dire comme norme anticipée par rapport à elle-même, norme régissant la pluralité de ses actes et que pourtant chaque acte réinfléchit dans son contexte [1].

L'objet d'expérience sur lequel s'oriente le discours pourrait être un modèle dont les expressions empiriques essaient de se rapprocher (ceci est-il *un homme* ou *un mannequin* ?), une norme par rapport à laquelle la parole serait sans cesse évaluée et corrigée. À partir des nouvelles données de l'expérience, j'infléchis mon discours : *ceci n'est pas un homme mais un mannequin.* Ce que j'avais pensé en tant qu'*homme* est maintenant saisi en tant que *mannequin*. Toutefois, le recours à l'idéal-normatif n'est peut-être pas nécessaire pour rendre compte de l'idéalité de la signification noématique empirique. Cette signification est en effet un objet intentionnel : Göttingen pensée en tant que *ville-sur-la-Leine*, la silhouette qui se découpe dans le ciel conçue comme *cet-oiseau-qui-s'envole-là-bas*. En tant qu'objet intentionnel, la signification est *idéale* par opposition à la *réalité* de l'objet qui est visé. Car l'objet intentionnel – ne l'oublions-pas – n'a pas les propriétés réales de la chose : le noème perceptif d'arbre (l'arbre perçu en tant que tel) ne brûle pas, le noème significationnel de Göttingen (Göttingen signifiée en tant que ville-sur-la-Leine) n'est pas inondable ! Si l'objet intentionnel n'est pas un acte de conscience immanent, il n'est pas non plus une chose transcendante, une réalité physique. En tant que corrélat intentionnel d'une multiplicité d'actes positionnels, la signification noématique empirique est donc également *idéelle* par opposition au caractère *réel* des vécus.

Au terme des subtiles analyses de l'Appendice XIX, on comprend enfin en quoi les significations noématiques empiriques et idéales se distinguent l'une de l'autre. Tandis que les objets sur lesquels portent les significations idéales, en tant que pures essences (genres, espèces), sont indifférents à l'existence effective, les significations empiriques portent sur des réalités singulières que seuls des actes positionnels sont susceptibles de donner. C'est pourquoi elles « portent des empreintes empiriques ineffaçables » [2]. Elles visent l'objet tel qu'il a été donné dans l'expérience sensible avec les déterminations qui s'en détachent au cours de la contemplation. Parce qu'elles portent sur une réalité temporelle, leur validité est également

1. J. Benoist, « L'identité d'un sens », dans *Liminaires phénoménologiques, op. cit.*, p. 268.

2. *VuB*, Hua XXVI, Appendice XIX, p. [217] ; trad. fr. p. 273.

limitée dans le temps. Elles sont certes indépendantes de l'intermittence de l'activité psychique [1], mais elles restent néanmoins tributaires de la durée de l'objet visé. À peine ai-je déclaré *cet oiseau s'envole là-bas*, qu'il a déjà disparu. Un changement grammatical pourrait prolonger la validité de l'expression empirique (*cet oiseau s'est envolé*), mais celle-ci resterait néanmoins circonscrite dans certaines limites spatio-temporelles : *à tel moment, à tel endroit* cet S a été p. A la validité supra-temporelle des significations idéales s'oppose donc la validité temporelle des significations empiriques : lorsque l'on parle d'« unités de signification *idéales* », lorsque l'on évoque « l'*idéalité* de l'unité de signification » [2],

> tout ceci est exprimé de façon assez générale. Mais il faut ensuite scinder le problème : 1) l'idéalité de la proposition mathématique, de celle qui est purement logique, de celle qui est géométrique, de celle qui est purement conceptuelle. Donc les classes correspondantes de jugements et leurs contenus idéaux. 2) La suprasubjectivité de la proposition empirique, de celle qui est occasionnelle, qui a *une validation temporaire*. L'oiseau vole : donc, précisément, *aussi longtemps* qu'il vole. Le papier est blanc : donc *aussi longtemps* qu'il n'est pas colorié, ni brûlé, etc. (…). Les significations de jugements occasionnels ! Par opposition aux significations de jugements non occasionnels [3].

L'empiricité des significations empiriques se traduit également par une certaine *indétermination* [4]. Il est vrai qu'elles s'orientent sur *un* objet *singulier* dont elles dévoilent certains caractères (cet oiseau *qui s'envole là-bas*, la ville *au bord de la Leine qui porte le nom de Göttingen*). En ce sens, il s'agit bien d'un objet déterminé, c'est-à-dire individualisé par sa situation spatio-temporelle. Mais il ne se dévoile pas intégralement au cours d'une seule expérience ; il se détermine progressivement au fil des expériences concordantes.

> D'avance, toute expérience actuelle, en ce qui concerne la chose qui entre dans l'expérience, laisse toujours à nouveau des déterminations ouvertes, laisse indéterminée la façon dont, plus précisément, la chose est des côtés qui n'entrent pas directement dans l'expérience, du côté de son envers, la façon dont elle se transformera, etc. L'expérience « donne », et pourtant elle laisse à nouveau ouvert [5].

1. « (…) des actes sans cesse nouveaux peuvent contenir identiquement la même signification », *ibid.*, note 1.
2. *ELE*, Hua XXIV, p. [143] ; trad. fr. p. 189. Nous soulignons.
3. *Ibid.*, note 1. Nous soulignons.
4. Cf. *VuB*, Hua XXVI, Appendice XIX, p. [207] ; trad. fr. p. 260-261.
5. *VuB*, Hua XXVI, Appendice XIX, p. [207] ; trad. fr. p. 260-261.

> L'objet empirique est objet par apparition actuelle, il est quelque chose de posé dans l'intuition empirique avec une certaine teneur intuitive de détermination, mais aussi quelque chose de posé avec *une teneur de détermination indéterminée* [1].

Parce que l'objet auquel elles se rapportent se détermine progressivement au fil des expériences, les significations empiriques restent dans une certaine mesure indéterminées. *Ceci*, mais quoi précisément ? *Ici*, à quel endroit exactement ? *Cet oiseau qui s'envole*, lequel ? *Au bord de la Leine*, quelle ville précisément ? La signification empirique ne cesse de s'enrichir au fur et à mesure que l'objet reçoit de nouvelles déterminations dans le prolongement de l'expérience : *ceci* = cet oiseau qui s'est envolé, qui s'est posé sur une branche, et qui s'est enfin mis à chanter comme le font les rossignols. L'indétermination introduit à nouveau une fracture entre les significations empiriques et idéales. Les premières ont affaire à une réalité singulière dont la détermination pleine et entière n'est jamais achevée (l'oiseau qui s'envole et qui se pose sur une branche et qui chante, et qui s'envole à nouveau, etc.). Les autres se rapportent à une objectité générale dont la détermination est objectivement moins riche, mais subjectivement plus rapide à accomplir. En disant : *un triangle est limité par trois droites*, *2 = 1 + 1*, *le rouge est une espèce de couleur*, l'objectité visée est aussitôt identifiée, délimitée et déterminée.

Après cette longue analyse des développements de la théorie phénoménologique de la signification, force est de constater que l'exploration du versant objectif de la relation intentionnelle instaurée par le signifier constitue un indéniable progrès. Husserl a compris qu'au lieu de se cantonner dans l'analyse des actes, il fallait également s'intéresser à l'objet *tel qu'il est visé*. Les investigations du côté des objets intentionnels a permis la découverte d'un nouveau concept, noématique, de signification : l'objectité catégoriale, l'objet tel qu'il est pensé. À ce titre, la signification est un certain type d'*objet intentionnel*.

Malgré ce précieux enrichissement, la théorie phénoménologique a rencontré de nouvelles difficultés. Il a fallu d'abord dissocier, sur le terrain des expressions empiriques, ce que la théorie intentionnelle avait réuni et confondu, l'objet général et la signification, et préciser que l'identité de la signification empirique n'est rien d'autre que l'identité (noématique) d'un objet intentionnel : celle de la chose visée telle qu'elle se constitue au cours de l'expérience dans une synthèse de recognition. À partir de là, les soupçons qui pesaient sur le concept noétique et la théorie de l'idéal-

1. *VuB*, Hua XXVI, p. [210] ; trad. fr. p. 264-265. Nous soulignons.

spécifique se sont vite propagés à *toutes* les significations. Les significations idéales, pas plus que les significations empiriques, ne sont plus considérées comme des objets généraux. Leur référent est certes un genre (le nombre, la couleur) ou une espèce (le nombre 2, la couleur rouge) sous lesquels tombe une multiplicité de cas, mais la signification elle-même n'a aucune généralité. Les actes singuliers ainsi que leurs corrélats noématiques ponctuels ne sont pas les individuations d'une prétendue signification générale. Chaque signification est *un* objet intentionnel (un signifié en tant que tel) en face de la multiplicité des actes qui pensent la même chose de la même manière.

Cependant, à l'intérieur du concept noématique, une fracture demeure entre les significations empiriques et pures. Les premières sont nécessairement marquées par la singularité et l'indétermination de leur objet. Chaque fois que l'objet d'expérience change, la signification empirique change également : *ceci* = ce livre qui est devant moi, puis cet oiseau, etc. Chaque fois que de nouvelles déterminations objectives apparaissent, la signification empirique s'enrichit : *ceci = cet oiseau qui s'envole là-bas, qui se perche sur une branche, qui se met à chanter comme font les rossignols mâles*... Les significations idéales, ancrées sur des objectités idéales et des déterminations fixes, ignorent ces fluctuations et cette indétermination. En définitive, le monde des significations est-il donc partagé en deux régions irréductiblement étrangères l'une à l'autre, comme en témoignerait l'opposition entre le langage ordinaire, vague et fluctuant, et la rigueur du discours logico-scientifique ? Ou bien cette distinction ne tendrait-elle pas à s'effacer, après le rejet définitif du concept noétique de signification, au sein d'une théorie transcendantale-constitutive qui envisage unitairement toutes les significations comme des formations issues de l'activité catégoriale ?

QUATRIÈME PARTIE

LA THÉORIE DE LA SIGNIFICATION À LA LUMIÈRE DE LA PHÉNOMÉNOLOGIE TRANSCENDANTALE-CONSTITUTIVE

CHAPITRE PREMIER

LE REJET DU CONCEPT DE SIGNIFICATION NOÉTIQUE ET LA CONSÉCRATION DU CONCEPT NOÉMATIQUE

LES CARACTÈRES DE L'OBJECTITÉ GÉNÉRALE

Premier caractère : l'articulation à l'individuel

Les ultimes réformes apportées par l'analyse transcendantale-constitutive[1] à la théorie phénoménologique de la signification se traduisent d'abord par le rejet définitif du concept noétique. Rappelons les données du problème. Quand nous disons que plusieurs expressions *signifient la même chose*, nous opposons l'*unité* idéale de la signification à la *multiplicité* réelle des vécus. Cette unité a d'abord été envisagée comme celle d'un objet général (genre ou espèce) se réalisant dans les actes du signifier :

1. Cf. *FTL*, Hua XVII. *Cf.* E. Husserl, *Erfahrung und Urteil. Untersuchungen zur Genealogie der Logik (1938)*, hrgs L. Landgrebe, 7. Auflage, Hamburg, Meiner Verlag, 1999, Ph.B. n° 280 ; trad. fr. D. Souche, *Expérience et jugement*, Paris, P.U.F., 1970.

> Etant donné notamment que plusieurs actes déclaratifs, de quelques sujets que ce soient, peuvent énoncer une seule et même proposition qu'ils ont comme sens un et identique, *la tentation est grande de penser que la proposition appartient aux actes multiples dont elle est le sens au titre de généralité générique*, comme par exemple à plusieurs choses appartient l'essence générique : rougeur. De même que toutes ces choses ont en commun le rouge, et que le rouge saisi par une abstraction d'idéation est une essence générale, ainsi *la proposition idéalement identique qui est effectivement commune à plusieurs actes serait une essence générale*, et cela voudrait dire : une essence générique [1].

Saisir une signification consisterait donc à détacher des actes un moment identique du signifier, à la manière des espèces naturelles abstraites des objets de l'expérience sensible. La théorie de l'idéal-spécifique oublie cependant que les significations ne partagent pas exactement les mêmes caractères que les objets généraux. Considérons cela de plus près. L'unité *spécifique* présente deux caractéristiques : elle est articulée à une multiplicité de cas particuliers qui définissent son *extension* ; elle est *idéale* par opposition à ses réalisations empiriques individuelles. Considérons d'abord le premier caractère. Une espèce se présente à la conscience comme un prédicat *commun* à plusieurs sujets : ceci est *rouge*, cela est *rouge* également. Quelle est donc cette *unité* de l'espèce *p*, distincte de l'unité individuelle *S* ? L'unité spécifique n'est pas une entité désincarnée planant au-dessus des individus : « Toute espèce d'irréalité (...) a des modes de participation possible à la réalité » [2]. L'espèce se réalise dans des individus ; le rouge est étalé *sur* des choses :

> L'un qui se constitue ainsi [comme prédicat commun à plusieurs sujets] est thématisé comme quelque chose qui est *inhérent aux objets individuels*, et pourtant n'en est pas une partie ; car les objets comparés peuvent bien être complètement séparés [3].
>
> Le général apparaît (…) comme (…) étant *attaché* [à des individus], bien qu'en face d'eux il se donne comme un irréel ; pourtant c'est sur eux qu'il s'est détaché, comme un concept qui les *habite* [4].

La conscience ne peut donc saisir un objet général qu'en le détachant des individus dans lesquels il se singularise au moyen d'une abstraction

1. *EU*, p. [314] ; trad. fr. p. 317. Nous soulignons.
2. *FTL*, Hua XVII, p. [163] ; trad. fr. p. 211.
3. *EU*, p. [392] ; trad. fr. p. 396. Nous soulignons.
4. *EU*, p. [394-395] ; § 82, trad. fr. p. 398. Nous soulignons.

idéatrice. À partir de la comparaison de quelques cas particuliers, un élément commun finit par se détacher de la multiplicité :

> Cet *eidos* [la couleur en général] n'est susceptible d'être intuitionné que par-là que *plusieurs colorations singulières nous sont données*, que nous mettons, par *comparaison*, les objets colorés en « recouvrement » par glissement et qu'alors nous *saisissons la généralité* qui se donne dans le recouvrement comme ce qui leur est commun, mais non comme un élément commun réel [car le général, identique « dans » plusieurs individus, n'a pas de localisation dans le temps et dans l'espace], et que nous le séparons de ce qu'il y a de contingent dans les exemplifications. C'est là *le processus intuitif d'abstraction qui conduit à la généralité d'un genre* [ou, le cas échéant, d'une espèce] [1].

Nous pouvons également opérer en imagination toutes sortes de variations à partir d'un seul individu pris comme spécimen d'une espèce. En parcourant les changements, en passant d'une image à une autre, un *invariant* (« ce qui est nécessairement commun à ces variantes » [2]), là-aussi, se détache : l'essence (l'*eidos*) sans laquelle un objet de ce type ne peut être pensé apparait à la conscience.

Deuxième caractère : l'idéalité

Ce foulard et ce drapeau sont *rouges* ; ils sont de la *même espèce* de couleur. Le rouge *in specie* n'est pas *le* moment couleur d'*un* objet singulier ; il ne se trouve pas à tel endroit, à tel moment, comme s'il n'existait nulle part ailleurs et à aucun autre moment ; il n'a pas de localisation spatio-temporelle. Le rouge *en général* est un moment *commun* à plusieurs individus. Par opposition à la *réalité* et à la singularité des choses dans lesquelles elle s'individualise, l'espèce est une unité *idéale* ou *irréelle*. Cette *idéalité* traduit l'indépendance de l'*eidos* à l'égard de l'existence effective et des traits singuliers de chaque individu : l'unité spécifique « est une unité qui n'est pas du tout fonction de la réalité des moments, qui ne naît ni ne disparaît avec eux, qui se singularise en eux, et pourtant n'est pas en eux comme leur partie » [3]. Chaque objet réel a en lui et avec lui ses propres parties ; et des parties analogues appartenant à différents objets n'en demeurent pas moins numériquement distinctes :

> Quand l'essence qui a la généralité du genre, par exemple l'*eidos* couleur, s'exemplifie en de multiples objets colorés, chacun de ces objets a son

1. *EU*, p. [315] ; trad. fr. p. 317-318. Nous soulignons.
2. *EU*, p. [412] ; trad. fr. p. 415.
3. *EU*, p. [390] ; trad. fr. p. 394.

> propre moment individuel de coloration ; nous avons plusieurs moments individuels de couleur et en face d'eux l'*eidos* couleur dans son unité, comme généralité générique [1].

Chaque objet a sur lui sa propre couleur. Et si la même nuance de couleur recouvre plusieurs objets, les moments couleur n'en demeurent pas moins numériquement distincts. L'*eidos*, en revanche, est partout identique *stricto sensu*. Il est exactement *le même* – un, unique – dans toutes ses individuations. Dans tous les objets rouges on trouve *exactement le même* rouge : non pas la même nuance répartie dans plusieurs moments analogues, mais la même espèce de couleur.

Reste à montrer maintenant que la signification n'a aucun des caractères de l'objet général.

LES CARACTÈRES DE LA SIGNIFICATION

L'opposition entre les caractères de l'unité spécifique et les caractères de l'unité de signification

Si la signification était un objet général, elle s'exemplifierait en de multiples vécus qui auraient chacun leur *propre* moment de signification, comme chaque objet rouge a en lui son propre rouge : « on pourrait trouver dans tout acte de jugement un moment singulier, une proposition individuelle, lui correspondant » [2]. Il y aurait donc plusieurs moments de signification, analogues mais distincts, qu'il suffirait de comparer pour qu'un contenu de signification identique s'en détache. Cette théorie de l'idéal-spécifique est maintenant rejetée. La première erreur consiste à croire que les actes d'expression qui veulent dire la même chose ont chacun leur *propre* moment de signification :

> Chaque acte a bien, dans ses propriétés le mode individuel du comment de la présence de la proposition à la conscience, par exemple l'un d'une manière plus claire, l'autre plus obscure ; un acte peut être un acte dit d'intuition intellectuelle, l'autre un acte « aveugle ». Mais la proposition elle-même est, pour tous ces actes et modalités d'actes, l'identique comme corrélat d'une identification [identification d'un objet intentionnel, du signifié en tant que tel], *et non le général comme corrélat d'un recouvrement par comparaison* [des vécus]. *Le sens identique ne devient pas singulier dans les individus singuliers* ; c'est la généralité du genre qui a

1. *EU*, p. [314-315] ; trad. fr. p. 317.
2. *EU*, p. [315] ; trad. fr. p. 318.

dans le recouvrement le singulier comme moment subordonné, mais *le sens n'a pas de singulier qui lui soit subordonné* [1].

Si la signification s'individualisait dans les intentions de signification (ou dans leurs corrélats noématiques ponctuels), il y aurait *plusieurs* significations, numériquement distinctes. En répétant *2 < 3*, on obtient deux énoncés animés chacun d'une intention à laquelle correspond un corrélat noématique. Or, cette multiplication des significations, fussent-elles analogues, est incompatible avec l'idée qu'il n'y a qu'*une seule et unique* signification, strictement identique, pour plusieurs actes. De deux choses l'une: ou bien on conserve l'analogie avec les espèces naturelles et on admet alors qu'il y a *plusieurs* significations comme il y a plusieurs nuances de rouge; ou bien on maintient l'*identité absolue* de la signification, et il faut alors renoncer à l'idée qu'elle se disperse dans une multiplicité d'individus. Il est vrai que la théorie de l'idéal-spécifique garantissait l'*unité* de la signification en tant qu'espèce. Mais Husserl interprète maintenant cette unité comme celle d'un objet intentionnel (le signifié en tant que tel) en face de la multiplicité des actes. Cet objet intentionnel n'a aucune extension; il n'a pas sous lui une multiplicité de significations: dans toutes les occurrences de l'expression *Le vainqueur d'Iéna* Napoléon est pensé en tant que vainqueur d'Iéna; et ce Napoléon visé en tant que tel n'est pas un objet général sous lequel tomberait une multiplicité de cas individuels (les Napoléons pensés en tant que vainqueurs d'Iéna de toutes les utilisations répétées du nom *vainqueur d'Iéna*).

L'analyse de la signification d'énoncé le confirme: « Assurément la proposition est générale dans la mesure où elle renvoie à un nombre infini d'actes posants, dans lesquels c'est elle précisément qui est visée (…) » [2]. Mais cela ne fait pas pour autant de ce corrélat intentionnel un objet général. La signification « n'est pas générale au sens où l'est un genre, au sens de la généralité d'une “extension” comme est celle qui appartient spécifiquement à la généralité de l'espèce ou du genre (...); elle n'est donc pas générale à la façon des essences qui correspondent à ce qu'on appelle les concepts généraux, comme son, couleur, etc. » [3]. Le jugé en tant que tel *(2 <3)* [4] est identique en face de la multiplicité des actes énonçant: *2 <3*. Ces actes ne visent pas chacun leur propre objet intentionnel; ils ont tous *un seul et même* objet intentionnel (2 < 3):

1. *EU*, p. [315-316]; trad. fr. p. 318-319. Nous soulignons.
2. *EU*, p. [314]; trad. fr. p. 317.
3. *Ibid.*
4. Le nombre 2 tel qu'il est pensé et déterminé en relation avec le nombre 3 dans un rapport d'infériorité.

> Deux actes de jugement visant la même proposition *visent identiquement la même chose* : l'un ne vise pas une fois pour sa part une proposition individuelle [$2 < 3$] qui fût contenue en elle comme moment, tandis que l'autre ne viserait qu'une proposition semblable [$2 < 3$], de sorte que la proposition irréelle : $2 < 3$ aurait seulement la généralité du genre auquel s'ordonnent de telles singularisations [1].

Bien au contraire, « tout acte pris en lui-même vise la même proposition » [2] que les autres actes de même signification. La signification noématique identique (le pensé en tant que tel) n'est donc pas une généralité se singularisant dans une multiplicité de cas particuliers.

Le vécu de compréhension n'est pas une abstraction

En outre, pour saisir l'identité de signification noématique, nous n'opérons pas sur les *actes* une abstraction ou une variation éidétique dégageant l'identité d'une espèce ; nous regardons du côté du versant objectif de la corrélation intentionnelle et accomplissons une identification de l'*objet* visé : « La proposition elle-même [le jugé en tant que tel, objet intentionnel] est, pour tous ces actes et modalités d'actes, l'identique comme corrélat d'une identification, et non le général comme corrélat d'un recouvrement par comparaison » [3]. Il n'est plus question de dégager par comparaison et abstraction une manière de signifier commune à plusieurs actes, mais de reconnaître qu'en face d'eux l'objet visé en tant que tel est le même. Il n'est pas non plus nécessaire de comparer *plusieurs* actes pour saisir une signification ; la compréhension s'accomplit parfaitement à partir d'*une seule* expression (je lis *2 < 3*, et je comprends aussitôt : *2 < 3*) :

> Pour saisir la proposition $2<3$, (...) nous n'avons pas à traiter comparativement les actes de jugement qui posent que $2<3$; nous n'avons pas à effectuer une abstraction généralisante, et par suite nous ne trouverons jamais que la proposition soit de l'ordre du genre [4].
>
> Tout jugement *pris séparément* vise la proposition : *la* proposition [non pas une proposition qui lui serait propre et qu'il faudrait comparer à d'autres avant de saisir « la » proposition générale], et cette proposition visée est *d'emblée irréelle* [5].

1. *EU*, p. [315] ; trad. fr. p. 318. Nous soulignons.
2. *Ibid.*
3. *EU*, p. [315-316] ; trad. fr. p. 318-319.
4. *EU*, p. [315] ; trad. fr. p. 318.
5. *Ibid.* Nous soulignons.

D'emblée irréelle : alors que le parcours d'une multiplicité d'individus précède nécessairement la saisie d'un objet général, la signification d'énoncé se donne *immédiatement* à partir d'un seul énoncé.

Si donc la signification n'est jamais un objet général, alors il faut dissocier ce que la théorie intentionnelle de l'idéal-spécifique avait confondu, à savoir l'idéalité des essences générales, obtenues par abstraction ou variation éidétique, et l'idéalité des significations, accessibles à partir d'une réflexion sur le corrélat intentionnel de l'acte (le pensé en tant que tel). Débarrassée du concept noétique, la théorie phénoménologique de la signification se focalise alors sur les objets *tels qu'*ils sont significationnellement visés (les objectités catégoriales) pour en dévoiler l'enracinement subjectif.

CHAPITRE II

L'ANALYSE TRANSCENDANTALE-CONSTITUTIVE DES SIGNIFICATIONS

LA CONSTITUTION DE L'OBJET RÉEL DANS L'EXPÉRIENCE

Le premier moment : l'apparition originelle de l'objet à la conscience

Dans une phénoménologie qui se définit depuis longtemps comme idéalisme transcendantal, le statut idéal-*objectif* de la signification n'implique évidemment pas son indépendance à l'égard de la conscience. En tant qu'*objectité catégoriale* (pensé en tant que tel), la signification est un *objet intentionnel* dont la structure est directement liée à la manière dont les données de l'expérience sont pensées. Autant dire que la signification est un objet qui se *constitue* – le mot apparaît déjà dans l'introduction de *VuB* – pour la conscience dans des opérations catégoriales. *FTL* et *EU* s'engagent radicalement dans la voie idéaliste-transcendantale ouverte par *VuB*. Désormais, *tout* ce qui vaut comme *objet* pour la conscience *se constitue* « dans » l'activité intentionnelle. Une fois l'idéalité objective des significations mise en évidence, reste donc à en explorer la « constitution subjective » [1] en revenant aux opérations dans lesquelles elles deviennent des objets pour la conscience.

Puisque les objectités catégoriales sont fondées dans les objets qui peuvent être donnés dans la réceptivité, ce travail commence par l'analyse de la constitution des objets réels. Pour qu'un existant empirique devienne pour nous un objet, il faut d'abord qu'il *apparaisse* à la conscience et qu'il lui soit donné de manière originaire dans une présence vivante.

1. *FTL*, Hua XVII, p. [273] ; trad. fr. p. 354.

« La donnée dans son ipséité de l'être individuel pur et simple » [1] a précisément lieu dans le vécu d'*expérience*. En tant que donation de la chose en propre, l'expérience est un vécu d'*évidence* : « parler d'évidence, de donnée évidente, ne signifie ici rien d'autre que la donnée des objets dans leur ipséité, la donnée et la présence à la conscience d'un objet en tant qu'il est "ici en lui-même", "effectivement présent en chair et en os" » [2]. La *perception sensible* dans laquelle « un objet de perception externe est donné comme évident, comme présent "en lui-même" » [3] en constitue évidemment le paradigme, mais le concept phénoménologique d'*évidence* s'applique à tout vécu caractérisé par la donation d'un objet (réel ou idéal) dans son ipséité : « Par ce mot d'évident, nous désignons (...) toute conscience qui se caractérise, relativement à son objet, comme donatrice de cet objet en lui-même » [4]. L'évidence jouera également un rôle essentiel dans la constitution des objectités idéales.

Le deuxième moment : la saisie de l'identité de l'objet

Pour que le *datum* présent ponctuellement à la conscience devienne *un* objet à proprement parler, il doit être reconnu comme le *même* à travers ses apparitions successives. L'*identité* de l'objet se constitue dans une synthèse d'identification réunissant les multiples vécus de perception ponctuels : ce qui apparaît maintenant = la même chose qui apparaissait auparavant. Si le son qui retentit était, en effet, pour nous à chaque instant quelque chose de nouveau, si la conscience ne le reconnaissait pas au fur et à mesure qu'il se prolonge, réunissant le son présent qui est en train de retentir, le son passé qui vient de retentir, et le son à venir qui va retentir, il n'y aurait pas pour elle *un* son, unité d'une multiplicité d'apparitions, mais une succession d'événements sonores ponctuels toujours nouveaux [5]. Cette analyse s'applique également à l'expérience des réalités tridimensionnelles (la maison qui présente de nouvelles parties et propriétés au fur et à mesure que nous en faisons le tour, le cube que l'on retourne dans tous les sens et dont on découvre progressivement les faces cachées).

Pour l'instant, tant que l'on s'en tient aux vécus de l'expérience sensible et à leur réunion dans une synthèse d'identification, l'objet de conscience n'est qu'un substrat *indéterminé*. Il n'est pas encore pour la conscience *une maison délabrée*, *un moulin abandonné au bord de la*

1. *EU*, p. [21] ; trad. fr. p. 31.
2. *EU*, p. [11-12] ; trad. fr. p. 21.
3. *Ibid.*
4. *Ibid.*
5. Cf. *FTL*, Hua XVII, p. [293] ; trad. fr. p. 380.

rivière, mais simplement un *ceci-là* qui apparaît sous différents aspects et qui conserve son identité au fil du temps. Dès que la pensée s'empare de l'objet que lui livre l'expérience pour le concevoir à partir de ses concepts (cette *maison*, ce *moulin*) et pour opérer à partir de là des déterminations dans ses jugements (ceci *est une maison*, cette maison *est grande*, ceci *est un moulin,* il *est au bord du ruisseau*), de nouvelles objectités se constituent.

La constitution des objectités catégoriales dans l'activité de pensée

La structure de la pensée prédicative

L'objet de l'expérience sensible est en quelque sorte un matériau brut sur lequel la pensée accomplit diverses opérations. Nous avons déjà évoqué les mises en forme les plus primitives : l'appréhension de l'existant singulier selon tel ou tel concept (en tant que *maison* ou *église*, *homme* ou *mannequin*) ainsi que sa mise en forme attributive dans des structures de type Sp (*maison à vendre*, *église rénovée*). L'opération catégoriale la plus remarquable est la mise en forme des données de l'expérience dans le jugement déterminant. Au cours de l'expérience sensible, certaines qualités attirent l'attention (l'*intensité* d'un son, la *couleur* d'une façade, la *forme* d'une maison) et un objet (*un* son, *une maison*) se constitue comme l'identique d'une multiplicité d'apparitions. À partir de là, la pensée « explicite et saisit catégorialement ce qui est donné dans l'expérience » [1]. L'objet tel qu'il a été pré-constitué dans son identité prend la forme de *sujet* ou substrat auquel reviennent différentes qualités sensibles ; les qualités qui se détachaient de lui au cours de la contemplation prennent quant à elles la forme de *prédicat* ; et le juger opère leur synthèse : *S est p*, là se tient un sujet (*S*) qui reçoit tel ou tel prédicat (*p*). Les synthèses du jugement donnent naissance à un nouveau type d'objets : le S déterminé en-tant-que-p, l'état-de-chose S est p. « Dans la connaissance prédicative (...) se constituent des objectivités d'une nouvelle espèce (...) : ce sont les formations logiques », « issues du *κατηγορεύν,* du jugement déclaratif » [2]. Parce qu'ils sont issus du travail que la pensée accomplit spontanément sur les données de l'expérience, ces nouveaux objets sont des *objectités catégoriales*. Tout cela, *VuB* l'avait clairement établi. *FTL* et *EU* reprennent

1. *FTL*, Hua XVII, p. [228] ; trad. fr. p. 297.
2. *EU*, p. [233] ; trad. fr. p. 239.

ces analyses en leur imprimant explicitement une tournure radicalement *transcendantale*. Car Husserl entend désormais s'interroger sur le « mode de production originaire » [1] des objectités catégoriales pour faire la lumière sur les opérations intentionnelles dans lesquelles elles apparaissent originairement à la conscience et se constituent pour elle comme « objet » [2]. À ce titre, les objectités catégoriales sont désormais comprises comme des *formations* logiques qui *prennent naissance* dans l'activité catégoriale. Les jugements (les états-de-choses jugés *en tant que tels*) sont le *produit* ou le *résultat* (*Gebilde*) de la synthèse prédicative :

> Ce sont là les objets qui, en tant que *formations logiques*, retenaient jusqu'à présent de façon exclusive l'intérêt des logiciens sans que fût mis en question *le mode de leur production* originaire et de leur surgissement dans l'étage inférieur de l'activité de connaissance [3].

Voyons maintenant comment tout cela s'accomplit dans la vie intentionnelle en reprenant les choses à partir des synthèses du jugement. L'activité catégoriale de la pensée sur les données de l'expérience revêt principalement la forme d'une détermination prédicative :

> L'ex-plication d'un objet dans la perception [une qualité sensible se détache : le ceci-là m'apparaît comme rond, lisse, rouge...] (...) conduit, à l'étage prédicatif, à un jugement de perception ayant d'abord la forme la plus simple : S est p [4].

> (…) nous déterminons cet objet perçu-ci comme rouge dans un jugement de perception de la forme la plus simple : S est p [5].

Par rapport à la simple contemplation et à l'ex-plication qu'elle motive, le jugement opère le « passage synthétique de S à p » [6]. La conscience est certes déjà auparavant *active* : elle *se donne* un objet qu'elle *parcourt* du regard pour en détacher les qualités ; elle *constitue l'identité* de l'objet d'expérience dans une synthèse de recognition. Avec les synthèses spontanées de jugement, les éléments qui apparaissaient à la conscience de manière indéterminée et isolée (un ceci-là, un moment qui s'en détache, puis un autre…) sont maintenant explicitement articulés sous les formes catégoriales de sujet et prédicat :

1. *EU*, p. [233] ; trad. fr. p. 239.
2. Objet de conscience, objet dont on a conscience.
3. *Ibid.* Nous soulignons.
4. *EU*, p. [241] ; trad. fr. p. 246.
5. *EU*, p. [240].
6. *EU*, p. [243] ; trad. fr. p. 249.

> Nous (...) avons (...) posé S comme sujet dans un jugement prédicatif, et nous (...) l'avons (...) déterminé comme ayant le moment p selon le mode : « S est p ». C'est là, en réalité, *le fruit d'une activité d'une nouvelle sorte*. Déjà, dans l'acte de saisie et d'ex-plication réceptives, il y avait des démarches actives : le substrat S était d'abord saisi, dans une orientation-vers active, comme unité encore dépourvue de propriétés distinctives [comme substrat encore indéterminé], il était thématisé [indépendamment des déterminations qui pourraient lui revenir], et ensuite sa détermination p était activement saisie dans la synthèse ex-plicative [dans le passage du substrat à son moment, saisi pour lui-même]. C'est jusque-là qu'allait l'œuvre de l'activité du je [1].

Les données ponctuelles et fragmentaires de l'expérience (d'un côté un objet singulier, de l'autre des qualités diverses qui apparaissent successivement) sont ressaisies par la pensée et articulées dans le juger sous la forme *S est p*. L'objet-substrat prend la forme de sujet, le moment qualitatif qui s'en détache celle de prédicat, et le jugement les relie l'un à l'autre. Dans des jugements de relation, la pensée met en avant les déterminations extrinsèques de l'objet d'expérience, les rapports qu'il entretient avec les autres objets (« le crayon est à côté de l'encrier, il est plus long que le porte-plume, etc. » [2], le moulin est au bord du ruisseau…). La synthèse prédicative est ainsi une « première mise en forme originaire de matériaux auparavant informes » [3].

Après avoir examiné les principales formes de l'activité catégoriale, considérons maintenant leurs corrélats intentionnels.

Les objectités constituées dans la synthèse prédicative

La mise en forme catégoriale des données de l'expérience aboutit à la formation de nouvelles objectités : les *formes catégoriales* et les *états-de-choses*. Avec le juger prédicatif interviennent de nouvelles formes, *sujet* et *prédicat*, dans lesquelles la pensée saisit l'objet-substrat qui est apparu dans l'expérience sensible et les moments qui se sont détachés de lui. L'expérience, qui n'a affaire qu'à des existants et des moments singuliers, ignore précisément ces formes générales : les formes sujet et prédicat (détermination) sont « de nouvelles formes thématiques issues d'une spontanéité d'une nouvelle sorte » [4]. Une fois coordonnées, elles forment

1. *EU*, p. [242-243] ; trad. fr. p. 248. Nous soulignons.
2. *EU*, p. [115] ; trad. fr. p. 123.
3. *EU*, p. [270] ; trad. fr. p. 274. Les connexions conjonctives (A et b) et disjonctives (A ou B) sont également des opérations catégoriales.
4. *EU*, p. [247] ; trad. fr. p. 251-252.

l'unité syntactique ou catégoriale de la proposition. Ces *formes catégoriales* présupposent à leur tour une mise en forme plus fondamentale à partir des *formes-noyaux* substantivité et adjectivité [1]. Car avant d'intervenir dans la proposition sous la forme de prédicat et pour pouvoir occuper cette place, le *datum* sensible a d'abord été pensé comme quelque chose de dépendant, il a été saisi comme « inhérent à quelque chose » [2], il a déjà reçu la forme de l'adjectivité. Le *datum* appréhendé sous la forme de sujet dans la proposition a quant à lui d'abord été pensé comme quelque chose d'indépendant, il a été saisi comme « pour-soi », il a déjà reçu la forme de la substantivité. Les *formes-noyaux* (adjectivité, substantivité) peuvent ensuite revêtir dans la proposition telle ou telle *forme syntactique* ou catégoriale. Ce qui a la forme de la substantivité peut recevoir la forme sujet dans le juger prédicatif (*S* est p) ou la forme objet-relatif dans le jugement de relation (A est plus grand que *B*). Ce qui a la forme de l'adjectivité peut recevoir la forme prédicat (S est *p*) ou attribut (S*p*).

L'articulation des formes sujet et prédicat aboutit à une objectité catégoriale de degré supérieur, un *état-de-chose* de la forme *S est p*. « Dans chaque étape de jugement une nouvelle sorte d'objectivité est préconstituée : l'état-de-chose *S est p*, qui est produit dans une spontanéité créatrice » [3]. En saisissant l'objet et ses propriétés sous les formes catégoriales sujet et prédicat et en les coordonnant, la pensée réunit ce que l'expérience avait donné successivement sous une forme indéterminée. Dans le flux des impressions sensibles, la distinction entre le substrat autonome et ses moments dépendants n'est pas nettement établie. La conscience se laissait affecter par le divers du sensible sans savoir encore précisément ce qui est objet, ce qui est qualité, à quel objet revient telle qualité. C'est pourquoi l'état-de-chose S-est-p qui résulte de la connexion prédicative est une *nouvelle* objectité *catégoriale* par opposition aux données singulières, fragmentaires et successives de l'expérience : cette objectité

> n'est rien qui puisse être également saisi dans la simple réceptivité, mais c'est un objet d'une espèce tout à fait nouvelle, ne se présentant d'une manière générale qu'au degré supérieur de la spontanéité prédicative comme résultat d'une opération prédicative de jugement [4].

1. Cf. *FTL*, Hua XVII, p. [299] et suiv., Appendice I, trad. fr. p. 389 et suiv.
2. *EU*, p. [248] ; trad. fr. p. 253.
3. *EU*, p. [284] ; trad. fr. p. 287-288.
4. *EU*, p. [284-285] ; trad. fr. p. 288.

La radicalisation transcendantale des analyses de 1908 est flagrante. Quand *VuB* décrivait l'objectité catégoriale comme le corrélat de l'activité catégoriale, il pouvait s'agir simplement d'une *dépendance fonctionnelle* entre un corrélat intentionnel et l'acte qui le vise. Tout acte a son visé en tant que tel, et réciproquement tout visé renvoie à un acte qui le prend pour cible, sans que celui-là soit nécessairement constitué par celui-ci. Cette corrélation noético-nématique ne signifiait pas nécessairement que l'acte *produit* son objet intentionnel et que l'objet est *engendré* par les opérations de la conscience. Désormais, il y a littéralement et explicitement une *constitution* du corrélat objectif *dans* et *par* l'activité intentionnelle :

> Les état-de-choses sont les corrélats des jugements, c'est-à-dire qu'ils ne se constituent originairement que dans des jugements [1].

> Le jugement (...) se forme (...) en tant que jugé dans l'effectuation de jugement [2].

Les objectités catégoriales (spécialement les état-de-choses) se forment dans le juger. C'est là, et nulle part ailleurs, qu'elles sont données à la conscience et deviennent pour celui qui juge des « objets ». Cela implique une nouvelle conception de la corrélation intentionnelle : l'acte devient la production (*Erzeugung*) d'un nouvel objet de conscience, et son corrélat est, en tant que formation (*Gebilde*), le *produit* ou le *résultat* de cette activité (*Leistung*) : l'activité du juger

> doit (...) être caractérisée, en opposition à la réceptivité, comme spontanéité créatrice, déjà productrice en elle-même d'objets [3].

> [Le juger est l'] opération de conscience dans laquelle se produisent les formations judicatives [4].

Corrélativement, l'état-de-chose jugé en tant que tel est le résultat (*Erzeugnis*) de l'activité catégoriale, le produit (*Erzeugnis*) de la spontanéité du je [5] :

> Une nouvelle sorte d'objectivité est pré-constituée : l'état-de-chose « S est p », qui est produit dans une spontanéité créatrice [6].

1. *EU*, p. [290] ; trad. fr. p. 293.
2. *FTL*, Hua XVII, p. [126] ; trad. fr. p. 164.
3. *EU*, p. [233] ; trad. fr. p. 239.
4. *EU*, p. [9] ; trad. fr. p. 19.
5. *EU*, p. [237] ; trad. fr. p. 242.
6. *EU*, p. [284] ; trad. fr. p. 288.

> Un objet d'une espèce tout à fait nouvelle, ne se présentant d'une manière générale qu'au degré supérieur de la spontanéité prédicative comme résultat d'une opération prédicative de jugement [1].

Avec la reconduction de l'objectité catégoriale à la vie intentionnelle constituante, le concept *noétique* est désormais superflu. *LU I* voulait saisir la signification *en relation avec les vécus* du signifier ; mais en montrant comment l'objectité catégoriale se constitue dans l'activité intentionnelle, l'analyse constitutive-transcendantale s'acquitte pleinement de ce travail sans faire appel à d'hypothétiques espèces significationnelles.

La constitution intentionnelle des objectités catégoriales dans l'activité de pensée n'est toutefois pas comparable à la production matérielle de réalités physiques :

> L'opération prédicative de connaissance a été caractérisée comme un agir [une activité qui produit de nouvelles objectités] (...). Dans l'activité de connaissance, de nouvelles objectivités sont assurément également pré-constituées, mais *cette production* (*Erzeugung*) a un sens tout autre que celui de production de choses à partir d'autres choses [2].

Quand nous disons que les objectités catégoriales se *constituent* dans le juger, cela ne signifie pas qu'elles sont produites, comme les réalités matérielles, à partir de la transformation d'un matériau, mais simplement qu'elles sont visées et qu'elles deviennent ainsi des objets pour la conscience. Autrement dit, elles sont constituées sur le mode du *thème*. L'état-de-chose devient le *thème* de l'activité de jugement, ce qui est *visé* par le juger : « Dans tout juger en acte, nous avons notre *thème* : le "jugé", par exemple l'identification déterminante de S et de p » [3]. Toutefois, le jugé en tant que tel ne deviendrait pas le thème de l'activité intentionnelle si l'entendement ne l'avait pas déjà tiré de sa propre spontanéité, s'il ne l'avait pas d'abord façonné dans ses synthèses judicatives dont il contemple ensuite le résultat. Car il ne faut pas oublier que la mise en forme catégoriale de l'objet d'expérience (ceci-là = un S identique, un S qui est p, etc.) produit de nouvelles objectités.

La constitution de l'état-de-chose dans le jugement s'achève enfin par une réflexion catégoriale. Les formations logiques naissent d'abord « dans un processus judicatif s'écoulant et progressant en acte » [4] : la conscience pose un sujet (S...), qu'elle détermine ensuite en tant que p (...est p).

1. *EU*, p. [284-285].
2. *EU*, p. [235] ; trad. fr. p. 240-241.
3. *EU*, p. [288-289] ; trad. fr. p. 292. Nous soulignons.
4. *EU*, p. [283] ; trad. fr. p. 286.

Une fois que ce processus est accompli, la pensée peut revenir sur ce qui a été jugé et, considérant la manière dont l'objet a été pensé, elle peut ressaisir le jugé *en tant que tel.* En lui donnant une forme nominale (« ce fait, que S soit p »), elle prend alors pleinement conscience de la signification.

LA COMPARAISON DES DEUX MODES DE CONSTITUTION

Première analogie : la donation originelle de l'objectité dans le vécu d'évidence

En dépit d'une certaine opposition entre la *spontanéité* de la pensée qui opère librement ses synthèses, et la passivité ou *réceptivité* de l'expérience qui reçoit et fournit à la pensée les matériaux sur lesquels s'exerce l'activité catégoriale, on peut néanmoins relever certaines similitudes entre les constitutions de l'objet idéal (notamment les objectités catégoriales) et de l'objet réel. Le processus de constitution comporte en effet partout deux moments essentiels : la donation originelle d'une objectité dans un vécu d'évidence, et la constitution de son identité dans une synthèse de recognition.

Les choses réelles – on l'a vu – se constituent d'abord comme objet de conscience dans un vécu d'évidence ou d'expérience. Les autres objets ne dérogent pas à la règle : « Il appartient à l'essence de tout objet de pouvoir *être intuitionné* dans un sens très large, c'est-à-dire de pouvoir être saisi en original dans son ipséité » [1]. Les objectités catégoriales doivent également faire leur apparition dans le champ de conscience, sans quoi il leur serait impossible de faire à leur tour l'objet de jugements (*que S soit p, cela est vrai, surprenant, amusant...*). Pour que les significations soient effectivement présentes à la conscience *originaliter*, l'activité catégoriale doit donc s'achever sur un vécu d'*expérience* ou d'*évidence* : revenir au vécu d'expérience est le seul moyen de

> comprendre comment des objectités idéales qui prennent naissance purement dans nos activités subjectives de jugement et de connaissance sont *présentes originaliter dans notre champ de conscience* en tant que formations de notre spontanéité, comment elles acquièrent le sens-d'être d' « objets », d'objets qui existent en soi en face de la contingence des actes et des sujets [2].

1. *EU*, p. [299] ; trad. fr. p. 302.
2. *FTL*, Hua XVII, p. [270-271] ; trad. fr. p. 351-352. Nous soulignons.

L'expérience au sens habituel (la saisie directe d'une réalité empirique singulière dans son ipséité au cours de la perception sensible) n'est finalement qu'un cas particulier. Une *donation de l'objectité catégoriale elle-même* est également possible dans un vécu qui mérite pleinement le titre d'« expérience ». Au sens large du terme, l'expérience ou l'évidence désigne donc « l'intentionnalité dans laquelle nous "avons" d'une manière purement et simplement immédiate une objectité réelle ou une objectité idéale » : « l'évidence, prise d'une manière tout à fait générale, n'est précisément pas autre chose que le mode de conscience qui (...) offre son objectité intentionnelle sous le mode du "cela lui-même" original » [1]. Une fois que l'objectité catégoriale est constituée au terme de l'acte de jugement, nous pouvons revenir sur le résultat de l'opération, dans une réflexion catégoriale, pour saisir l'état-de-chose visé (jugé) en tant que tel : il y a un « processus de l'évidence dans lequel un jugement [le jugé en tant que tel] vient à être donné "lui-même" d'une manière explicite » [2]. Ce processus d'évidence se (re)produit chaque fois que nous comprenons une expression. Car ce que le vécu de compréhension saisit directement, c'est bien l'objectité catégoriale elle-même, l'objet tel qu'il est pensé, l'état-de-choses tel qu'il est jugé. L'évidence ou l'expérience est, à ce titre, le vécu originairement constitutif des objectités catégoriales : « cette activité de conscience qui rend évident [qui donne l'objectité elle-même] est la "constitution originelle" (…), la constitution fondant primitivement les objectités idéales de l'espèce logique » [3].

Deuxième analogie : la constitution de l'identité de l'objectité dans la synthèse d'identification

Que l'objectité visée soit réelle ou idéale, la manière dont se constitue son identité obéit aux mêmes règles. La conscience reconnait l'objet d'expérience en réunissant ses multiples apparitions dans une synthèse d'identification. Ce qui m'apparaît maintenant sous tel angle avec tel aspect = ce qui m'apparaissait auparavant sous un autre angle avec un autre aspect = ce qui m'apparaitrait encore si je prolongeais l'expérience = la même chose. De même, pour valoir comme *une* signification, l'objectité catégoriale ne doit pas seulement être donnée une première fois à la conscience, elle doit aussi être reconnue comme identique chaque fois que

1. *FTL*, Hua XVII, p. [254] et p. [176] ; trad. fr. p. 331 et p. 228.
2. *FTL*, Hua XVII, p. [190] ; trad. fr. p. 246.
3. *FTL*, Hua XVII, p. [176] ; trad. fr. p. 228.

l'activité catégoriale est répétée. Cela suppose, une fois encore, une synthèse identificatrice des expériences multiples :

> Dans la répétition des vécus subjectifs [les vécus d'évidence ou d'expérience qui donnent les objectités idéales], dans la succession et la synthèse de différentes expériences de la même chose [du même « jugement »], c'est précisément quelque chose qui est numériquement identique [« un » jugement au sens logique du terme, « une » proposition] et non pas simplement semblable que ces expériences rendent manifestes avec évidence ; ce qu'on a là, c'est l'objet qui est saisi maintes fois par l'expérience ou, comme nous pouvons dire aussi, c'est son « apparition » réitérée maintes fois (une infinité de fois, si l'on considère la possibilité idéale) dans le domaine de la conscience [1].

Qu'une saisie de l'*identité* de l'objectité idéale au-delà de sa première apparition soit non seulement nécessaire mais également possible, le vécu de compréhension en apporte à nouveau la preuve : « La phrase bien comprise (...) est saisie comme une *unité* de la "signification" » [2]. Quand un énoncé (*Napoléon est le vainqueur d'Iéna*) est formulé par plusieurs personnes, nous comprenons qu'en dépit des *variations* psycholinguistiques (prononciation, conviction, images accompagnatrices...), *la même chose* est pensée de la *même manière*. Nous comprenons que le jugé en tant que tel est identique ; nous reconnaissons le même sens à travers ses diverses occurrences. L'analyse transcendantale-constitutive doit donc décrire la manière dont la conscience saisit l'identité de l'objectité catégoriale : elle doit se pencher sur le « problème de la constitution [intentionnelle] de l'identité objective idéale » [3]. Comment le *jugement* au sens logique du terme (le jugé en tant que tel) se constitue-t-il donc « en tant qu'objectité *identique* » [4] ? Comment « vient [-il] à être donné "lui-même" dans l'évidence *en tant qu'étant le même* » [5] ? Comment reconnaissons-nous que *le* jugement est le même dans plusieurs actes ? Comme pour les objets empiriques, c'est dans la répétition des actes et leur réunion dans une synthèse de recognition que l'identité de l'objectité catégoriale se constitue en tant qu'*unité intentionnelle* d'une multiplicité de vécus. Quand on dit que ce qui est jugé par cette personne (par exemple, *Napoléon est le vainqueur d'Iéna*) c'est exactement ce qui était jugé auparavant par d'autres personnes, on réunit plusieurs actes autour d'un même corrélat

1. *FTL*, Hua XVII, p. [171] ; trad. fr. p. 221.
2. *FTL*, Hua XVII, p. [187] ; trad. fr. p. 242-243. Nous soulignons.
3. *FTL*, Hua XVII, p. [195] ; trad. fr. p. 253.
4. *FTL*, Hua XVII, p. [192] ; trad. fr. p. 249. Nous soulignons.
5. *Ibid.* Nous soulignons.

intentionnel : le jugé en tant que tel est partout identique ; le même objet (Napoléon) est déterminé de la même manière (en tant que vainqueur d'Iéna). La conscience qui s'exprime ainsi : *tous ces gens jugent exactement la même chose* (*Napoléon est le vainqueur d'Iéna*) est une conscience d'identité qui reconnaît le jugé en tant que tel dans divers énoncés. Que les objectités visées soit réelles ou idéales, leur mode de constitution comme « objet » de conscience repose donc toujours sur la donation en propre du visé dans l'expérience et sa reconnaissance dans la synthèse des expériences.

Malgré ces analogies, la constitution des objectités idéales (en particulier catégoriales) conserve toutefois sa spécificité.

Les différences entre les deux modes de constitution

Les différences entre la constitution des objectités réelles et idéales reposent sur l'opposition entre la réceptivité et la spontanéité, la passivité et l'activité du je. Les objets réels de l'expérience sensible sont donnés *directement* dans la *réceptivité*. Les objets idéaux, construits à partir des précédents, sont le fruit de la *spontanéité* de l'entendement, principalement de la synthèse judicative. Ils ne sont donc saisis qu'*au terme* d'un processus discursif, dans une réflexion catégoriale qui, revenant sur le résultat du juger, saisit le jugé en tant que tel.

> Toute saisie active d'un objet présuppose qu'il soit pré-donné [qu'il apparaisse d'abord à la conscience]. Les objets de la réceptivité sont pré-donnés dans une passivité originelle (...). Leur saisie est une activité de degré inférieur, le simple acte de recevoir le sens [le perçu en tant que tel] pré-constitué originairement dans la passivité [la conscience reçoit son objet tel qu'il lui apparaît immédiatement]. Par contre, les objectités d'entendement ne peuvent jamais être saisies originairement dans une réception simple ; elles ne sont pas pré-constituées dans une pure passivité (...), mais elles sont pré-constituées dans la spontanéité prédicative. Le mode de leur prédonation originaire est leur production dans l'activité prédicative du Je comme opération spontanée [1].

Il est vrai que l'expérience sensible d'un objet extérieur a également sa part d'*activité cinesthésique*, car elle s'accompagne souvent de mouvements oculaires et parfois d'un déplacement de tout le corps autour de l'objet, dans le but d'obtenir de nouvelles perspectives ou de produire de nouvelles esquisses. L'objet d'expérience se constitue lui-même à travers ces *cinesthèses* comme l'unité intentionnelle d'une multiplicité de

1. *EU*, p. [299-300] ; trad. fr. p. 302-303.

perspectives. On pourrait donc croire que la constitution de l'objet réel repose également sur un véritable *faire* du Je, sur une activité productrice : l'objet réel saisi dans la réceptivité

> lui aussi semble n'être constitué finalement par toute la multiplicité de ses figurations sur le fondement des mouvements des yeux, du mouvement alentour, etc., qu'au terme précisément d'un processus souvent animé par la volonté, et se déroulant dans un devenir temporel, de même que l'état-de-chose « S est p » se produit dans un juger en tant que processus volontaire et temporel [1].

De même que l'objectité catégoriale est progressivement élaborée au cours du juger, dans une activité synthétique qui pose et articule des représentations les unes après les autres (S/est/p), l'objet d'expérience, lui aussi, se construirait petit à petit au fil des expériences, au fur et à mesure que la conscience enchaîne volontairement les esquisses. Entre la constitution de l'objet réel et celle de l'objectité d'entendement, il y a pourtant deux différences fondamentales. Tout d'abord, les mouvements organiques du sujet sensible peuvent être *involontaires*. L'*activité* du Je n'est donc pas essentielle dans la constitution de l'objet d'expérience :

> Pour tout objet sensible en repos, ou pour un événement, le fait d'être saisi [de manière active] ne fait pas partie de leur essence. Le « faire » du Je qui motive le cours des multiplicités de données impressives peut bien être complètement *involontaire* ; les processus d'apparition s'unissent en unités *passivement*, tout à fait de la même façon, que le Je se tourne ou non vers ce qui apparaît en eux (...). D'une certaine manière l'objet est également « là », dans le champ, encore qu'une orientation-vers [une attention qui le détache de l'environnement] soit nécessaire pour qu'il soit saisi comme tel [2].

Le sujet percevant serait-il totalement immobile et passif, se laissant affecter par les impressions sensibles successives, un objet sensible (une sonnerie en train de retentir, une couleur éclatante...) n'en continuerait pas moins d'apparaître, pourvu que les diverses apparitions (les phases temporelles du son, les changements de clarté) soient synthétiquement réunies dans une conscience d'identité. En revanche, une activité du Je sous la forme d'une spontanéité de l'entendement est absolument nécessaire dans la constitution de l'objectité catégoriale. Il n'y a pas d'objectité catégoriale sans opération catégoriale :

> Par contre, l'objectité d'entendement, l'état-de-chose, ne peut se constituer par essence que dans le faire producteur spontané (...). Si cette condition

1. *EU*, p. [300] ; trad. fr. p. 303.
2. *EU*, p. [300-301] ; trad. fr. p. 303-304. Nous soulignons.

> n'est pas réalisée, on en reste dans le meilleur des cas à l'objet constitué dans la réceptivité ; il demeure susceptible d'être perçu dans le champ, mais rien d'autre ne se constitue qui le prenne pour fondement [1].

Si la pensée ne conçoit pas l'objet d'expérience, si elle ne saisit pas dans ses concepts les données sensibles pour appréhender l'existant singulier en tant que ceci (*maison*, *vainqueur, homme*) ou cela (*église*, *vaincu, mannequin*), si elle ne met pas en forme le matériau brut que lui livre la réceptivité, elle n'aura jamais affaire à une maison-à-côté-de-l'église, au vainqueur-d'Iéna, à un mannequin-de-cire-exposé-en-vitrine – et encore moins à un état-de-chose [2] ! –, mais seulement à une chose singulière, un ceci-là qui reste à bien des égards indéterminé.

On peut relever une autre différence entre la constitution de l'objet réel et celle de l'objectité d'entendement. Considérons d'abord l'objet tel qu'il est vécu dans l'expérience :

> Bien que les deux objectivités se constituent dans un processus temporel, et ne soient finalement constituées qu'à son terme, l'objet perçu est pourtant d'une certaine manière *déjà là d'un seul coup* ; son mode de donnée s'enrichit certes à travers chaque nouvelle figuration, mais le cours de ses apparitions multiples peut s'interrompre à chaque instant : nous avons néanmoins toujours un objet, bien que ce ne soit pas encore peut-être « de tous côtés » et dans la plus grande plénitude possible de sa présence. Ce que le Je produit ici dans son faire, ce ne sont précisément *que les figurations de l'objet, non l'objet lui-même* ; à travers toutes ces figurations, il est constamment dirigé sur lui comme sur l'objet un et le même qui se figure en elles (…) [3].

Nonobstant son identité, l'objet réel est donné à la conscience au commencement du processus d'expérience. Dès sa première apparition, il est déjà là lui-même dans la première intuition sensible. Avant que l'on en fasse le tour, la maison est immédiatement perçue au premier coup d'œil à partir de la façade ; avant que l'audition ne se prolonge, le son est immédiatement entendu dès qu'il commence à retentir. L'interruption de ce processus réduit simplement les données de l'expérience sans faire obstacle à la donation de l'objet. Si nous ne poursuivons pas l'expérience en explorant les autres côtés de la maison, de nombreuses parties et de nombreuses qualités demeureront cachées, mais la maison elle-même est d'emblée présente à la conscience. Si le son s'interrompt brusquement

1. *EU*, p. [301] ; trad. fr. p. 304.
2. La maison *est* à côté de l'église, Napoléon *est* le vainqueur d'Iéna, cette silhouette derrière la vitrine *est* celle d'un mannequin de cire.
3. *EU*, p. [301-302]. Nous soulignons.

avant de renaître plus tard, ou si nous nous bouchons les oreilles pour ne pas entendre la suite, les autres phases sonores n'apparaîtrons pas à la conscience, mais le son est néanmoins déjà présent lui-même dès la première seconde. Dans l'expérience sensible, nous ne produisons pas l'objet réel lui-même qui se donne à nous dès le départ, mais seulement ses diverses figurations (*Darstellungen*) selon l'orientation de notre regard et de notre corps. Je retourne méthodiquement un cube dans tous les sens, je fais volontairement le tour de la maison: la conscience déroule le fil de l'expérience de manière active [1]. Elle ne connaît certes pas à l'avance les qualités sensibles qu'elle va rencontrer, mais elle fait défiler les différentes apparitions selon un ordre de parcours qu'elle a elle-même prescrit.

Avec l'objectité catégoriale, les choses se passent tout autrement. L'objectité ne peut pas être donnée elle-même tant que l'activité catégoriale n'est pas achevée, tant que tous les éléments (S, p) ne sont pas réunis et connectés dans la synthèse prédicative. Si un événement extérieur détourne mes pensées et suspend le processus de jugement (S... ; S est...), je n'ai pas encore un état-de-chose. L'objectité catégoriale n'est pas immédiatement *donnée à* la conscience au *commencement* de la pensée ; elle est *produite par* la conscience *au terme* d'un processus intentionnel discursif :

> Par contre, dans la production spontanée, c'est l'état-de-chose [lui-même] qui est produit, et non pas une figuration de l'état-de-chose ; le Je ne peux, comme dans le cas contraire, laisser le processus s'interrompre à un point arbitrairement choisi [S est …, A est plus grand que...] (...) ; il n'aurait pas alors cette objectité d'entendement précisément prise [cet état-de-chose S est p]. Et cela pour la raison que dans cette production, dans la constitution de l'état-de-chose dans son devenir temporel, il n'est pas du tout dirigé sur lui de la même manière que précédemment [2] ; son objet n'est pas l'état-de-chose, car dans l'acte de jugement, c'est S qui est objet, substrat se déterminant dans cet acte comme p, etc. Dans l'activité de jugement, le Je est dirigé sur ce qui se détermine, qui s'enrichit progressivement de ses déterminations propres. Tel est l'objet du juger [le S, et non pas ce qui est jugé sur ce S, le est p ou l'état-de-chose S est p tout entier]. De la sorte, l'objectité d'entendement n'est d'une manière générale pré-constituée dans l'acte de jugement qu'en tant qu'il produit [déjà lui-même] sa pré-donation [avant que l'objectité ne soit ressaisie activement dans une nouvelle

1. Dans l'audition du son, l'activité est plus réduite : je reste attentif au son qui est en train de retentir, retenant le son qui vient tout juste de passer et attendant la suite.

2. Dans l'expérience sensible, dès la première perception, la conscience est dirigée sur le perçu, sur l'objet empirique ; dans l'activité catégoriale, même achevée, la conscience n'est pas dirigée spontanément sur l'objectité catégoriale elle-même, sur l'état-de-chose tout entier tel qu'il est jugé, mais précisément sur l'objet-substrat qui a été déterminé.

> opération]. Elle ne joue pas en lui le rôle d'objet de la même façon que le substrat de détermination S ; pour qu'elle devienne un objet, il n'est besoin que d'une orientation du regard [postérieure à l'activité catégoriale], par laquelle nous « reprenons » l'état-de-chose au jugement. Nous ne sommes plus alors dirigés sur S comme sur notre objet, mais sur « le fait que S est p » [sur l'état-de-chose lui-même, le jugé en tant que tel]. Il faut que le jugement premier : « S est p » ait été constitué d'abord, dans lequel S fonctionne comme objet pour que nous puissions poursuivre, en nous y rattachant : « Ce fait (que S est p) est agréable », etc. [1].
>
> Toutes ces orientations du regard, *qui ne sont possibles qu'après la production achevée du jugement*, et dans lesquelles les objectités d'entendement sont reprises à ce qui a été produit selon une orientation multiple, sont *complètement différentes* de cette orientation du regard par laquelle nous revenons d'un objet sensible [donné dès le début] aux figurations ou apparitions dans lesquelles il se constitue pour nous [2].

À la différence de l'objet d'expérience, l'objectité catégoriale, avions-nous dit, n'est jamais donnée dès le départ ; elle est constituée une fois l'activité catégoriale achevée. Et cela n'est pas encore suffisant pour qu'elle devienne un objet de conscience à part entière, car celui qui juge reste orienté prioritairement sur l'objet-substrat à déterminer et non sur l'objectité catégoriale elle-même, *i. e.* la détermination catégoriale (*en tant que p*) ou l'état-de-chose *S est p* tout entier (le jugé *en tant que tel*). Une fois que la construction de l'état-de-chose est achevée (S est p), le Je doit revenir sur le résultat du juger et, réfléchissant maintenant sur *ce qui* a été *jugé*, sur la manière dont l'objet a été déterminé (sur le *S-en-tant-que-p*) ; il doit ressaisir l'objectité pré-constituée dans la synthèse prédicative en lui donnant cette fois la forme catégoriale d'un objet-substrat ou la forme syntaxique d'un nom : *le fait que S est p...* Pour que l'objectité catégoriale se constitue comme « objet » de conscience, pour qu'elle soit donnée elle-même explicitement, il ne suffit pas que le processus catégorial soit achevé une fois que la synthèse judicative est accomplie jusqu'au bout, il faut aussi que le sujet se détourne de l'objet primitif et, dans une réflexion catégoriale, prenne en considération le résultat obtenu. Il faut que la conscience (re)saisisse le jugé *en tant que tel*. Ces deux conditions ne sont absolument pas exigées par la constitution de l'objet réel. À la constitution progressive et réflexive de l'objectité catégoriale s'oppose la donation initiale et immédiate de l'objet réel.

1. *EU*, p. [302] ; trad. fr. p. 304-305. Nous soulignons.
2. *EU*, p. [303] ; trad. fr. p. 306. Nous soulignons.

Au terme de cette analyse transcendantale-constitutive, il apparaît donc que les objectités catégoriales (significations) ne sont pas simplement les corrélats intentionnels de l'activité catégoriale, à l'intérieur d'une relation noético-noématique purement fonctionnelle, mais bel et bien les *produits* d'une activité intentionnelle complexe qui s'exerce sur les substrats de l'expérience sensible. Dans cette activité, la synthèse judicative joue un rôle de premier plan, car c'est en elle que se construit l'état-de-chose (le jugé en tant que tel) dans lequel l'énoncé puise sa signification. Mais en reconduisant les formations catégoriales constituées à la *vie intentionnelle* constituante, en montrant en particulier que le jugement se constitue dans le *juger*, comment Husserl peut-il empêcher les significations de devenir un produit subjectif de l'activité mentale ?

LES DIFFICULTÉS SOULEVÉES PAR L'ANALYSE TRANSCENDANTALE-CONSTITUTIVE DES SIGNIFICATIONS

Une retombée dans le psychologisme logique ?

L'éclairage que la phénoménologie transcendantale-constitutive apporte à la théorie de la signification est pour le moins troublant. Car en dévoilant l'origine *subjective* des significations, Husserl ne les réduit-il pas à de simples *prestations* psychiques ? Contre toute attente, la phénoménologie ne retombe-t-elle pas finalement dans le psychologisme logique contre lequel elle n'a cessé de lutter ? Husserl a bien conscience du danger : « Dans la deuxième section de cet ouvrage le côté subjectif du logique devient le thème principal [et c'est la raison pour laquelle] le spectre du psychologisme fait son apparition dès le début » [1]. Au vu de certains passages, la question d'une résurgence du psychologisme logique au sein de la phénoménologie constitutive mérite en effet d'être posée :

> Pour moi il n'est rien qui ne provienne de ma propre effectuation de conscience, actuelle ou potentielle [2].
>
> L'objectivité provient de l'effectuation subjective [3].

1. *FTL*, Hua XVII, p. [16-17] ; trad. fr. p. 18-19.
2. *FTL*, Hua XVII, p. [241] ; trad. fr. p. 314.
3. *FTL*, Hua XVII, p. [39] ; trad. fr. p. 50.

Les objectités idéales, notamment catégoriales, ne sont pas épargnées :

> Ce qui est idéal apparaît inséré dans la sphère subjective et en tant que formation jaillit d'elle [1].
>
> [Les] formations de pensée (...) proviennent d'activités de pensée [2].
>
> [Elles prennent] leur source dans l'activité catégoriale [3].

Un psychologue empiriste n'approuverait-il pas ce qui se présente de prime abord comme une réintégration des objets de pensée dans l'activité de pensée ? Les significations ne sont-elles pas finalement issues de la vie psychique ? À première vue, la terminologie husserlienne pourrait le laisser croire. L'activité intentionnelle constituante est en effet décrite comme une *production* ou *construction* (*Erzeugnis*) par laquelle de nouveaux objets apparaissent à la conscience. Ces objets, qui n'existaient pas auparavant, sont les *formations*, *produits* ou *résultat* (*Ergebnis, Gebilde*) de l'activité noétique. Celle-ci, selon le titre du § 63 de *FTL*, est une « activité originellement productrice en tant que donation des formations logiques "elles-mêmes" ». L'activité (*Leistung*) du juger « doit (...) être caractérisée, en opposition à la réceptivité, comme spontanéité créatrice, déjà productrice (*erzeugende*) en elle-même d'objets » [4]. Même les objectités mathématiques pourraient bien être une construction de l'esprit. En colliguant on *donne naissance* à des ensembles, en dénombrant leurs éléments on *obtient* des nombres, comme si tous ces « objets » jaillissaient spontanément de la conscience humaine : « Compter, c'est *donner naissance* à des nombres, soustraire c'est *donner naissance* à des différences, multiplier c'est *donner naissance* à des produits, etc. » [5]. Rien n'interdit de décrire ces formations catégoriales à partir de l'activité psychique dont elles sont issues : « au lieu de dire par exemple : $a - b + b = a$, on peut dire aussi que l'on *soustrait* b de a et que l'on *ajoute* à nouveau b, etc., ou au lieu de dire : des prémisses M et N il s'ensuit Q, on dit : des *jugements* M et N on doit *conclure* Q » [6].

Avec les objectités logiques, la situation est vraisemblablement la même. En pensant on « produit des formes conceptuelles » [7], et les représentations générales obtenues au cours de l'activité de pensée sont de

1. *Ibid.*
2. *FTL*, Hua XVII, p. [47] ; trad. fr. p. 61.
3. *FTL*, Hua XVII, p. [15] ; trad. fr. p. 16.
4. *EU*, p. [233] ; trad. fr. p. 239.
5. *FTL*, Hua XVII, p. [47] ; trad. fr. p. 61. Nous soulignons.
6. *Ibid.* Nous soulignons.
7. *FTL*, Hua XVII, p. [38] ; trad. fr. p. 49.

véritables *formations*. En jugeant on *engendre* des jugements (des état-de-choses) : le juger est une « opération de conscience dans laquelle se *produisent* les *formations* judicatives » [1]. À partir de là, de nouvelles formations de degré supérieur « prennent naissance » dans la poursuite des opérations catégoriales. En articulant plusieurs jugements, on forme des *raisonnements* aboutissant à des conclusions : « Déduire c'est *donner naissance* à des jugements conséquents à partir de jugements » [2]. En coordonnant des propositions à l'intérieur d'un système hypothético-déductif, on élabore des *théories* [3]. Il y a bel et bien dans toutes ces activités une « constitution créatrice des objectités (...) qui sont données alors "elles-mêmes" » [4].

Husserl insiste particulièrement sur le caractère « originellement producteur » du juger. La synthèse prédicative *donne* à la conscience une nouvelle objectité qu'elle a elle-même élaborée à partir des substrats empiriques : l'état-de-chose jugé en tant que tel, le jugement au sens logique du terme. L'acte de jugement est une « activité *productrice* exercée sur les substrats », une opération « produisant originellement le jugement lui-même » [5]. « Juger (...), c'est *engendrer* des "objets de pensée" [état-de-choses], des formations catégoriales », des « formations de jugement » [6].

Corrélativement, si l'activité constituante est essentiellement productrice, l'objectité catégoriale en est le *produit* (*Ergebnis*), le *résultat* (*Leistung*), ou encore la *formation* (*Gebilde*) :

> Les formes multiples des formations de la sphère du jugement et de la connaissance (...) naissent, chez ceux qui tendent vers la connaissance, pendant l'exécution de leurs activités de pensée [7].
>
> L'effectuation de cette intentionnalité consiste en ce que dans le champ thématique du sujet les formations, les objectités dans l'ordre du jugement et de la connaissance interviennent « objectivement » avec le caractère de *productions* [8].

Selon son acception courante, *Leistung* désigne le travail accompli, en impliquant à la fois l'activité et le résultat auquel elle aboutit. Appliqué à

1. *EU*, p. [9] ; trad. fr. p. 19. Nous soulignons.
2. *FTL*, Appendice II, Hua XVII, p. [47] ; trad. fr. p. 61. Nous soulignons.
3. *FTL*, Hua XVII, p. [94] ; trad. fr. p. 123.
4. *FTL*, Hua XVII, p. [188] ; trad. fr. p. 244.
5. *FTL*, Hua XVII, p. [132] et Appendice II, p. [315] ; trad. fr. p. 172 (nous soulignons) et p. 409.
6. *FTL*, Hua XVII, p. [314] et [317] ; trad. fr. p. 407 et 411. Nous soulignons.
7. *FTL*, Hua XVII, p. [37] ; trad. fr. p. 47.
8. *FTL*, Hua XVII, p. [38] ; trad. fr. p. 48-49. Nous soulignons.

l'intentionnalité, ce terme signifie que toute activité de la conscience fait apparaître un objet intentionnel et que tout objet intentionnel provient d'une opération de conscience. Le concept de *Leistung* caractérise donc l'activité intentionnelle constituante à la fois dans ses *opérations constitutives* (représenter, juger, raisonner) et dans ses *résultats* (les objets de conscience constitués). Pour l'idéalisme phénoménologique transcendantal, *tout* ce dont j'ai conscience est le *résultat* de l'activité intentionnelle : « Pour moi il n'est rien qui ne provienne de ma propre effectuation de conscience actuelle ou potentielle » [1]. Les objectités catégoriales ne font pas exception. Tous les objets idéaux sont des *formations* catégoriales élaborées par la pensée. Les ensembles et les nombres, *formations* produites par l'activité de colligation et de dénombrement, « font leur apparition *originaliter* (...), comme effectuations [produits] de cette activité constituante » [2]. Concepts et jugements sont des « formations logiques » produites dans des « constructions conceptuelles » et des « activités de jugement » [3]. La signification d'énoncé est à nouveau au centre des analyses husserliennes :

> L'objectité catégoriale intentionnée en tant qu'intentionnée [l'état-de-chose jugé en tant que tel] parvient à être engendrée réellement et véritablement [dans le juger], (...) le « jugement » parvient à être donné « lui-même » de façon originale [4].

> Le jugement (...) se forme (...) en tant que jugé dans l'effectuation de jugement [5].

Selon les types de connexions, on peut distinguer différentes formations catégoriales : la *formation* de jugement prédicatif ou déterminant (S *est p*) engendrée par la liaison copulative ou la détermination d'un substrat, la *formation* de jugement conjonctif (*A et A'*) produite par la liaison conjonctive, la *formation* de jugement disjonctif (*A ou A'*) obtenue dans la connexion disjonctive, la *formation* de jugement hypothétique (*si A alors A'*) et enfin la *formation* de jugement de conséquence (*quand S est p alors Q est r*).

Toutes ces formations idéales de la pensée sont le fruit d'une *transformation* de l'objet d'expérience. Les plus simples (*Sp*, *S est p*) sont obtenues par la *mise en forme* des substrats empiriques. Elles peuvent

1. *FTL*, Hua XVII, p. [241] ; trad. fr. p. 314.
2. *FTL*, Hua XVII, p. [91] ; trad. fr. p. 119.
3. *FTL*, Hua XVII, p. [30], p. [91] et [126] ; trad. fr. p. 39, 120 et 163.
4. *FTL*, Hua XVII, Appendice II, p. [314] ; trad. fr. p. 408.
5. *FTL*, Hua XVII, p. [126] ; trad. fr. p. 164.

ensuite servir de soubassements pour de nouveaux actes de pensée engendrant des formations de degré supérieur. À partir de jugements déjà donnés, il y a « formation active de nouveaux jugements » [1] par déduction à partir de prémisses ou par *transformation* du jugement catégorique simple. Il suffit d'ajouter à la structure de base *S est p* de nouvelles annexes : S est p *et p'*, Sp *est p'*, *si* S est p *alors …*, *ou bien* S est p *ou bien …*

Il y a donc une certaine analogie entre la production matérielle des réalités et l'avènement de nouvelles objectités catégoriales dans le *travail* de la pensée. Dans les deux cas, au terme de la transformation d'une donnée initiale (un matériau informe, un substrat empirique ou logique), quelque chose de nouveau apparaît : « A partir de quelque chose de déjà donné préalablement quelque chose de nouveau » [2] est obtenu. C'est pourquoi, l'activité catégoriale est aussi, à sa manière, une *production* (*Erzeugnis*). Quand nous pensons et jugeons « nous sommes vraiment actifs d'une manière productrice » [3], puisque nous faisons apparaître à la conscience de nouvelles objectités que l'activité intentionnelle a façonnées :

> Nous avons souvent parlé d'une *production* des formations logiques dans la conscience. En ce qui concerne cette expression, il faut prévenir un malentendu qui (...) concerne toute expression de *constitution* d'objectités dans la conscience. Là où nous parlons d'ordinaire de *production,* nous nous référons à une sphère réelle [nous envisageons la production de choses matérielles à partir de la transformation d'un matériau]. Nous entendons par là une production, par un certain procédé, de choses ou d'événements réels : le réel qui dans notre environnement est déjà là est manié, disposé autrement ou transformé en vue d'un but. Mais dans notre cas nous avons devant nous des objets irréels [objectités catégoriales], donnés dans des événements psychiques réels ; [nous pouvons néanmoins encore parler de production car] ce sont des objets irréels *sur lesquels nous opérons et que par cette action nous façonnons de telle et telle manière* [4].

Corrélativement, les résultats de cette *production* sont des *produits* à part entière : « C'est en tant que *véritables produits* (*Erzeugnisse*) qu'ils [les objets logiques ou significations] ont été produits » [5]. C'est pourquoi il suffit de renouveler l'activité catégoriale pour que les objectités

1. *FTL,* Hua XVII, p. [176] ; trad. fr. p. 227.
2. *FTL,* Hua XVII, p. [175] ; trad. fr. p. 227.
3. *FTL,* Hua XVII, p. [176].
4. *FTL,* Hua XVII, p. [175] ; trad. fr. p. 227. Nous soulignons.
5. *FTL,* Hua XVII, p. [188] ; trad. fr. p. 244. Nous soulignons.

catégoriales réapparaissent. Je répète le jugement *S est p* et j'obtiens à nouveau *S est p*, l'état-de-chose tel qu'il avait été auparavant jugé.

Fondée sur les concepts de *Leistung, Gebilde*, *Ergebnis* et *Erzeugnis*, la phénoménologie transcendantale-constitutive ne retombe-t-elle donc pas dans le psychologisme logique, comme on le craignait ? En décrivant le jugement comme une *formation* engendrée par la subjectivité jugeante, comme le *produit* ou *résultat* des synthèses de l'*entendement*, Husserl ne réduit-il pas finalement les significations à de simples prestations psychiques ? Il prend d'ailleurs soin de préciser à propos des formations logiques : « il ne s'agit pas de quelque chose d'extérieur, mais de ce qui est engendré à l'intérieur de la sphère subjective elle-même » [1]. De deux choses l'une : ou bien l'objectité catégoriale, une fois reconduite aux opérations constituantes, n'est que le produit de la subjectivité humaine ; ou bien, malgré son « caractère de production » [2], elle peut encore prétendre à un statut *objectif*, et Husserl doit alors résoudre cette énigme : « Comment la subjectivité peut-elle créer en elle-même, en les tirant purement des sources de sa spontanéité, des formations qui peuvent valoir comme objets idéaux d'un "monde" idéal ? » [3]. La réponse passe par la distinction phénoménologiquement fondamentale entre la subjectivité transcendantale et la subjectivité empirique.

Réponse à l'objection : la distinction entre subjectivité transcendantale et subjectivité empirique

Husserl écarte catégoriquement la première hypothèse. La reconduction des formations logiques à la conscience constituante ne supprime pas leur *objectivité* idéale : « rien n'est changé par-là à l'objectivité des formations logiques comme rien n'est changé au monde réel » [4]. Il y a encore des objets idéaux (nombres, figures, genres, espèces, significations) et réaux (arbres, maisons). Une fois produites dans la synthèse prédicative, les propositions « se donnent comme autant de formations objectives » [5] qui valent à tout moment pour toute conscience, qui reçoivent donc *le sens d'un être idéalement objectif* omni-temporel et intersubjectif. Et la phénoménologie a alors précisément pour tâche de décrire comment les objectités réelles et idéales se constituent dans l'activité intentionnelle *avec un sens d'être transcendant*. Toutefois, pour

1. *FTL*, Hua XVII, p. [49] ; trad. fr. p. 63-64.
2. *FTL*, Hua XVII, p. [38] ; trad. fr. p. 49.
3. *FTL*, Hua XVII, p. [267] ; trad. fr. p. 348.
4. *FTL*, Hua XVII, p. [270] ; trad. fr. p. 351.
5. *EU*, p. [61] ; trad. fr. p. 70.

échapper au psychologisme logique, il ne suffit pas de proclamer l'*objectivité* de la signification et de soutenir que « ce qui est constitué prend le sens d'une objectivité idéale existant en soi » [1]. Car une conscience singulière n'est peut-être jamais assurée que ce qu'elle forme *hic et nunc* a une validité éternelle et universelle (sans parler du sceptique arguant que ce qu'il pense n'a que la valeur relative d'une opinion personnelle). Pour écarter définitivement le spectre du psychologisme logique, Husserl doit s'y prendre autrement.

Il y parvient de deux manières. En premier lieu, la réduction phénoménologique (par la mise entre parenthèses de la thèse générale du monde ou la mise hors circuit de toute position judicative transcendante) et la réduction transcendantale (par la reconduction à la subjectivité transcendantale constituante) ont mis la phénoménologie à l'abri de toute interprétation psychologique. Les hommes, ces êtres psycho-physiques réels qu'étudie la psychologie, font partie des réalités du monde objectif : « L'âme humaine prise comme réalité (*mens*) est, en son sens, un moment de l'extériorité (du monde spatial) » [2] *via* le corps humain dans lequel elle est incarnée. L'âme ainsi comprise jouit de certaines facultés psychiques en vertu desquelles elle a des représentations, des sentiments, de jugements, etc. Ces vécus font également partie, comme les êtres humains dans lesquels ils se produisent, du monde objectif réel :

> La subjectivité psychologique ou psychophysique, le psychisme humain, la personne humaine, (...) avec ses vécus psychiques au sens psychologique, [sont] parties intégrantes du monde objectif [3].
>
> Les « phénomènes psychiques », plus clairement les data psychiques, les vécus et les dispositions (capacités) [de l'âme humaine] sont des data à l'intérieur du monde déjà donné [4].

Tout cela tombe nécessairement sous le coup de la réduction phénoménologique (*épochè*) [5]. Car si la conscience décide de suspendre son jugement et de ne plus poser de transcendances, alors elle ne doit pas non plus présupposer l'existence d'êtres psycho-physiques et, en eux, de réalités psychiques (facultés, actes, états psychiques). C'est pourquoi, après réduction, une fois que toute position d'être transcendant est suspendue, il ne reste que le *moi pur* en tant que sujet de la réduction. La

1. *Ibid.*
2. *EU*, p. [238] ; trad. fr. p. 310.
3. *EU*, p. [259] ; trad. fr. p. 337.
4. *EU*, p. [260] ; trad. fr. p. 338.
5. Cf. *Ideen I*, Hua III/1, § 31, p. [63] ; trad. fr. p. 98-99.

subjectivité constituante dans laquelle les formations logiques « ont leur “origine” » [1] est donc la subjectivité *pure transcendantale*, et non la subjectivité humaine naturelle. Ce n'est pas dans « la réalité du moi en tant qu'âme humaine », dans l'activité mentale « vécue par les hommes dans le monde », mais dans *l'ego pur* ou *transcendantal* que « se constituent subjectivement toutes les objectités et tous les mondes qui valent pour lui » [2]. Par suite, les opérations de la conscience constituante dans lesquelles les objectités catégoriales ont leur source ne sont pas des processus psychiques empiriques (des vécus au sens psychologique), mais les *phénomènes purs* d'un moi pur. Dès lors, on comprend pourquoi la méthode de la réduction interdit de prendre l'analyse transcendantale-constitutive pour une forme de psychologisme logique : les *formations* catégoriales ne sont pas les produits de l'*esprit humain*, les *prestations psychiques* d'un sujet empirique.

Husserl évite l'écueil du psychologisme logique en prenant également soin de distinguer entre la *constitution* de l'objet par la conscience transcendantale et la *production* matérielle d'une réalité physique. Il est vrai qu'il y a entre elles certaines analogies : le substrat empirique tient lieu de matériau dont la mise en forme catégoriale est une transformation aboutissant à quelque chose de nouveau. Néanmoins, la conscience transcendantale ne produit pas ses *objets intentionnels* comme un artisan fabriquant des objets à partir d'un matériau. La relation entre la conscience constituante et l'objet constitué n'est pas une relation de causalité entre une cause efficiente et la chose à laquelle elle donne l'existence, mais une « corrélation éidétique » [3] entre l'acte et l'objet intentionnel. Quand Husserl affirme que la conscience *constitue* l'objet, cela ne signifie donc pas qu'elle l'engendre effectivement à la manière de l'ouvrier qui travaille un matériau et fabrique de toutes pièces une nouvelle chose existante. Cela signifie simplement qu'elle le *vise* et que, ce faisant, le *visé* en tant que tel devient pour elle un objet de conscience, unité intentionnelle d'une multiplicité d'actes : « dans l'activité de jugement un irréel est *intentionnellement* constitué » ; « tout ce qui fait partie du monde (...) se constitue comme *unité intentionnelle* » [4]. Unité qu'il ne faut confondre ni avec les contenus réels immanents de la conscience, puisqu'elle est l'identique d'une multiplicité d'actes, ni avec les choses réales, puisque le noème n'a pas les mêmes propriétés que l'objet transcendant. La distinction entre la

1. *FTL*, Hua XVII, p. [38] ; trad. fr. p. 48.
2. *FTL*, Hua XVII, p. [238], [232] et [262] ; trad. fr. p. 310, 302 et 341.
3. *FTL*, Hua XVII, p. [254] ; trad. fr. p. 331.
4. *FTL*, Hua XVII, p. [176] et [245] ; trad. fr. p. 227 et 319. Nous soulignons.

constitution de l'objet intentionnel par la conscience et la production matérielle d'un existant apparaît à travers la notion de *thème*. Husserl désigne là l'objectité sur la détermination de laquelle la conscience reste orientée. « Le juger dans son progrès a une cohérence grâce à l'unité d'un "thème" qui est présent pendant tout le cours du même juger (le mot thème étant pris au sens premier, au sens le plus significatif d'objectité-substrat dont on a constamment et finalement en vue la détermination) » [1]. Si l'objet de conscience est engendré par la conscience, ce n'est donc pas comme un *produit* auquel une cause efficiente aurait donné l'existence, mais comme *thème* de l'activité intentionnelle : ce qui est explicitement visé par la conscience devient pour elle un « objet ». L'objet dont on a conscience est constitué non pas *réellement* comme *produit matériel*, mais *intentionnellement* comme *thème* de l'activité de la conscience, comme ce qui est *visé* en elle et attend de recevoir des déterminations :

> Les formes multiples des formations de la sphère du jugement et de la connaissance [concepts, jugements] (...) naissent, chez ceux qui tendent vers la connaissance, pendant l'exécution de leurs activités de pensée, et cela selon le mode particulier du « thème » [2].

Penser ne consiste pas à donner naissance à des *objets* qui auraient une existence mentale ou physique, à pas produire des existants, immanents ou transcendants, par un simple décret, comme si la conscience était une cause efficiente capable d'engendrer de nouvelles « réalités ». Penser, c'est faire apparaître des objets à la conscience, c'est « produire » des objets intentionnels qui ne sont ni des vécus immanents, ni des réalités transcendantes :

> Penser signifie créer un champ *thématique* qui a une cohésion et dans lequel se trouvent exclusivement les formations de pensée qui sont en jeu [3].

> Les vécus sont des objets de la conscience interne, mais en eux se constituent aussi des objets, *en tant que visés* en eux [4].

Dans son activité de numération, le mathématicien ne *crée* pas les nombres eux-mêmes, il *vise* des objets idéaux qui, ce faisant, deviennent pour lui des objets *de* conscience. De même, le juger ne construit pas « réellement » l'état-de-chose ; il fait apparaître un état-de-chose qui devient pour la conscience un objet intentionnel.

1. *FTL*, Hua XVII, p. [120] ; trad. fr. p. 156.
2. *FTL*, Hua XVII, p. [37] ; trad. fr. p. 47.
3. *FTL*, Hua XVII, p. [39] ; trad. fr. p. 50-51. Nous soulignons.
4. *EU*, p. [304-305] ; trad. fr. p. 307-308. Nous soulignons.

> Dans l'activité de jugement un irréel [le jugé en tant que tel, l'état-de-choses] est *intentionnellement constitué* [1].

> Les formations de pensée [concepts, jugements] se constituent comme *unités de sens* [unités intentionnelles] [2].

Autrement dit, elles se constituent comme objets de consciences, unités intentionnelles d'une multiplicité d'actes. Il est clair que la *production* accomplie par la conscience n'est pas une cause efficiente qui donnerait l'être à un existant à partir d'un matériau informe. C'est une visée intentionnelle dans laquelle quelque chose accède à la conscience et devient objet intentionnel. *Produire* un « objet », ce n'est pas créer un existant, c'est faire de lui un objet de conscience en le faisant apparaître ; c'est le *donner* lui-même dans un vécu d'évidence, le rendre présent à la conscience. Quand Husserl affirme que celui qui pense « produit des formes conceptuelles », cela signifie qu'il « a devant lui "de façon consciente", thématiquement, exclusivement les formations en jeu » [3]. Quand il affirme que les opérations catégoriales sont une « production originelle » [4], cela signifie qu'elles donnent les objectités catégoriales elles-mêmes à la conscience. Si on appelle *sens* l'objet intentionnel, le visé en tant que tel, on peut dire que l'activité intentionnelle est « donatrice de sens », qu'elle est une activité « constituant le sens » [5].

S'il est vrai que la constitution *intentionnelle* d'un « objet » de conscience n'est ni la production matérielle d'une chose réale, ni l'accomplissement d'un vécu réel-immanent qui ne fait pas lui-même partie du champ de conscience, il ne faudrait pas non plus, à l'inverse, ignorer le caractère *idéaliste* de la phénoménologie husserlienne. L'objet intentionnel, corrélat de la *noès*e, fait partie intégrante de la sphère phénoménologique. Il n'est certes pas un moment *réel* de l'acte (une composante psychique à l'intérieur d'un vécu), mais il est néanmoins un moment *intentionnel*, et même un moment *essentiel*, puisqu'il appartient à l'essence de tout « acte » d'avoir son corrélat ou objet intentionnel. Cet objet est de surcroît façonné par la conscience, puisque l'objectité catégoriale est directement liée à la manière dont l'objet donné dans l'expérience est pensé.

Pour l'idéalisme phénoménologique-transcendantal, l'objet transcendant lui-même n'est rien d'autre que l'*unité intentionnelle* d'une multi-

1. *FTL*, Hua XVII, p. [176] ; trad. fr. p. 227. Nous soulignons.
2. *FTL*, Hua XVII, p. [39] ; trad. fr. p. 51. Nous soulignons.
3. *FTL*, Hua XVII, p. [38] ; trad. fr. p. 49.
4. *FTL*, Hua XVII, p. [176] ; trad. fr. p. 228.
5. *FTL*, Hua XVII, p. [251] et [242] ; trad. fr. p. 327 et 315.

plicité de vécus ou, puisque chaque acte singulier a un corrélat noématique ponctuel, l'unité d'une multiplicité de noèmes. L'objet, réel ou idéal, ne se réduit certainement pas à une formation psychique passagère ; mais en tant qu'*unité intentionnelle* il se définit néanmoins *par rapport* à la conscience, même si le « pôle d'identité » qui « surpasse ces vécus particuliers » [1] transcende chaque conscience empirique singulière. Etre un « objet », c'est être *visé par* la conscience ; être un objet transcendant, c'est être *visé comme identique* par une multiplicité d'actes : la transcendance a le

> sens (...) d'une unité intentionnelle apparaissant dans la subjectivité même de la conscience [2].
>
> L'objectif n'est rien d'autre que l'unité synthétique de l'intentionnalité actuelle et de l'intentionnalité potentielle, appartenant d'une manière essentiellement propre à la subjectivité transcendantale [3].

Et si la *transcendance* n'est rien d'autre qu'un être-identiquement-*visé* par une multiplicité d'actes, l'objet doit alors recevoir *son sens d'être transcendant* de la conscience elle-même. Que la conscience constitue le *sens* de tout existant, réel ou idéal, cela ne signifie pas seulement que cet existant devient objet de conscience dans la vie intentionnelle, à partir des vécus d'expérience et des synthèses de recognition. Cela signifie également que l'objet *tel qu'il est visé* reçoit son *sens d'être* (objectif-transcendant) de l'activité intentionnelle elle-même. En répétant cette activité, le sujet prend en effet conscience que le visé est saisissable à tout moment dans son identité, tel qu'il a été visé auparavant, et, ce faisant, il lui confère une objectivité, c'est-à-dire une validité supra-temporelle et supra-individuelle qui excède l'acte passager au cours duquel un objet est *momentanément* apparu. « N'importe quoi qui s'oppose à moi en tant qu'objet existant a reçu pour moi (…) tout son sens d'être de mon intentionnalité effectuante » [4]. C'est pourquoi la *donation de sens* (la constitution de l'objet de conscience) commence par le *vécu d'expérience*. C'est là qu'un objet est donné à la conscience avec un sens d'être transcendant :

> Tout ce qui pour le philosophe doit être et doit être ceci ou cela, donc tout ce qui doit pouvoir avoir pour lui *sens* et validité, est forcé d'être présent à sa conscience sous la forme d'une effectuation intentionnelle propre [le vécu

1. *FTL*, Hua XVII, p. [172] ; trad. fr. p. 223.
2. *FTL*, Hua XVII, p. [242] ; trad. fr. p. 316.
3. *FTL*, Hua XVII, p. [280] ; trad. fr. p. 364.
4. *FTL*, Hua XVII, p. [241] ; trad. fr. p. 315.

d'expérience], correspondant à la singularité de cet existant, et cela par une *donation de sens* propre [1].

« Donation de sens propre » signifie que l'objet de conscience est donné lui-même, *originaliter*, à la conscience. « Quelque chose comme un objet (par exemple même un objet physique) ne tire originellement le sens ontique qui lui est propre [celui d'un être objectif-transcendant] (...) que des processus vécus de l'expérience » [2]. C'est là qu'un objet est donné à la conscience, et qu'il y est donné avec le sens d'un être objectif-transcendant : dans la répétition des vécus d'expérience il se donne comme quelque chose d'identique par opposition à la multiplicité des actes ; c'est également dans la prolongation des vécus d'expérience qu'il se donne comme une unité transcendante dont il reste toujours quelque chose à découvrir au-delà des vécus d'expérience actuels et passés. En définitive, être un *objet* signifie d'abord pouvoir être donné en propre à la conscience au cours d'un vécu d'expérience, et pouvoir être ressaisi ensuite dans son identité au cours de la répétition des expériences donatrices. C'est ainsi que les apparaissants reçoivent un sens d'être objectif-transcendant : la répétition de l'activité intentionnelle révèle qu'ils ne sont pas liés à un acte subjectif singulier.

L'analyse transcendantale-constitutive a donc apporté de profonds changements à la théorie phénoménologique de la signification. Tout d'abord, elle confirme l'abandon définitif du concept *noétique*. Car depuis que la phénoménologie a donné aux significations un enracinement subjectif en montrant comment les objectités catégoriales se constituent dans la vie intentionnelle, Husserl n'a plus besoin de ce concept pour saisir les significations en relation avec les actes du signifier. La relation entre le constituant et le constitué dans laquelle s'inscrivent désormais les actes du signifier et les significations préserve l'objectivité et l'idéalité du constitué précisément en tant que sens d'être intentionnellement constitué.

S'agissant des significations noématiques, leur statut ontologique ne peut pas non plus rester insensible à la reconduction des objectités catégoriales à leur source transcendantale-subjective. Il ne s'agit pas de remettre en cause l'*idéalité* de la signification en tant qu'*unité* intentionnelle d'une multiplicité d'actes, mais simplement de penser cette *idéalité* autrement. Sur le modèle d'une espèce indifférente aux variations des individus, Husserl a longtemps pensé les significations comme des unités *intemporelles*, par opposition aux vécus, ces « phénomènes singuliers qui

1. *FTL*, Hua XVII, p. [251] ; trad. fr. p. 327. Nous soulignons.
2. *FTL*, Hua XVII, p. [172] ; trad. fr. p. 223.

vont et qui viennent (...) dans le courant de la conscience»[1]. La signification était certes une essence d'*actes*, car Husserl voulait la saisir *en relation avec les vécus* du signifier, mais tandis que les individus dans lesquels elle se réalise ne céssaient de passer et de changer, emportés par le courant de conscience immanent, l'espèce de signification, elle, conservait son identité. *L'idéalité* était alors synonyme d'*intemporalité*. Cette équivalence paraissait d'autant plus naturelle que, dans le cas des propositions vraies, la signification d'énoncé devait bénéficier de l'éternité qui revient traditionnellement à la vérité. Ce modèle est maintenant totalement révolu, non seulement parce que le concept *noétique* a été écarté, mais aussi et surtout parce que l'analyse transcendantale-constitutive, comme nous allons bientôt le vérifier, a bouleversé les relations entre l'objectité constituée et la conscience constituante. En tant que *formation* catégoriale *constituée*, la signification, en effet, ne peut plus être *indifférente à la temporalité* de *l'activité intentionnelle constituante*. La temporalité immanente du processus constitutif doit affecter l'objectité constituée et imprégner son idéalité. Les significations ne sont certes pas devenues des événements éphémères comme les vécus fugitifs au cours desquels elles apparaissent à la conscience, mais elles doivent néanmoins assumer une dimension temporelle depuis que l'on sait qu'elles prennent naissance dans la vie intentionnelle, fût-elle transcendantale.

1. *ELE*, Hua XXIV, p. [226] ; § 37, trad. fr. p. 269.

CHAPITRE III

LA RÉVISION DU STATUT ONTOLOGIQUE DES SIGNIFICATIONS

L'INTÉGRATION DE LA TRANSCENDANCE DE L'OBJECTITÉ CATÉGORIALE DANS L'IMMANENCE DE LA VIE INTENTIONNELLE

La constitution intentionnelle de la transcendance de l'objet réel

La révision du statut ontologique de la signification revêt principalement deux aspects. En affirmant que tout objet se constitue dans la vie intentionnelle, Husserl opère d'abord une *intégration de la transcendance* de l'objet visé dans *l'immanence* de la conscience. Si la signification a le sens d'un être transcendant, elle le doit à la conscience elle-même : c'est dans *la répétition de l'activité* catégoriale que l'objectité catégoriale peut se constituer comme l'*unité intentionnelle* d'une multiplicité d'actes ; à ce titre – et seulement à ce titre – elle est transcendante, c'est-à-dire au-delà de chaque vécu singulier. Du même coup, une fois reconduite à la vie transcendantale subjective et réinscrite dans un processus intentionnel, l'objectité catégoriale doit nécessairement endosser une certaine *forme de temporalité*.

Pour étayer ces deux points, il faut d'abord rappeler que le but de l'analyse transcendantale-constitutive n'est pas de remettre en cause le statut « objectif » des objectités réelles ou idéales, mais de montrer qu'elles se constituent dans l'activité intentionnelle avec le sens d'un être transcendant : « La transcendance du réel (...) se constitue, quant à son être et quant à son sens, exclusivement dans la sphère immanente »[1] ; et, s'agissant cette fois des objets idéaux, la question phénoménologique-

1. *FTL*, Hua XVII, p. [174] ; trad. fr. p. 225.

transcendantale est bel et bien de savoir « comment la subjectivité peut-elle créer en elle-même, en les tirant purement des sources de sa spontanéité, des formations qui peuvent valoir comme objets idéaux d'un "monde" idéal » [1], objets dont la validité excède le temps au cours duquel s'accomplissent les opérations constituantes. Considérons d'abord l'*objet réel* à partir duquel s'édifient les objectités catégoriales, et voyons comment il reçoit de la conscience le sens d'un être transcendant. *Tel qu'*il apparaît au cours des vécus d'expérience, l'objet se donne comme quelque chose qui *ne se réduit pas* au contenu sensible ponctuel d'une perception singulière et passagère : il « est plus que ce qui est saisi effectivement » [2]. Au-delà de ce qui est donné à la conscience *hic et nunc*, d'autres aspects et d'autres parties de l'objet sont susceptibles d'apparaître au fur et à mesure que l'expérience se prolonge. Le fait que l'objet visé soit toujours *au-delà* des apparitions partielles atteste son caractère transcendant [3]. « Ce qui est saisi par l'expérience a le sens d'un être transcendant » [4]. Or, ce n'est pas l'objet qui s'impose de l'extérieur à la conscience comme quelque chose qui aurait déjà par devers lui le caractère intrinsèque de la transcendance ; c'est *l'expérience elle-même qui lui donne ce sens d'être*. Dans la poursuite des expériences, chaque fois que la même chose apparaît sous un nouveau jour à travers des esquisses successives (une maison dont je fais le tour, un cube que je retourne dans tous les sens), la conscience comprend que le perçu est l'*unité intentionnelle* d'une multiplicité d'actes, et que cette unité est *au-delà* de chaque acte de perception ponctuel, et même au-delà des expériences vécues. Dans le vécu d'expérience, l'objet réal est donné comme un être qui excède son apparaître, un objet qui « est plus » [5] que l'aspect momentanément offert au regard. La transcendance appartient donc au *sens* de l'objet empirique (à l'objet tel qu'il est perçu et visé dans l'expérience sensible), et ce sens d'être il le doit à la conscience elle-même, à la manière dont celle-ci vise son objet :

> C'est *l'expérience elle-même* (...), qui me dit (...) : ici il y a quelque chose qui est présent à la conscience (...), mais il est plus que ce qui est saisi effectivement, il y a encore quelque chose d'autre de lui-même à saisir par l'expérience ; il est transcendant dans cette mesure [6].

1. *FTL*, Hua XVII, p. [267] ; trad. fr. p. 348.
2. *FTL*, Hua XVII, p. [240] ; trad. fr. p. 313.
3. Cf. *Ideen I*, § 43.
4. *FTL*, Hua XVII, p. [240] ; trad. fr. p. 312.
5. *FTL*, Hua XVII, trad. fr. p. 313.
6. *FTL*, Hua XVII, p. [240] ; trad. fr. p. 313. Nous soulignons.

> L'expérience, c'est l'effectuation dans laquelle, pour moi qui saisit par l'expérience, « est là » l'être saisi par l'expérience et c'est en tant que *quid* qu'il est là, avec toute sa teneur et avec *le mode d'être que lui attribue précisément l'expérience elle-même* par l'action qui s'effectue dans son intentionnalité. Si ce qui est saisi par l'expérience a le sens d'un être transcendant, alors *c'est « le saisir par l'expérience »* (...) *qui constitue ce sens*[1].

Comment la transcendance de l'objet réel se constitue-t-elle donc dans l'expérience ? Tout commence, dans une première expérience, par la synthèse des perceptions successives. Le perçu y acquiert le sens d'un être transcendant dans la mesure où il est visé comme quelque chose qui est au-delà de chaque apparition ponctuelle. La transcendance ainsi pré-constituée se confirme ensuite dans la poursuite et la synthèse des expériences concordantes : « dans la donation que procure la forme synthétique de l' "explicitation" poursuivie d'une manière continue ce pôle d'identité s'expose en ses "déterminations" qui à leur tour ont une unité idéale »[2]. Lorsque l'objet d'expérience s'enrichit de nouvelles déterminations, la conscience comprend que le perçu ne se limite pas à ce qui est chaque fois ponctuellement présent et que sa validité excède les apparitions multiples et fugaces. Au fil des expériences qui se confirment et s'enrichissent mutuellement[3], le perçu prend ainsi progressivement le sens d'un *objet* d'expérience qui persiste malgré les intermittences de l'activité intentionnelle et la diversité des apparitions. La confrontation intersubjective des expériences m'apprend enfin que l'objet qui apparaît *hic et nunc* ne vaut pas seulement *pour moi* au moment où je le vise, mais aussi *pour tout être conscient* à tout moment. L'objet acquiert ainsi pour *nous* une validité supra-individuelle et supra-temporelle ; il reçoit le sens d'un objet accessible à tous. Ce sens lui est précisément donné par la conscience elle-même, puisqu'à la différence des objets visés en souvenir et en imagination, l'objet empirique, tel que les consciences spectatrices l'envisagent, est susceptible d'affecter *n'importe quel sujet*. Comme en témoigne la volonté de partager le spectacle du monde sensible dans une contemplation commune, la conscience sensible ne considère pas que l'objet d'expérience lui appartienne en propre : « c'est encore l'expérience qui dit : cette chose, ce monde me sont absolument transcendants, à moi, à mon être propre. Ce monde est "monde objectif" en tant qu'il est le même monde

1. *FTL*, Hua XVII, trad. fr. p. 312-313. Nous soulignons.
2. *FTL*, Hua XVII, p. [172] ; trad. fr. p. 223.
3. Dans l'hypothèse, évidemment, où ces expériences sont concordantes !

que d'autres également peuvent saisir et saisissent par l'expérience »[1]. Pour la phénoménologie transcendantale-constitutive, la transcendance de l'objet réel n'est donc rien d'autre que la possibilité d'être *donné* en propre *à* la conscience dans un vécu d'expérience, d'être *confirmé dans* la continuation de l'expérience, et enfin d'être *saisi comme identique* par plusieurs consciences. Cette possibilité n'est pas une dimension ontologique absolue, elle ne fait pas partie des pouvoirs ou des qualités intrinsèques de l'objet; elle est du ressort de l'activité intentionnelle elle-même. Parce qu'elle appartient au pouvoir constituant de la conscience, c'est une possibilité *transcendantale*. C'est seulement parce qu'il apparaît comme l'*unité intentionnelle* d'une multiplicité d'actes au cours de la répétition, de la synthèse et de la confrontation des vécus d'expérience, que l'objet empirique a le sens d'être transcendant.

La constitution intentionnelle de la transcendance de l'objectité idéale (signification)

Les objectités catégoriales que la pensée construit à partir des objets d'expérience sont également, à leur manière, quelque chose de *transcendant*: le « jugement » (le jugé en tant que tel) est un « être idéal [qui] a la signification d'une transcendance spécifique »[2]. Même s'il prend naissance dans l'activité de détermination, même s'il apparaît à la conscience au cours d'un acte ponctuel de jugement, le jugement au sens logique du terme n'est pas une formation passagère réductible à ce qui est jugé *hic et nunc*. Le jugé en tant que tel n'est pas le corrélat ponctuel d'un acte fugitif : le jugement

> transcende l'évidence vivante dans laquelle le jugement en tant que ce jugement-ci vient à être donné « lui-même » de façon actuelle[3].
>
> Les formations catégoriales ne sont pas pour celui qui juge des objectités uniquement dans et pendant l'action de jugement et (…) alors la transcendance est impliquée dans leur propre sens- d'être[4].

L'objectité catégoriale dépasse le présent du juger actuel et prétend valoir à *tout moment* :

1. *FTL*, Hua XVII, p. [240] ; trad. fr. p. 313 ; p. [240]. L'intersubjectivité est « constitutive du sens pour le monde objectif », p. [243] ; trad. fr. p. 317.
2. *FTL*, Hua XVII, p. [194] ; trad. fr. p. 252.
3. *Ibid.*
4. *FTL*, Hua XVII, p. [122] ; trad. fr. p. 159.

> Les formations théoriques ne se présentent pas comme le font les actes du moi qui sont des actes passagers et pouvant seulement être répétés, mais elles se présentent comme des objets c'est-à-dire en tant qu'objectités pour ainsi dire saisissables, prêtes à être examinées, toujours à nouveau identifiables et accessibles à l'examen, à l'analyse, à la description répétée [1].

Comprenons bien l'opposition entre les actes psychiques réitérables *analogues* et l'objectité catégoriale ressaisissable dans sa stricte *identité*. En répétant autant de fois qu'il me plaira un acte de jugement (*Napoléon est le vainqueur d'Iéna, Napoléon est le vainqueur d'Iéna...*), j'obtiens chaque fois un nouveau vécu analogue au précédent ; j'ai donc plusieurs vécus similaires numériquement distincts ; mais le jugé en tant que tel reste absolument le même, puisque la « même » chose (Napoléon) y est jugée exactement de la même manière (en tant que *vainqueur d'Iéna*). Par conséquent, quand Husserl déclarait que les objectités irréelles « sont ce qu'elles sont uniquement en vertu d'une production originelle [activité catégoriale] (...) cela ne [voulait donc] aucunement dire qu'elles sont ce qu'elles sont *uniquement dans et pendant la production originelle* » [2] (au cours de la synthèse judicative qui les fait apparaître à la conscience), et qu'elles se volatilisent une fois que cette opération est achevée :

> Les formations catégoriales ne sont pas pour celui qui juge des objectités uniquement dans et pendant l'action de jugement [3].

> Ce qui est constitué d'une manière actuelle pour les sujets connaissants et est puisé aux sources de leurs habitus est plus que ce thématique momentané du présent actuel [plus que ce qui est momentanément visé par le juger actuel] [4].

> Toute formation objective de cette sorte n'a pas seulement l'existence fugitive de ce qui est formé d'une manière actuelle, apparaît et disparaît dans le champ thématique. Elle a aussi le sens-d'être d'une valeur qui persiste d'une manière durable [5].

La persistance de l'objectité catégoriale au-delà de sa constitution originelle, sa validité au-delà du présent ponctuel, témoigne de sa transcendance.

Or, cette transcendance, comme celle de l'objet réel, se constitue dans l'activité intentionnelle. C'est à la conscience elle-même et à ses opé-

1. *FTL*, Hua XVII, p. [44] ; trad. fr. p.57.
2. *FTL*, Hua XVII, p. [176] ; trad. fr. p. 228. Nous soulignons.
3. *FTL*, Hua XVII, p. [122] ; trad. fr. p. 159.
4. *FTL*, Hua XVII, p. [38] ; trad. fr. p. 49.
5. *FTL*, Hua XVII, p. [37] ; trad. fr. p. 48.

rations catégoriales que les objectités idéales sont redevables de leur sens d'être transcendant : « La transcendance est impliquée dans leur propre sens-d'être » [1]. Les états-de-choses *tels qu'ils sont visés* dans le juger sont des objectités transcendantes *dans la mesure où* ils apparaissent dans la répétition de l'opération catégoriale comme un identique *au-delà* des actes singuliers et de leurs corrélats ponctuels. En accomplissant une première fois l'acte de jugement, la conscience produit un état-de-chose, elle se donne un nouvel « objet ». En *répétant* la synthèse prédicative, elle peut *à tout moment* retrouver ce qui a été *jugé*, ressaisir le même état-de-chose tel qu'il avait été formé. Dans une synthèse de recognition réunissant les actes, elle peut enfin saisir la stricte identité du jugé actuel et du jugé antérieur : ce qui est maintenant jugé, c'est exactement la même chose que ce qui était jugé précédemment. À travers la répétition de l'activité catégoriale et la synthèse d'identification, la formation catégoriale (*le* jugement ou *la* proposition) prend ainsi pour la conscience le sens d'une objectité qui n'est pas liée à un vécu singulier et passager, puisqu'elle est, tout au contraire, l'unité intentionnelle d'une *multiplicité* d'actes. En ressaisissant dans son identité une formation logique, la conscience lui confère ainsi une validité supra-temporelle. Elle peut dire : cet objet ne vaut pas seulement pour moi au moment où je l'ai formé pour la première fois, il persiste au-delà de sa première apparition, puisque je peux le retrouver à tout moment tel qu'il était auparavant :

> Une telle formation objective reste *identique dans la répétition*, elle est *toujours* à nouveau *reconnue* à la manière d'un existant permanent [2].
>
> Tout être dans son activité de pensée est sûr d'emblée de pouvoir instituer les jugements comme jugements fermement *identifiables* sur l'être desquels il peut compter ainsi que sur le fait qu'ils lui sont accessibles même quand il n'y songe pas [3].
>
> Il est facile (...) de mettre en évidence *l'être idéal* des jugements en tant que *sens* [jugés en tant que tels] *identifiables à tout moment* [4].

L'objectité visée reçoit le sens d'un être transcendant dans et par la répétition de l'activité catégoriale elle-même. Tel qu'il est donné une première fois dans une synthèse catégoriale et ressaisi ensuite dans des synthèses répétées, le jugé en tant que tel se construit progressivement comme une unité qui dépasse chaque opération ponctuelle.

1. *FTL*, Hua XVII, p. [122] ; trad. fr. p. 159.
2. *FTL*, Hua XVII, p. [37-38] ; trad. fr. p. 48. Nous soulignons.
3. *FTL*, Hua XVII, p. [194] ; trad. fr. p. 252. Nous soulignons.
4. *Ibid.* Nous soulignons. *Cf.* aussi *FTL*, Hua XVII, p. [44] ; trad. fr. p. 57.

La *transcendance* de l'objectité idéale, comme celle de l'objet réel, n'est donc rien d'autre que l'*unité intentionnelle* d'une multiplicité d'actes qui se constitue dans l'activité intentionnelle. Une transcendance qui n'a donc rien d'absolu, puisqu'elle est un sens d'être intentionnellement constitué.

En outre, à la différence des actes psychiques propres à chaque conscience, *le* jugement n'appartient pas à celui qui juge mais, si l'on peut dire, à la *communauté* de tous les êtres pensants. Appartenant à tout le monde, il n'appartient à personne. La formation logique ne se limite pas à la sphère privée d'une conscience singulière ; elle a une validité supra-individuelle : un jugement a la « prétention de valoir une fois pour toutes et *pour tout être* » [1]; il ne vaut pas seulement *pour moi* au moment où je juge, mais aussi pour *les autres sujets*, pour « *la communauté*, sur le plan de la pensée, de ceux qui jugent » [2]:

> Toute formation objective de cette sorte n'a pas seulement l'existence fugitive de ce qui est formé d'une manière actuelle, apparaît et disparaît dans le champ thématique. Elle a aussi le sens-d'être d'une valeur qui persiste d'une manière durable ; *elle a même une validité objective, au sens particulier de ce mot, validité s'étendant au-delà de la subjectivité qui connaît d'une manière actuelle* [supra-temporalité] *et au-delà de ses actes* [supra-individualité, intersubjectivité] [3].

Autrui peut en effet porter le *même* jugement que moi, même s'il ne s'agit évidemment pas du même acte psychique. Il peut accomplir à son tour un (autre) acte dont le contenu logique est *strictement identique* : on peut « référer l'identité des sens des jugements [l'identité du jugé] à "*tout être*" : le même jugement, en tant qu'il est *mon opinion* durable n'est pas seulement une unité idéale de mes vécus subjectifs multiples mais *tout être* peut avoir [le cas échéant] cette même opinion » [4]. Ou du moins tout être peut-il comprendre l'énoncé et saisir la même objectité catégoriale en se représentant l'état-de-chose tel qu'il a été jugé par quelqu'un d'autre. Réciproquement, tout jugement d'autrui peut devenir mien : ainsi les formations logiques qui apparaissent à la conscience au cours de l'activité catégoriale

> doivent à titre de résultats être tirées de tout juger qui est nôtre (...), et aussi de *tout jugement d'autrui réeffectué par nous, et cela en fait* [quand nous prenons nous-mêmes position et accomplissons effectivement à notre tour

1. *FTL*, Hua XVII, p. [202] ; trad. fr. p. 263. Nous soulignons.
2. *FTL*, Hua XVII, p. [123] ; trad. fr. p. 160. Nous soulignons.
3. *FTL*, Hua XVII, p. [37] ; trad. fr. p. 49. Nous soulignons.
4. *FTL*, Hua XVII, p. [202] ; trad. fr. p. 262. Nous soulignons.

> un acte de jugement] *ou en pensée* [quand nous nous contentons de comprendre ce qui a été énoncé en nous représentant l'état-de-chose] ; alors ces formations sont, selon l'une ou l'autre de ces éventualités, des jugements que nous « portons » effectivement ou des jugements possibles [1].

Je peux porter le même jugement qu'autrui, ou du moins comprendre ce qui a été jugé par lui (son *opinion*, l'état-de-chose jugé en tant que tel). Réciproquement, autrui peut porter le même jugement que moi. À la différence des vécus propres à chacun, l'objectité catégoriale est donc un bien commun : le jugement appartient à la « communauté qui se forme sur le plan du jugement », aux « sujets (...) constituant comme des œuvres [communes, accessibles à tous] les formations qui sont le bien de la communauté » [2]. La *transcendance* de l'objectité catégoriale n'est rien d'autre que cette validité supra-individuelle révélée par la reprise de l'activité catégoriale et la confrontation intersubjective. Il faut que la conscience *revienne* sur ce que *les autres* ont jugé (*S est p*), qu'elle *accomplisse* à son tour un acte analogue (S/est/p) et, en confrontant les résultats de chaque activité catégoriale (tu as énoncé : *S est p*, j'ai énoncé : *S est p*), qu'elle *reconnaisse* enfin que *le* jugement est le même (que le jugé en tant que tel est strictement identique) pour que la formation catégoriale que chaque synthèse prédicative a formée pour son propre compte à un moment déterminé puisse se constituer comme *une* objectité *transcendante* ayant une validité supra-temporelle et supra-individuelle. Quand nous disons : « nous jugeons les uns et les autres *la même chose* », « ce qui est jugé maintenant par celui-ci et ce qui était jugé auparavant par celui-là, c'est exactement *la même chose* », ce qui se donne ici comme une possession intersubjective dans la synthèse d'identification (ce jugement qui appartient à tous) est nécessairement *au-delà* de chaque conscience singulière : toutes les formations logiques ont une « validité objective (...), s'étendant au-delà de la subjectivité qui connaît d'une manière actuelle et au-delà de ses actes » [3]. Une fois de plus, la *transcendance* de l'objectité catégoriale, comme celle de l'objet réel, n'est rien d'autre que l'*unité intentionnelle* d'une multiplicité d'actes et de consciences qui se constitue dans l'activité intentionnelle. Cette activité constituante n'est pas celle d'une subjectivité transcendantale singulière isolée, mais d'une communauté susceptible de communiquer et de comparer les résultats des opérations que chaque conscience accomplissait pour son propre compte ; communauté qui, après

1. *FTL*, Hua XVII, p. [44] ; trad. fr. p. 57. Nous soulignons.
2. *FTL*, Hua XVII, p. [123] et [282] ; trad. fr. p. 160 et 366-367.
3. *FTL*, Hua XVII, p. [37] ; trad. fr. p. 48.

réduction, n'est plus la réunion empirique des êtres humains pensants mais une société idéale et transcendantale de sujets purs. L'objectité catégoriale est intersubjectivement co-constituée en tant que bien commun par la circulation et l'échange des pensées [1].

L'*écriture* joue à cet égard un rôle fondamental. En fixant les significations (concepts et jugements) dans des termes et des énoncés, elle donne aux formations logiques la forme permanente d'un document objectif accessible à tout moment. Les objectités catégoriales deviennent ainsi un bien commun toujours disponible : la formation logique

> doit sa présence objective à sa *forme documentaire* exactement comme les autres objectivités du monde de la culture ; chacun peut ainsi la trouver dans une durée objective, la recomprendre avec le même sens ; elle est susceptible d'identification inter-subjective, elle est présente même quand personne ne la pense [2].

La forme documentaire est particulièrement importante pour la conservation, la circulation et la publicité des connaissances. Déposées dans des jugements prédicatifs qui posent fermement S est p « une fois pour toutes » [3], elles reçoivent une forme fixe et deviennent pour *toute conscience* (intersubjectivité) des objectités accessibles *à n'importe quel moment* (omnitemporalité), dépassant ainsi les circonstances singulières de leur formation. Ce processus se poursuit avec l'expression linguistique du jugement dans un énoncé. Recueillies dans des énoncés déclaratifs, les connaissances deviennent une « possession durable » [4], *un acquis inter-subjectif* qui circule facilement d'une conscience à l'autre et sur lequel n'importe qui peut toujours revenir :

> Cette *position ferme* de l'étant, de son comment et de sa nature, qui constitue la fonction objectivante du jugement, ne devient assurément position ferme à laquelle on peut *toujours revenir*, et comme telle *trésor permanent* de connaissance, à proprement parler qu'au degré le plus élevé, dans l'acte de jugement prédicatif dont le résultat [S est p] se dépose *dans la proposition déclarative*. Celle-ci, comme *dépôt d'une connaissance acquise, est disponible ; elle se conserve, elle se communique librement*. Seul le juger prédicatif crée ce *trésor de connaissance*, et les objets de connaissance au sens prégnant du mot, et non le juger inhérent à une contemplation simplement réceptive, bien que celle-ci crée déjà pour sa

1. C'est pourquoi la subjectivité transcendantale est une *intersubjectivité* transcendantale.
2. *FTL*, Hua XVII, p. [37-38] ; trad. fr. p. 48. Nous soulignons.
3. *EU*, p. [65] ; trad. fr. p. 73.
4. *EU*, p. [233] ; trad. fr. p. 239.

part une connaissance qui persiste, en tant qu'habitus. Tout jugement prédicatif est une étape de la connaissance dans laquelle est créé un *trésor de connaissance durable*. Il est une étape fermée sur elle-même dans le processus de la détermination (...) et la cellule originelle de la détermination thématique [1].

[Une fois déposées dans des jugements et exprimées dans des énoncés] Les vérités pures et simples qui sont données « elles-mêmes » [sont des] *gains* de la connaissance désormais *durables*, qui peuvent être rendus évidents [donnés en propre] à nouveau *à tout moment* mais qui de cette façon sont accessibles vraiment pour *tout être* [2].

Sous la forme fixe d'une trace écrite (mot, énoncé), la formation logique (concept, proposition) franchit facilement les limites spatio-temporelles : elle sort de la sphère privée et passe dans une conscience étrangère ; elle se conserve au-delà du moment où elle apparaît à chaque conscience ; et chacun peut à tout moment la (res)saisir.

Parce qu'elle ne vaut pas seulement pour celui qui pense au moment où il pense mais *à tout moment* (omnitemporalité) et *pour tout être* (universalité), l'objectité catégoriale conserve donc un statut *objectif*, en dépit de son origine transcendantale-subjective et de sa qualité de produit ou de formation :

Ce qui est *constitué* peut être présent à la conscience effectivement comme élément *objectif*, comme élément *valable d'une manière durable* [omnitemporalité] pour la subjectivité et (...), dans la *communauté* de la connaissance et pour cette communauté [intersubjectivité], (...) prend le sens d'une *objectivité* idéale existant en soi [3].

[Dans l'activité intentionnelle il y a une] constitution de l'objet – en tant que constitution d' « objets » qui « existent », en maintenant leur identité, pour moi, *pour nous* [intersubjectivité], qui sont accessibles *en tout temps* [omnitemporalité] en tant qu'ils restent les mêmes [4].

Omni-temporalité et intersubjectivité sont les critères transcendantaux de l'objectivité. Celle-ci n'est rien d'autre, pour un objet de conscience, que le pouvoir d'être *visé* et ressaisit dans son identité *à tout moment* (omnitemporalité) par *quelque conscience que ce soit* (intersubjectivité) : « l'objectif n'est rien d'autre que l'unité synthétique de l'intentionnalité

1. *EU*, p. [64-65] ; trad. fr. p. 73. Nous soulignons. Sur ce point, *cf.* § 50, c) ; ainsi que p. [65] ; trad. fr. p. 74.

2. *FTL*, Hua XVII, p. [130-131] ; trad. fr. p. 170. Nous soulignons.

3. *FTL*, Hua XVII, p. [38] ; trad. fr. p. 49. Nous soulignons.

4. *FTL*, Hua XVII, *Appendice* II, p. [320] ; trad. fr. p. 415. Nous soulignons.

actuelle et de l'intentionnalité potentielle »[1], ainsi que l'unité synthétique de mon intentionnalité et de celle d'autrui. Et si être un objet signifie être l'unité *intentionnelle* d'une multiplicité d'actes, on comprend pourquoi l'objet visé ne peut recevoir son sens d'être transcendant que de l'activité intentionnelle elle-même, dans la répétition des opérations catégoriales et la confrontation intersubjective de leurs résultats : en répétant l'acte de juger, le jugement « qui est donné "lui-même" » et qui est reconnu comme identique reçoit « le sens et le droit de la *transcendance idéale* »[2]. Que la formation catégoriale de jugement soit « présente même quand personne ne la pense »[3], qu'elle soit donc indépendante des vécus d'une conscience empirique ainsi que des intermittences de la vie psychique, cela ne change rien au fait qu'elle demeure redevable pour son sens d'être objectif-transcendant des opérations constituante de la conscience pure *transcendantale*, quand bien même « personne » (aucune subjectivité empirique) ne penserait à elle.

L'intégration de la transcendance dans l'immanence de la vie intentionnelle

Dès lors qu'elle est transcendantalement définie comme unité *intentionnelle* d'une multiplicité d'actes se constituant dans l'activité intentionnelle, la *transcendance* n'est plus incompatible avec une certaine forme d'*immanence* : elle a le « sens (...) d'une unité intentionnelle apparaissant dans la subjectivité même de la conscience »[4] au cours de l'activité intentionnelle et à travers sa réitération. La phénoménologie transcendantale-constitutive opère donc une *intégration* de la transcendance de toute objectité, réelle ou idéale, dans l'immanence de la vie intentionnelle constituante :

> Je prends conscience purement de ce que je peux trouver « en » moi-même ; je sépare (...) ce qui m'est propre en premier (ce qui est constitué d'une manière inséparable de moi-même [mes vécus]) et ce qui sur cette base de motivation est *constitué en moi comme « élément étranger »* [différent de la conscience] de niveau divers [les objets visés ou noèmes] – *ce qui est constitué en moi* comme élément réel mais aussi *comme élément idéal*[5].

1. *FTL*, Hua XVII, p. [280] ; trad. fr. p. 364.
2. *FTL*, Hua XVII, p. [194] ; trad. fr. p. 252. Nous soulignons.
3. *FTL*, Hua XVII, p. [38] ; trad. fr. p. 48.
4. *FTL*, Hua XVII, p. [242] ; trad. fr. p. 316. Après le tournant idéaliste-transcendantal aux alentours de 1906, l'objet intentionnel, jusque-là transcendant en face du sujet qui le vise, est intégré dans la sphère de la conscience.
5. *FTL*, Hua XVII, p. [281] ; trad. fr. p. 365. Nous soulignons.

La constitution universelle de la transcendance dans l'immanence concerne au premier chef les objectités catégoriales, spécialement la signification d'énoncé (le *jugement* ou proposition). Le juger a *son* objet intentionnel, *son* jugé *en tant que tel*[1]. Cette objectité catégoriale est si étroitement liée à la manière dont un substrat a été pensé qu'elle est en quelque sorte inséparable de l'acte de jugement : non pas d'un acte singulier, mais de la manière dont l'objet du jugement a été déterminé. En d'autres termes, chaque nouvelle manière de penser apporte avec elle une nouvelle objectité catégoriale. Non plus *Napoléon-est-le-vainqueur-d'Iéna* mais *Napoléon-est-le-vaincu-de-Waterloo*, non plus *a-est-plus-grand-que-b* mais *b-est-plus-petit-que-a*. L'objectité catégoriale ne se réduit certes pas au corrélat noématique ponctuel d'un acte singulier, mais elle n'en demeure pas moins le *corrélat intentionnel* d'une multiplicité d'*actes*, le jugé, identique dans une multiplicité de jugements, qui reste lié à la manière dont les choses ont été pensées. À ce titre, l'objectité catégoriale peut être intégrée « dans » la conscience à titre de *moment intentionnel* de l'acte. Husserl distingue alors, d'un côté, les composantes *réelles* de l'acte (les éléments dont il est effectivement composé : les actes partiels que l'on trouve en lui ainsi que ses propriétés intrinsèques) et, d'un autre côté, un moment *intentionnel* (ce qui est *visé* par l'acte et même par plusieurs). À la différence des composantes réelles dont la réunion forme un acte concret singulier, le moment intentionnel est *irréel* ou *idéal* dans la mesure où il est strictement identique dans une multiplicité d'actes. En dépit de son caractère idéal et intentionnel (tourné vers le visé), ce moment fait néanmoins bel et bien partie de l'acte lui-même dont il est une composante (non réelle, intentionnelle) essentielle : en tant que vécu intentionnel, l'acte a nécessairement un objet intentionnel qui lui appartient par essence ; le viser a un visé. On peut donc parler à bon droit d'*immanence* ou, plus exactement, de *transcendance dans l'immanence* à propos de l'objectité visée, si l'on prend soin de distinguer, d'une part, l'immanence *réelle* qui embrasse tout ce que l'acte contient en lui comme partie et qui le constitue réellement, et, d'autre part, l'immanence *intentionnelle*, *i. e.* ce qui appartient à l'acte en tant que ce qui visé en lui et par lui[2]. Dans la mesure où un objet réel ou idéal fait son *apparition* « dans » le champ de la conscience au cours de certains vécus, il leur est en un certain sens *immanent* : il est *visé en eux*. Mais, à la différence des vécus et de leurs parties, il ne se trouve pas littéralement « dans » la conscience

1. Il l' « a » en partage avec d'autres actes (comme une manière de signifier commune), et non à titre de propriété privée exclusive !

2. Et que d'autres actes, le cas échéant, peuvent également viser à leur tour (unité intentionnelle).

comme un objet dans une boîte : les « objets physiques [tout comme les objets idéaux], en faisant leur apparition à l'intérieur des vécus de l'expérience, sont immanents à ces vécus (immanents en un sens recevable, encore que ce ne soit pas au sens habituel de l'immanence réelle) » [1]. Il s'agit ici d'une immanence *intentionnelle*, puisque l'objet dont on a conscience ne pénètre pas effectivement dans la conscience qui le vise ; il est impliqué intentionnellement dans le champ de la conscience ; il est impliqué « dans » l'acte en tant qu'il est visé par lui. En d'autres termes, chaque acte a en quelque sorte son visé, son objet intentionnel, dans la mesure où quelque chose est visé en lui ; mais ce visé n'est pas dans un acte singulier comme un élément à l'intérieur d'un tout, car il est également un objet intentionnel pour d'autres actes, l'identique d'une multiplicité d'actes :

> Ce qui dans chaque cas est saisi par l'expérience : les choses, moi-même, les autres, etc., (…) tout cela sans exception se trouve *impliqué intentionnellement* dans la conscience elle-même [2].
>
> Le cube n'est pas contenu dans la conscience à titre d'élément réel, il l'est « idéalement » comme objet intentionnel, comme ce qui apparaît ou, en d'autres termes, comme son « sens objectif » immanent [son visé en tant que tel, *i. e.* ce qui est visé par la conscience envisagé ici tel qu'il est visé] [3].

C'est pourquoi, quand Husserl affirme qu'il y a « *dans* la sphère intuitive de l'expérience synthétique elle-même, l'objet transcendant » [4], cela signifie : ce qui se révèle à moi comme existant au cours de l'expérience doit être dans mon champ de conscience *en tant que visé* par ma pensée. L'objectité catégoriale n'est pas non plus incluse dans le sujet qui pense comme « un fragment ou un moment réel de la conscience, (…) un *datum* psychique réel » [5]. Elle est *intentionnellement impliquée* en elle en tant que *corrélat*. Quand Husserl déclare que les objectités catégoriales « sont "dans" la production originelle », *i. e.* dans l'activité catégoriale constituante, « cela veut dire : elles sont connues en elle comme *dans une certaine intentionnalité* de la forme : activité spontanée, et cela sous le mode du soi-même original » [6]. Les objectités catégoriales font leur

1. *FTL*, Hua XVII, p. [171-172] ; trad. fr. p. 222.
2. *FTL*, Hua XVII, p. [240] ; trad. fr. p. 313-314. Nous soulignons.
3. E. Husserl, *Cartesianische Meditationen und Pariser Vorträge (1929)*, Hua I, hg. v. S. Strasser, Den Haag, Nijhoff, 1950, p. [80] ; trad. fr. sous la direction de M.-B. de Launay, Paris, P.U.F., 1994, p. 36.
4. *FTL*, Hua XVII, p. [172] ; trad. fr. p. 223. Nous soulignons.
5. *FTL*, Hua XVII, p. [174] ; trad. fr. p. 226.
6. *FTL*, Hua XVII, p. [176] ; trad. fr. p. 228. Nous soulignons.

apparition dans le champ de conscience en tant que *visées* par la pensée, jugées par le juger, sans être pour autant « réellement » inclues en eux. Elles surgissent dans la pensée à titre de corrélat intentionnel et non à titre de composante réelle :

> La propriété en tant que forme [forme ou objectité catégoriale impliquée dans la proposition] *prend naissance* originellement dans le simple jugement catégorique de même que la *collection prend naissance* originellement dans l'activité de colligation, naturellement *pas comme* datum *psychique réel mais comme corrélat intentionnel de la position* [1].

La forme catégoriale prédicative (*l'être-p*) n'est pas quelque chose que l'on pourrait trouver dans la conscience en le prélevant sur un vécu comme la partie d'un tout ; elle est plutôt ce qui est visé par les opérations catégoriales. Autrement dit, l'*être-p* ne se trouve pas à l'intérieur d'un acte comme une composante immanente parmi d'autres (une représentation sujet, une représentation prédicat, une prise de position) ; il est ce qui est posé par l'acte et qui peut être identiquement posé par d'autres actes. De même, quand il apparaît à la conscience au cours d'une synthèse prédicative, le jugement (l'état-de-chose jugé en tant que tel) n'est pas un morceau ou un moment réel de l'acte de juger au même titre que les représentations partielles incluses en lui. Il est bien plutôt le *corrélat intentionnel* de l'acte (ce qui est visé en lui et par lui), et même le corrélat d'une multiplicité d'actes. C'est la raison pour laquelle, en répétant l'acte de jugement, en opérant la même synthèse, on a l'assurance d'obtenir le même résultat, de retrouver la même formation logique : un jugement qui

> est précisément non pas un moment réel de l'activité de connaissance qui demeurerait toujours le même dans la répétition de cette activité [comme si un caractère psychique intrinsèque constant se conservait d'un acte à un autre], mais un moment « immanent », de telle nature que dans les répétitions [de l'acte de jugement] il est donné dans son ipséité comme l'identique de celles-ci [non pas un caractère psychique réel identique mais un moment intentionnel idéal identique]. En un mot, ce n'est pas un moment immanent réel ou individuel, mais un moment [intentionnel] immanent irréel, supra-temporel [2].

Si l'objectité catégoriale, en tant qu'unité intentionnelle d'une multiplicité d'actes, est au-delà de l'acte singulier et passager, si elle persiste après l'achèvement et la disparition de l'activité qui lui a donné naissance, elle est en effet dans une certaine mesure *supra-temporelle*.

1. *FTL*, Hua XVII, p. [119] ; trad. fr. p. 155. Nous soulignons.
2. *EU*, p. [16-17] ; trad. fr. p. 26. Nous soulignons.

La supratemporalité de la signification prend toutefois maintenant un nouveau sens. Car une fois que l'objectité catégoriale est reconduite à sa source subjective-transcendantale et que sa transcendance elle-même est intégrée dans l'immanence de la vie intentionnelle, elle ne peut plus rester indifférente à la *temporalité* des opérations constituantes. Elle doit nécessairement assumer une certaine *forme de temporalité*, celle que lui confère précisément l'activité intentionnelle *au cours* de laquelle elle se constitue. Dès lors, la *supra-temporalité* évoquée dans le passage que nous venons de citer ne peut plus être l'éternité ou l'intemporalité d'une espèce indifférente aux aléas et aux fluctuations de ses individuations. Husserl est ainsi amené à repenser l'idéalité de la signification et à envisager pour elle un certain mode de temporalité. L'intrusion de la temporalité immanente dans l'idéalité de l'objectité catégoriale, sous une forme qui reste à déterminer, constitue le deuxième et dernier aspect de la réforme du statut ontologique de la signification dans la phénoménologie transcendantale-constitutive.

L'INTRUSION DE LA TEMPORALITÉ DANS L'IDÉALITÉ DE L'OBJECTITÉ CATÉGORIALE

L'objectité catégoriale constituée est nécessairement affectée par la temporalité immanente de l'activité catégoriale constituante

À partir de l'opposition entre la *multiplicité* des actes psychiques et l'*identité* du pensé en tant que tel, Husserl avait conclu à l'*idéalité* de la signification. Cette idéalité a d'abord été synonyme d'*intemporalité* :

> Toute pensée et toute connaissance est quelque chose de subjectif, un acte psychique, qui va et vient, commence et s'interrompt. Chaque acte de pensée a, d'autre part, son sens, sa teneur de signification, et celui-ci doit être (...) quelque chose d'idéal et de suprasubjectif, quelque chose qui ne va pas ni ne vient, sur quoi le commencement et l'interruption, l'être temporel sont en général des catégories inapplicables. (...) Dans tout discours scientifique, on parle de propositions et de vérités en ce sens idéal *supratemporel*, personne ne pense que le théorème de la somme des angles ou une autre vérité commence avec l'acte de pensée subjectif et finit avec lui [1].

Et si la signification, à la différence des phénomènes psychiques, n'a pas de commencement dans le temps et de durée déterminée, c'est qu'elle est précisément, à l'instar des espèces de couleur, une espèce indifférente aux changements qui affectent les actes de conscience dans lesquels elle

1. *ELE*, Hua XXIV, p. [141-142] ; trad. fr. p. 187-188. Nous soulignons.

s'individualise. L'analyse transcendantale-constitutive a depuis profondément bouleversé les choses. Si les objectités catégoriales se constituent dans la vie intentionnelle et lui sont redevables de leur sens d'être transcendant, elles ne peuvent plus ignorer la temporalité de l'activité constituante. En tant qu'objectités *constituées*, elles doivent assumer une certaine forme de temporalité que leur communique la vie intentionnelle *au cours* de leur constitution. Toutefois, la forme temporelle qui revient aux objectités idéales n'est pas du même ordre que la temporalité mondaine propre aux réalités singulières. Il est vrai que les objets réels sont également les *unités intentionnelles* d'une multiplicité de vécus d'expérience, mais l'*idéalité* qui leur revient à ce titre ne concerne pas leur statut ontologique, puisqu'ils restent des existants spatio-temporellement déterminés. En ce qui les concerne, il s'agit seulement ici de l'« idéalité générale de toutes les unités intentionnelles à l'opposé des multiplicités qui les constituent »[1] :

> Dans le sens de tout objet saisissable par l'expérience, même d'un objet physique, est (...) impliquée une certaine idéalité…[une identité idéale] à l'opposé des processus « psychiques » multiples, séparés par une individuation dont la temporalité est immanente[2].

Pour autant, les objectités catégoriales et les objets de l'expérience sensible conservent chacun leur mode d'être spécifique. Les objets *réels* de l'expérience sensible sont *individualisés dans le temps et dans l'espace* : chacun occupe un lieu déterminé, chacun a une durée propre (un commencement et une fin). Cette localisation spatio-temporelle distingue les réalités les unes des autres :

> Toute réalité a la place temporelle fixe qui la fait différente des autres réalités[3].
>
> [Les objets sensibles sont] individualisés en eux-mêmes par leur irruption en un point temporel objectif[4].

Les vécus de conscience sont également des *réalités* que l'on peut saisir dans l'expérience interne. Ce sont des événements qui se produisent à un moment déterminé dans le courant de conscience et qui ont leur durée propre : dans « la sphère entière de la conscience (...), toute activité active

1. *FTL*, Hua XVII, p. [174] ; trad. fr. p. 225.
2. *Ibid.*
3. *EU*, p. [304] ; trad. fr. p. 306.
4. *EU*, p. [309] ; trad. fr. p. 312.

de la conscience (...) a, elle aussi, sa place et sa forme temporelles »[1]. On peut également assigner aux vécus un « lieu » déterminé dans la mesure où ils appartiennent à une conscience empirique incarnée dans un corps de chair (une personne psycho-physique) : l'« âme (...) est objectivée psychophysiquement par sa liaison avec "sa" corporéité matérielle (*Körperliche Leiblichkeit*) et qui est ainsi comme insérée dans la nature spatiale »[2].

> La personne est localisée, et elle l'est par la chair de son corps dans l'espace naturel et dans la temporalisation naturelle[3].

> L'esprit (l'âme, l'être personnel concret) est dans la spatio-temporalité là où est son corps, et c'est de là qu'il vit et qu'il agit dans le monde, l'*universum* de l'étant spatio-temporel[4].

En vertu de leur liaison à un corps propre, les vécus participent donc indirectement à la réalité (et à la spatialité) de l'ego : il y a une unité « de l'ego psychique réal, donc du sujet empirique afférent à l'âme, en quoi l'âme est constituée en tant qu'une réalité liée à la réalité charnelle [à un corps propre (*Leib*)] ou entrelacée en elle »[5].

Il en va tout autrement avec les objectités catégoriales :

> A ce domaine total des objectivités réelles, qui est au niveau le plus bas celui des simples choses naturelles, n'appartient assurément pas les objectités d'entendement. Les état-de-choses et autres [objectités catégoriales] ne se trouvent pas dans le monde à la façon dont s'y trouvent les choses quelconques[6].

Le jugement au sens logique du terme (la proposition) n'est pas individualisé dans l'espace et dans le temps. Le jugé en tant que tel n'est pas attaché à un acte singulier et n'a pas, comme lui, une durée d'existence limitée. La possibilité de ressaisir l'objectité catégoriale en répétant l'activité témoigne de son existence au-delà de chaque acte de jugement fugitif. Il serait d'ailleurs absurde de lui assigner une localisation spatio-

1. *FTL*, Appendice II, Hua XVII, p. [320] ; trad. fr. p. 415.
2. *FTL*, p. [245] ; trad. fr. p. 320.
3. *Krisis*, p. [302] ; trad. fr. p. 334.
4. *Krisis*, p. [303] ; trad. fr. p. 335.
5. E. Husserl, Hua IV, *Ideen zu einer reinen Phänomenologie und phänomenologischen Philosophie.* Zweites Buch : *Phänomenologische Untersuchungen zur Konstitution,* hg. v. M. Biemel, Dordrecht/Boston/London, Kluwer Academic Publishers, 1991, p. [93] ; trad. fr. E. Escoubas, *Idées directrices pour une phénoménologie et une philosophie phénoménologique pures*, Livre Second : *Recherches phénoménologiques pour la constitution,* Paris, P.U.F., 1982, p. 140.
6. *EU*, p. [304] ; trad. fr. p. 306-307.

temporelle, comme si l'objectité catégoriale n'existait que pour moi, dans ma conscience, au moment où je pense à elle : « La proposition elle-même n'a pas une situation temporelle qui la lie, elle n'a pas de durée temporelle (...). Elle n'est pas individualisée comme un objet réel dans un point objectif du temps »[1]. L'objectité catégoriale est de tous les temps (passé, présent et avenir), c'est-à-dire *omnitemporelle*. En vertu de son omni-temporalité et de son ubiquité, elle est *irréelle* :

> Face à ce domaine des réalités, [les objectités catégoriales] sont des objectités irréelles[2].
>
> La proposition elle-même (...) est un irréel qui, pour ainsi dire, est partout et nulle part[3].

Par opposition à la *réalité* des objets sensibles, le mode d'être spécifique des objectités catégoriales est l'*irréalité*. Cependant, même si elles n'occupent pas une place déterminée dans le temps objectif, le temps ne leur est pas totalement étranger : elles « ne sont pas pour autant sans aucune relation au temps [objectif du monde naturel], ni dépourvues de toute temporalité »[4] immanente. Les significations entretiennent des relations aussi bien avec le temps objectif des choses du monde extérieur qu'avec le temps immanent de la vie subjective. Alors que la première relation ne concerne que leurs occurrences phoniques ou graphiques, la deuxième les atteint au plus profond de leur être et affecte leur idéalité. Considérons d'abord le premier point. Le lien extrinsèque entre la signification et la temporalité mondaine des choses du monde extérieur s'explique à partir de sa réalisation dans des signes sensibles qui sont incontestablement, en vertu de leur aspect physique (sonore ou graphique), des réalités spatio-temporellement déterminées. L'inscription de la signification dans un discours articulé (S/est/p) lui confère indirectement une localisation temporelle correspondant au temps de la parole (ou de l'écriture) et de l'écoute (ou de la lecture), ainsi qu'une localisation spatiale correspondant au lieu occupé par le canal physique (la voix qui émet les sons articulés, le papier qui reçoit leur transcription). Mais l'unité idéale de signification (« unité intentionnelle identique par opposition à la multiplicité dispersée des vécus réels ou possibles de sujets parlants et pensants »[5]) ne se réduit à aucune de ses occurrences matérielles

1. *EU*, p. [311] ; trad. fr. p. 313.
2. *Ibid.*
3. *Ibid.*
4. *EU*, § 64, a), p. [304] ; trad. fr. p. 307.
5. *LU I*, § 30, p. [102] ; trad. fr. p. 111.

contingentes et fugitives. Les objectités catégoriales participent accidentellement et indirectement au temps objectif, alors que les objets réels sont essentiellement et directement immergés en lui.

En revanche, les significations sont intrinsèquement liées à la temporalité *immanente* [1]. En tant que formations surgissant dans la pensée au moment où s'accomplissent des opérations catégoriales, elles ne peuvent être étrangères à la *temporalité* du processus intentionnel au cours duquel elles se constituent. C'est là, dans le *flux* de la vie intentionnelle, au *cours* de l'activité catégoriale discursive, qu'elles apparaissent à la conscience et deviennent pour elle des objets : les objectités catégoriales « sont, comme leurs substrats encore non-informés, constituées dans le temps immanent dans un processus en devenir » [2]. Aucune objectité constituée ne peut être indifférente à la temporalité de l'intentionnalité constituante. Le processus au cours duquel se constituent les objets réels est, à cet égard, relativement simple : il s'agit de la synthèse des vécus de l'expérience sensible successifs, synthèse dans laquelle les objets d'expérience reçoivent progressivement le sens d'une unité intentionnelle transcendante. Le processus temporel au cours duquel se constituent les objectités irréelles est en revanche plus complexe. Le jugement se constitue d'abord au cours de la synthèse prédicative au fur et à mesure que le sujet et son prédicat sont articulés au moyen de la copule (S/est/p). Une fois que le juger est achevé (S est p), l'objectité catégoriale obtenue (l'état-de-chose pré-constitué) est ressaisie au cours d'une réflexion qui revient sur le résultat du juger et lui donne une forme nominale : *ce qui a été jugé ...le fait que S soit p...* Le jugé en tant que tel devient alors le thème de l'activité intentionnelle auparavant focalisée sur les déterminations de l'objet-substrat. Chaque fois que l'activité catégoriale constituante est répétée, l'objectité catégoriale est à nouveau (re)constituée et (res)saisie dans son identité. Dans une synthèse identificatrice réunissant les actes réitérés, elle est reconnue comme la même objectité ; nous découvrons que le jugé en tant que tel est partout le même, et exprimons cela en disant : les jugements (ou les énoncés correspondants) veulent dire la même chose.

> Nous disons bien à cet égard qu'un état-de-chose a été pré-constitué dans un processus temporel, dans le cours d'un devenir temporel, que sa constitution fut achevée au terme de ce devenir, et qu'il peut maintenant être

1. *Cf. EU*, § 64.
2. *EU*, § 64, c), p. [309] ; trad. fr. p. 312. Voir le titre du § 64, a) : « Le temps immanent comme forme de donnée de toutes les objectivités en général ».

« repris » en tant qu'objectivité nouvelle. Et pourtant, il ne se trouve en aucun temps objectif [1].

En tant qu'objectité constituée, le jugé en tant que tel appartient bien à la temporalité subjective de la vie intentionnelle constituante, mais pas à la temporalité objective du monde extérieur. Cet autre passage confirme le lien que l'objectité catégoriale entretient avec la temporalité immanente : la proposition « n'accède à une donnée originaire que *dans un acte temporel* qui a sa situation temporelle déterminée, éventuellement dans plusieurs actes, même aussi nombreux qu'on voudra, ayant des situations temporelles aussi nombreuses qu'on voudra » [2]. L'état-de-chose visé en tant que tel porte nécessairement la marque de la temporalité et de la discursivité du juger au cours duquel il apparaît à la conscience. D'une manière générale, la temporalité immanente du processus intentionnel constituant rejaillit sur toutes les formations logiques constituées ; la temporalité de la *noèse* affecte le statut du *noème* qui se constitue en elle en tant que visé :

> Tout vécu, toute conscience sont soumis à la loi originelle du flux. Ils subissent des changements continus qui ne sauraient être indifférents à leur intentionnalité, et *qui doivent donc se montrer dans leur corrélat intentionnel*. Tout vécu concret est une unité de devenir et se constitue comme objet dans la conscience interne sous la forme de la temporalité. (…) Les vécus sont des objets de la conscience interne, mais *en eux se constituent aussi des objets, en tant que visés en eux*. Quelle est *l'influence de la constitution nécessaire du temps* qui leur appartient, qui leur confère leur place dans le temps [immanent], et leur mode de présence à la conscience interne, *sur leurs objets intentionnels* [spécialement les corrélats de l'activité catégoriale] ? Quand *l'objet qui se constitue dans les vécus premiers devra-t-il prendre nécessairement lui-même une forme temporelle* comme forme appartenant à son contenu essentiel propre ? (…). *Le temps immanent dans lequel se constituent les vécus est par là en même temps la forme de donnée de tous les objets visés en eux* ; et, dans la mesure où originairement elle appartient à tous les objets, elle n'est pas quelque chose que nous nous bornerions à leur adjoindre [de l'extérieur comme une caractéristique extrinsèque], comme s'il y avait pour eux un en-soi qui fût entièrement dépourvu de toute *relation au temps* [3].

Dans la mesure où ils sont donnés à la conscience *au cours* d'un certain vécu lui-même soumis à la loi du flux immanent (celle de la succession dans le courant de conscience), dans la mesure où ils sont également iden-

1. *EU*, p. [304] ; trad. fr. p. 307. Nous soulignons.
2. *EU*, p. [310-311] ; trad. fr. p. 313. Nous soulignons.
3. *EU*, p. [304-305] ; trad. fr. p. 307-308. Nous soulignons.

tifiés *à travers la répétition* de l'acte donateur, *tous* les objets dont on a conscience sont nécessairement *en relation avec le temps subjectif* de la conscience. Ils portent la marque indélébile de la temporalité immanente du processus constituant sans lequel ils ne seraient pas pour nous des « objets » à part entière. Aussi Husserl n'hésite-t-il pas à déclarer : « la relation nécessaire au temps est toujours là » [1], aussi bien pour les objets réels que pour les objets idéaux.

En revanche, la relation au temps ne revêt pas partout la même forme : elle « est autre pour les objets sensibles, individuels, de la perception, et pour les objectités d'entendement » [2]. Selon qu'il est réel ou idéal, l'objet reçoit de l'opération constituante une *forme temporelle* objective différente (*objective,* car la forme temporelle, que lui communique l'activité noétique, revient à l'objet). Husserl distingue précisément « deux espèces fondamentales du mode de la temporalité comme forme d'objectivité » [3]. Et cette différence est le critère essentiel de distinction entre les deux types d'objectités : la distinction entre objectité réelle et objectité irréelle « se marque aussi dans la différence que présente la temporalité des deux sortes d'objectivités ; il faut même finalement penser la différence principielle de leur mode d'être comme *une différence de leur temporalité* » [4]. Quelle est donc la *forme temporelle* qui caractérise les objectités catégoriales ?

La forme temporelle des objectités catégoriales

La *forme temporelle* des objectités idéales se définit par opposition à celle des objets réels. Outre leur forme temporelle subjective (la temporalité immanente dans laquelle elles se constituent comme objet de conscience), les choses du monde ont d'abord une forme temporelle *objective* : en tant que parties du temps du monde objectif, elles ont une durée d'existence déterminée et mesurable. Il importe de ne pas confondre « le temps [subjectif] de la donnée » et « le temps objectif de la nature », comme le dit le titre du § 64b. Le temps durant lequel la chose apparaît à la conscience n'est pas la durée d'existence qui lui est impartie dans le monde. Les objectités catégoriales, « constituées dans le temps immanent dans un processus en devenir », ont également « leur temps propre de donnée » [5]. Il s'agit, par exemple, du temps immanent durant lequel se constitue un état-de-chose au fur et à mesure que s'accomplit le juger. En ce

1. *EU*, p. [305] ; trad. fr. p. 308.
2. *Ibid.*
3. *EU*, p. [309] ; trad. fr. p. 312.
4. *EU*, p. [303] ; trad. fr. p. 306. Nous soulignons.
5. *EU*, p. [309] ; trad. fr. p. 312.

sens, les objectités idéales ont également « leur surgissement mondain, spatio-temporel » [1] : elles apparaissent à la conscience humaine au cours de certaines opérations intentionnelles exprimées dans des signes sensibles. Les objectités idéales ont aussi une forme temporelle *objective*, distincte à la fois de la forme temporelle subjective qui revient à leur mode de donnée et de la forme temporelle objective des objets réels. Pour comprendre sa spécificité, il faut revenir un instant sur la différence entre les objectités idéales réelles : l'absence de localisation spatio-temporelle. À la différence des réalités extérieures qui s'écoulent dans le temps objectif de la nature et des contenus psychiques qui se succèdent dans le flux immanent, une objectité catégoriale n'a ni commencement ni fin, comme en témoigne la possibilité de saisir son identité *à tout moment*. L'objectité catégoriale n'occupe pas non plus un *lieu* déterminé dans le monde naturel. Elle ne se trouve ni dans une conscience empirique, ni dans un signe sensible, puisqu'elle est accessible à toute conscience à partir de toutes sortes de supports sensibles. L'objectité idéale est, pour ainsi dire, partout et nulle part.

Le jugement au sens logique du terme illustre parfaitement l'*irréalité* des objectités idéales, c'est-à-dire l'absence de détermination spatio-temporelle. La même *proposition* peut en effet être pensée, énoncée et comprise par plusieurs personnes à des moments différents. Il est vrai qu'elle apparaît chaque fois à la conscience à un *moment déterminé* au cours d'une opération actuelle de jugement qui a une certaine situation temporelle (un commencement, une durée, une fin). Mais, à la différence des vécus, la proposition elle-même (le jugé en tant que tel) n'est pas temporellement individualisée. Car si elle était un événement psychique éphémère, on ne pourrait jamais revenir sur elle et la retrouver dans sa stricte identité en répétant l'opération catégoriale. Il appartient donc au sens d'être de la proposition (et de toute objectité catégoriale en général) de pouvoir être saisie *à tout moment* par *tout être* conscient. Une proposition ne vaut pas seulement pour *moi* au *moment* où je juge, mais aussi et surtout pour *toute conscience*, pour *tous les temps* (passé, présent et avenir) :

> Toute formation objective (...) n'a pas seulement *l'existence fugitive* de ce qui, formé d'une manière actuelle, apparaît et disparaît dans le champ thématique [de la conscience]. Elle a aussi *le sens-d'être d'une valeur qui persiste* d'une manière durable ; elle a même une validité objective, au sens particulier de ce mot, validité s'étendant au-delà de la subjectivité qui connaît d'une manière actuelle et au-delà de ses actes [2].

1. *EU*, p. [322] ; trad. fr. p. 325.
2. *FTL*, Hua XVII, p. [37] ; trad. fr. p. 48. Nous soulignons.

> Les *jugements* qui, dans l'évidence vivante étaient constitués originellement comme unités intentionnelles et de façon qu'on les ait « eux-mêmes », doivent avoir une *valeur persistance* [« après la première constitution » dans un acte de jugement] en tant qu'objets à notre disposition *à tout moment*[1].

L'être idéal de la proposition dépasse donc le moment singulier où elle apparait à une conscience au terme d'un acte de jugement. Elle est l'identique d'une multiplicité d'actes dispersés dans le temps :

> Les objectivités irréelles font leur apparition spatio-temporelle dans le monde, mais elles peuvent se présenter simultanément en *plusieurs places spatio-temporelles*, et être pourtant *numériquement identiques* en tant que les mêmes. [Lorsqu'elles apparaissent à la conscience] Il appartient par essence à leur surgissement qu'elles soient des formations subjectives, localisées donc dans la (spatio-temporalité) mondanéité par la localisation des sujets[2].

Quand une objectité catégoriale apparaît à la conscience, cela a nécessairement lieu à un moment déterminé, au cours d'un acte singulier, pour un certaine sujet empirique. Mais ce n'est pas l'objectité catégoriale elle-même qui est ainsi spatio-temporellement individualisée, c'est seulement son *surgissement* dans le champ de conscience. La localisation spatio-temporelle ne concerne pas les objectités idéales, mais seulement les modalités empiriques de leur donation à la conscience humaine : ces objectités « peuvent être produites en *différents moments du temps* d'un même sujet comme *les mêmes*, les mêmes par rapport à leurs productions répétées, et les mêmes par rapport aux productions de différents sujets »[3]. L'absence de toute localisation spatio-temporelle, l'ubiquité et l'omnitemporalité transcendantalement redéfinies comme un pouvoir-être-visé à tout moment par toute conscience, font précisément de la proposition une objectité *idéale* ou *irréelle* : la proposition

> est un irréel qui, pour ainsi dire, est partout et nulle part[4].
>
> L'*irréalité* de la proposition (...) est l'idée de quelque chose qui peut se présenter dans des actes individuels *à n'importe quelle place temporelle*, et qui dans chacune est nécessairement temporelle, et en devenir temporel [compte tenu de la manière dont elle apparaît à la conscience au cours d'un processus catégorial en devenir], mais qui pourtant est « *en tout temps* » la

1. *FTL*, Hua XVII, p. [192] ; trad. fr. p. 250. Nous soulignons.
2. *EU*, p. [311-312] ; trad. fr. p. 314. Nous soulignons.
3. *EU*, p. [312] ; trad. fr. p. 314. Nous soulignons.
4. *EU*, p. [311] ; trad. fr. p. 313.

> même. C'est quelque chose qui est référé à *tous les temps* ou qui, à quelque temps qu'il soit référé, est toujours absolument le même ; [à la différence des vécus temporellement individualisés] il ne subit aucune différenciation temporelle [il reste strictement identique à tout moment], et, ce qui revient au même, aucune extension, aucune expansion dans le temps [aucune durée, c'est-à-dire aucun commencement ni fin] (...). [Alors qu'il appartient à l'*essence* des réalités d'être spatio-temporellement localisées] Il se trouve dans le temps de manière contingente (...) en tant que lui, le même, peut « se trouver » en *n'importe quel temps*. Les différents temps n'augmentent pas sa durée, et idéalement celle-ci est quelconque. Cela veut dire qu'à proprement parler il n'a pas de durée qui appartienne à son essence au titre de sa détermination [1].

Après avoir rappelé la différence essentielle entre les objectités réelles et idéales, on est en mesure de définir la *forme temporelle objective* qui revient à ces dernières. Car même s'il est impossible de leur assigner une situation temporelle déterminée, les objectités catégoriales ont une temporalité objective qui devait rester cachée tant que l'unité idéale de signification était pensée sur le modèle des espèces naturelles. La signification d'énoncé (la *proposition*) peut se présenter « en plusieurs places spatio-temporelles » [2] : elle apparaît à une conscience à un moment donné durant un certain laps de temps, et peut aussi apparaître à d'autres consciences à d'autres moments pour une durée plus ou moins longue. Je juge maintenant : *Napoléon est le vainqueur d'Iéna*, comme je jugeais déjà hier et comme je jugerai demain : puisque Napoléon est partout pensé en tant que vainqueur d'Iéna, le jugé en tant que tel est exactement le même dans la multiplicité des actes réels (actuels) et potentiels. Si donc la proposition peut occuper « n'importe quelle place temporelle », si elle est de « tous les temps » [3] (passé, présent et avenir), la forme temporelle objective qui lui revient spécifiquement est l'*omni-temporalité* :

> L'absence de situation temporelle des objectités d'entendement, leur « partout et nulle part », se présente donc comme *une forme privilégiée de temporalité*, forme qui distingue de façon essentielle et fondamentale ces objectités des objectités individuelles. Elle consiste en ce qu'une unité supra-temporelle traverse la multiplicité temporelle : cette supra-temporalité signifie *omni-temporalité* [4].

1. *EU*, trad. fr. p. 314. Nous soulignons.
2. *EU*, p. [312].
3. *EU*, p. [311] ; trad. fr. p. 314.
4. *EU*, p. [313] ; trad. fr. p. 315. Nous soulignons.

Cette capacité à traverser la multiplicité des moments du temps et des vécus sans se départir de son identité témoigne d'une forme temporelle originale, l'*omni-temporalité*, dont le jugement est le paradigme dans la sphère logique :

> Si maintenant je porte un jugement, le *quid* du jugement, la proposition judicative [le jugé en tant que tel], est présent à la conscience dans le mode du maintenant ; et cependant il n'est pas en un point du temps (...). Il est comme devenant progressivement dans son ipséité *en toute place du temps* où un acte correspondant de jugement se déploie ; mais tandis que l'individuel a « sa » place et « sa » durée temporelle propres, commençant en une place et s'effaçant en une autre, puis étant passé, une telle irréalité [la proposition] a *l'être temporel de la supra-temporalité, de l'omni-temporalité, qui est bien un mode de la temporalité* [1].

Le statut ontologique de la signification est bouleversé. Sur le modèle des objectités générales (genres, espèces), son idéalité a longtemps été synonyme d'intemporalité. À l'instar des essences éternelles, les espèces de significations étaient absolument indifférentes à la temporalité qui affecte leurs individuations : les vécus singuliers peuvent se succéder, les significations conservent leur unité *spécifique*, ignorant aussi bien le temps subjectif immanent de la conscience que le temps objectif de la nature. Concevoir les significations comme des espèces *intemporelles* permettait à Husserl de les saisir en relation avec les *actes* du signifier où elles se réalisent, tout en les préservant du changement. Mais depuis que la phénoménologie transcendantale-constitutive a montré que les significations, comme tout ce qui est susceptible d'apparaitre à la conscience, se constituent dans la vie intentionnelle au cours d'un processus en devenir, elles ne peuvent plus ignorer le temps immanent de l'intentionnalité constituante. Celui-ci doit se traduire d'une manière ou d'une autre dans le corrélat noématique, il doit laisser des traces dans les objectités constituées. L'intrusion de la temporalité dans l'idéalité de la signification s'accomplit précisément sous la forme de l'*omni-temporalité*. La *supra-temporalité* (*Uberzeitlichkeit*) de l'unité de signification n'est plus comprise, sur le modèle des espèces naturelles immobiles au-dessus du temps où sont immergés les existants individuels, comme une intemporalité mais comme une *omni-temporalité* (*Allzeitlichkeit*). Être-de-tous-les-temps (passé, présent et avenir), ce n'est pas être en dehors du temps comme une essence figée dans l'éternité. Bien au contraire : l'omni-

1. *EU*, trad. fr. p. 316. Nous soulignons.

temporalité caractérise une identité qui se conserve *à travers* le temps, une unité qui persiste *dans* la durée :

> (...) Une unité supra-temporelle *traverse la multiplicité temporelle* [se conserve et se détache dans la répétition des actes catégoriaux] [1].
>
> [Les jugements] doivent avoir *une valeur persistante* [à travers le temps immanent, au fur et à mesure que s'écoule la vie intentionnelle] en tant qu'objets à notre disposition à tout moment [2].

Pour que son omni-temporalité soit révélée et avérée, l'objectité catégoriale doit s'immerger dans la multiplicité des vécus. L'odyssée dans la temporalité immanente s'accomplit à travers la répétition de l'activité catégoriale et la reconnaissance de son résultat dans des synthèses d'identification. En réitérant l'acte de jugement et en saisissant chaque fois l'identité de la formation logique obtenue, nous comprenons que *le* jugement n'a pas de localisation temporelle, que le jugé en tant que tel est le même dans des actes occupant différentes places. La conscience donne ainsi à l'objectité catégoriale le sens d'un être *omni-temporel*. Je juge une première fois : *Napoléon est le vainqueur d'Iéna* ; en répétant plus tard la même opération j'obtiens à nouveau la même formation logique : *Napoléon est le vainqueur d'Iéna*. En retrouvant l'état-de-chose tel qu'il avait été jugé auparavant et en comprenant que l'opération peut être indéfiniment renouvelée sous le mode du *etc.*, je constate que la signification d'énoncé n'a pas de place temporelle assignée et qu'elle persiste au-delà des actes passagers. Elle prend pour moi le sens d'un « objet » qui vaut pour tous les temps. C'est donc à la conscience, à la répétition de son activité catégoriale et à ses synthèses de recognition, que l'objectité catégoriale est redevable de sa forme temporelle objective (l'omnitemporalité). La temporalité objective de l'objectité idéale constituée repose transcendantalement sur la *temporalité immanente du processus* intentionnel constituant. Il faut sans cesse « réactiver » l'opération catégoriale « et identifier » [3] les formations logiques obtenues pour qu'elles puissent apparaître comme quelque chose de supra-temporel, indépendant des circonstances singulières et contingentes de leur première occurrence, et pour qu'elles reçoivent de l'activité intentionnelle elle-même leur certificat d'idéalité. C'est « en répétant autant qu'on veut l'activité qui les a produits », en « les appréhendant à nouveau, en les pensant à nouveau » [4], que le sujet s'assure de la pérennité

1. *EU*, p. [313] ; trad. fr. p. 315. Nous soulignons.
2. *FTL*, Hua XVII, p. [192] ; trad. fr. p. 250. Nous soulignons.
3. *FTL*, Hua XVII, p. [192] ; trad. fr. p. 250.
4. *EU*, p. [425-426] ; trad. fr. p. 428 ; *FTL*, Hua XVII, p. [192] ; trad. fr. p. 250.

et donc de l'identité des formations logiques. Un objet de conscience est idéal à la condition de pouvoir être ressaisi à *n'importe quel moment* tel qu'il était auparavant au cours de ses apparitions précédentes. L'idéalité de l'objectité catégoriale repose donc sur le pouvoir, propre à la subjectivité transcendantale, de (res)*saisir à tout moment* dans sa stricte identité ce qui a été pensé, au-delà de l'activité intentionnelle actuelle.

Or, le pouvoir de revenir *à tout moment* sur une formation logique et de lui donner ainsi un sens d'être omni-temporel n'est pas la prérogative d'un sujet singulier. Ce pouvoir n'appartient pas exclusivement à *celui qui juge* actuellement, mais à *toute* conscience susceptible d'accomplir les mêmes opérations catégoriales. « Ce que celui qui juge a formé dans sa pensée actuelle » [1], *tout être* conscient peut le penser à son tour et saisir l'identité du jugé en tant que tel en comparant les résultats des diverses opérations tels qu'ils ont été fixés dans des formes linguistiques. Cette identité noématique idéale que nous exprimons habituellement en déclarant que nous pensons l'un et l'autre la *même* chose, échappe donc non seulement à toute localisation temporelle, mais aussi à toute localisation spatiale, puisque les actes réunis dans la synthèse de recognition sont dispersés dans plusieurs consciences : « qu'un sujet conçoive une proposition avec évidence : cela confère à cette proposition une localisation, et en tant qu'elle est conçue par ce penseur, etc., c'est une localisation unique, mais cela n'en confère aucune à la proposition prise absolument, qui serait conçue comme la même en des temps différents [et « dans » des sujets différents], etc. » [2]. Dans la mesure où elle peut être pensée par plusieurs consciences dispersées dans le temps et dans l'espace, l'objectité catégoriale reçoit un sens d'être supra-individuel (intersubjectif) inséparable de son omnitemporalité. Elle est une formation valable pour tous les temps et pour tous les hommes, et à ce titre elle jouit d'un statut objectif. Ainsi la constitution des significations n'est-elle pas l'œuvre isolée d'une subjectivité transcendantale singulière, mais celle d'une *communauté* de consciences qui reprend et confronte collectivement le produit de l'activité catégoriale (le pensé en tant que tel) pour en attester l'objectivité, c'est-à-dire l'omnitemporalité et l'intersubjectivité.

Au terme de ces analyses, on peut désormais apprécier l'étendue et la nature de la réforme transcendantale du statut ontologique de la signification. L'*omni-temporalité*, telle que la révèle la répétition de l'activité catégoriale, est désormais le critère de l'idéalité de la signification, et l'*inter-subjectivité*, telle qu'elle s'accomplit dans la confrontation

1. *EU*, p. [122] ; trad. fr. p. 159.
2. *EU*, p. [312-313] ; trad. fr. p. 315.

mutuelle du résultat des activités catégoriales des consciences multiples, le critère de son « objectivité » [1], ou, si l'on préfère, de sa validité supra-individuelle. En d'autres termes, un « objet » de conscience reçoit un statut objectif et idéal à la condition de pouvoir être visé et saisi dans son identité *à tout moment par quiconque*: la constitution de l'objet qui s'accomplit dans toute activité catégoriale (par exemple, la constitution d'« un jugement-résultat » au cours du « processus de construction synthétique du jugement » [2]) est une « constitution d'"objets" qui "existent", en maintenant leur identité, pour moi, *pour nous* [intersubjectivité], qui sont accessibles *en tout temps* [omnitemporalité] en tant qu'ils restent les mêmes [identité supra-individuelle et supra-temporelle] » [3].

L'omnitemporalité et l'intersubjectivité découlent directement de l'appartenance des significations à la sphère des objets intentionnels. La signification est en effet le corrélat noématique de l'activité catégoriale (le pensé en tant que tel). À ce titre, elle est inséparable de l'activité noétique : les manières dont un objet est pensé renvoient nécessairement aux manières subjectives de penser, aux modes de l'activité catégoriale dans laquelle se structurent les objectités catégoriales. Une fois que la signification est rattachée à la conscience et que l'analyse transcendantale-constitutive a décrit comment elle devient pour celle-ci un objet, la supra-temporalité et l'« objectivité » qui caractérisent ce type d'objet intentionnel doivent être transcendantalement redéfinies, en liaison avec la vie intentionnelle, comme omni-temporalité et intersubjectivité. La signification est, en résumé, un objet intentionnel accessible, à tout moment, à toute conscience, dans sa stricte identité.

Les nouveaux critères transcendantaux de l'idéalité (omni-temporalité et intersubjectivité) s'appliquent également aux significations des expressions empiriques. Les objets et les événements singuliers auxquels se rapportent ces expressions appartiennent en effet à des situations *typiques* dont toute conscience peut faire l'expérience (*le* coucher de soleil, *l'*envol de l'oiseau, *le* mal aux dents). C'est pourquoi, sur la base de l'expérience et du souvenir d'un événement *du même type*, n'importe quelle signification empirique (*nous avons contemplé le coucher de soleil*, *cet oiseau s'envole*, *j'ai mal aux dents*), aussi singuliers et éphémères que soient son objet et les circonstances de son énonciation, peut être comprise *à tout moment* par *n'importe qui*.

1. Cf. *FTL*, § 96.
2. *FTL*, Appendice II, Hua XVII, p. [320] ; trad. fr. p. 415.
3. *Ibid.* Nous soulignons.

CONCLUSION

Sous l'impulsion de Bolzano qui avait attiré son attention sur les « représentations » et les « propositions en soi », Husserl a très tôt été sensible à l'opposition entre l'unité *idéale* de la signification et la multiplicité *réelle* des actes de la conscience. Bien que les vécus et les actes linguistiques qui les expriment se renouvellent en permanence d'un moment à l'autre et d'une conscience à l'autre, force est de constater que plusieurs expressions partagent exactement la *même* signification. Or ce contraste entre l'identité de la signification et la diversité ainsi que la fugacité des contenus psychiques est manifestement incompatible avec la théorie psychologique-descriptive de la signification. Comment les significations pourraient-elles en effet conserver une identité à travers le temps et au-delà des activités intentionnelles singulières, si elles se réduisaient aux *contenus* de représentation que les mots sont susceptibles de suggérer ? Pour saisir la spécificité des significations, il fallait donc d'abord les séparer de la sphère immanente des contenus de conscience. Ce premier travail se traduit par la distinction entre le contenu psychologique réel des actes et leur contenu logique idéal.

Cependant, les significations ne sont pas non plus sans rapport avec les actes de la conscience. Au cours de la communication elles se réalisent dans les vécus d'expression et de compréhension. C'est là, dans les actes du signifier, que nous avons affaire à du sens. Comment faut-il donc comprendre le lien entre l'identité idéale de la signification et la multiplicité des actes psychiques ? Pour résoudre cette énigme, la signification a d'abord été pensée dans *LU* comme une *espèce* dont les actes qui *veulent dire* la même chose sont les individuations. Les vécus recevait ainsi une unité, tandis que l'espèce significationnelle restait connectée à la vie intentionnelle. Le premier concept *noétique* de signification permettait ainsi de concilier la diversité des vécus du signifier et l'identité objective de la signification auxquelles la psychologie descriptive de Brentano et la sémantique objective de Bolzano avaient été respectivement mais unilatéralement sensibles.

Cela n'était pourtant pas encore suffisant, car l'orientation naturelle de l'intentionnalité vers les objets appelait également un examen du corrélat intentionnel des actes du signifier. Vouloir dire, c'est vouloir dire *quelque chose*. Toutefois, si la signification n'est rien de psychologique, elle n'est pas non plus réductible à l'*objet* qui est signifié. L'opposition entre l'unité de l'objet signifié (Napoléon) et la multiplicité des significations (*le vainqueur d'Iéna, le vaincu de Waterloo*) implique en effet une nouvelle distinction entre l'objet *qui* est signifié et l'objet signifié *en tant que tel*. En se penchant sur la manière dont un objet est significationnellement visé (désigné, énoncé), *VuB* pouvait découvrir un nouveau concept, *noématique*, de signification : les objets *tels qu'ils sont pensés* ou *objectités catégoriales*. Dès lors, l'identité de la signification (plusieurs expressions veulent dire *la même chose*) n'est plus celle d'un objet général (une espèce réunissant des actes de la conscience) mais d'un objet intentionnel (l'objet tel qu'il est pensé : *le vainqueur d'Iéna*) en face des innombrables actes d'expression et de compréhension. À partir des deux concepts noétique et noématique, la théorie phénoménologique de la signification croyait pouvoir enfin rendre compte de la complexité du phénomène du signifier en embrassant les deux versants, subjectif et objectif, de la corrélation intentionnelle.

Le concept noétique est cependant apparu de plus en plus problématique, car les expressions empiriques et occasionnelles dont le sens est appelé à varier en fonction des circonstances ne sont guère subsumables sous l'unité d'une espèce. L'unité de signification qui se manifeste encore ici est exclusivement celle de l'objet visé en tant que tel (un homme pensé en tant que *vainqueur d'Iéna*, un animal pensé en tant que *l'oiseau qui s'envole*). C'est l'unité d'une objectité catégoriale que l'analyse transcendantale-constitutive n'a plus qu'à réarticuler à l'activité intentionnelle catégoriale. En définitive, la signification n'a aucunement les caractères d'une objectité générale ou d'une espèce ; elle n'est rien d'autre qu'un objet intentionnel : *l'*objet – singulier, unique – pensé en tant que tel, unité intentionnelle idéale en face d'une multiplicité d'actes.

Dès lors, c'est à partir de la notion de noème que s'éclaire le statut ontologique de la signification. En tant qu'objectité catégoriale (pensé en tant que tel), la signification n'est ni un contenu réel de conscience ni un objet transcendant. En tant que corrélat de l'activité catégoriale, elle se distingue également des corrélats noématiques des autres modalités de la conscience, le perçu et l'imaginé en tant que tels. Elle est un objet intentionnel original dont seule une analyse noético-noématique pouvait cerner la nature. La complexité ontologique de la signification est donc directement liée à son statut d'objet intentionnel. En tant qu'*objectité* catégoriale, elle a un statut « objectif » par opposition aux vécus qui la prennent pour cible [1]. Mais l'objectité *catégoriale* n'est pas l'objet transcendant dans son en-soi ; elle porte la marque indélébile de la conscience et de son activité intentionnelle ; elle est liée à *la manière* dont les objets sont *pensés*.

Une fois que l'appartenance de la signification à la sphère des objets intentionnels était établie, la théorie phénoménologique de la signification appelait une analyse constitutive destinée à en dévoiler l'origine transcendantale-subjective. En prolongeant les analyses de l'activité catégoriale amorcée dans *VuB*, Husserl n'avait plus qu'à décrire comment les formations logiques se constituent dans la vie intentionnelle : les significations deviennent pour la conscience des « objets » à partir du moment où celle-ci réfléchit sur le(s) résultat(s) des mises en formes catégoriales des objets de l'expérience sensible.

La reconduction des objectités catégoriales à l'activité intentionnelle constituante impliquait enfin une révision du statut ontologique de la signification. La supra-temporalité et l'« objectivité » qui définissaient jusque-là leur idéalité, devaient être transcendantalement redéfinies comme omni-temporalité et inter-subjectivité. *Omni-temporalité* car, pour un objet intentionnel qui ne peut plus ignorer la temporalité immanente des noèses constituantes, la seule façon de se distinguer des actes de conscience passagers c'est de pouvoir être visé et ressaisi dans son identité *à tout moment*. *Inter-subjectivité* car, depuis que la signification est rattachée à la vie de la conscience et que toute transcendance est intégrée dans l'immanence, le seul critère qui définisse l'« objectivité » des formations logiques et garantisse leur indépendance vis-à-vis des actes contingents de chaque conscience, c'est la possibilité d'être visé en tant qu'identique par *toute conscience*. L'omni-temporalité se constitue dans la répétition de l'activité catégoriale et la reprise de son résultat. En reconnaissant l'identité du pensé en tant que tel dans des opérations catégoriales accomplies à des moments différents, la conscience donne aux formations logiques un sens d'être omni-temporel. L'inter-subjectivité se constitue quant à elle dans la reprise de l'activité catégoriale d'autrui et la confrontation des résultats. En reconnaissant l'identité du pensé en tant

1. « L'objectivité formée catégorialement, c'est un concept (…) ontologique », *FTL*, Hua XVII, p. [151] ; trad. fr. p. 196.

que tel dans les opérations accomplies par des personnes différentes, la communauté des consciences donne aux formations logiques un sens d'être objectif ou supra-individuel. La signification est en définitive cet objet intentionnel qui, dans sa stricte identité, est pour toute conscience accessible à tout moment dans l'activité catégoriale. On ne saurait donc concevoir de significations indépendamment des pouvoirs qui appartiennent à la conscience transcendantale.

La définition de la signification comme objet intentionnel singulier catégorialement constitué ne s'applique pas seulement aux expressions utilisées dans les sciences et la logique, elle concerne également les expressions empiriques de la vie quotidienne (*Napoléon est le vainqueur d'Iéna*, *cet oiseau s'envole au loin*, *cet arbre verdit*). À partir des énoncés scientifiques dans lesquels les circonstances spatio-temporelles du discours n'interviennent absolument pas, il est certes plus facile de mettre en évidence l'identité omni-temporelle et inter-subjective de la signification. Mais il ne faut pas oublier que derrière les objets et les circonstances singulières auxquels les expressions empiriques font référence se cachent des situations typiques qui transcendent les conditions particulières dans lesquelles s'accomplissent les actes de parole. « Toute la vie quotidienne de l'individu et de la communauté se rapporte à des types de situations similaires, de sorte que tout homme qui entre dans telle situation a *eo ipso*, en tant qu'homme normal, les horizons de situation qui appartiennent à cette situation et qui sont communs aux situations du même type »[1]. Je parle certes *d'un* oiseau, *d'un* personnage unique, *d'un* événement singulier, mais ces individualités appartiennent chacune à un groupe réunissant des éléments similaires ; elles témoignent d'un type de situation (la victoire après une bataille, l'envol de l'oiseau, le verdoiement de l'arbre) dont *toute* conscience peut faire *un jour ou l'autre* l'expérience. Celui qui a fait une expérience de même type peut parfaitement comprendre ce qu'il entend ou ce qu'il lit, même s'il ne voit pas l'oiseau dont je parle, même s'il ne connaît pas personnellement Napoléon Bonaparte. Et celui qui n'a pas encore vécu ce genre d'expérience peut facilement trouver dans le monde commun une expérience équivalente (il peut assister à l'envol de l'oiseau, contempler l'image d'une campagne napoléonienne). Une expérience qu'il peut en outre saisir catégorialement comme l'a fait son interlocuteur : en tant qu'envol de l'oiseau, en tant que vainqueur d'une bataille. En ce sens, les significations des énoncés empiriques sont, comme les autres significations, le produit d'une mise en forme catégoriale de l'objet d'expérience, ainsi que l'unité intentionnelle

1. *FTL*, Hua XVII, p. [207] ; trad. fr. p. 269.

idéale (omni-temporelle et inter-subjective) d'une multiplicité d'actes. Les situations typiques qui sont à l'horizon du discours empirique affranchissent celui-ci de son individuation temporelle et spatiale, et confèrent à sa signification une validité supra-temporelle et supra-individuelle compatible avec les circonstances singulières de l'acte d'énonciation.

Malgré ses indéniables qualités, la théorie phénoménologique de la signification a par trop négligé une ultime difficulté pointée par J. Benoist[1]. Le primat brentanien des « actes objectivants »[2] ainsi que le projet de fonder une théorie de la connaissance ont conduit Husserl à privilégier les vécus dans lesquels nous nous rapportons à un objet (représentations et jugements) au détriment des autres phénomènes psychiques (vouloir, désirer, espérer, etc.) où l'expression d'un vécu subjectif a au moins autant d'importance que la relation à un objet extérieur. Cela se traduit notamment par une préférence pour les expressions orientées vers un objet : les noms désignant les objets de l'intuition empirique (*Napoléon, le vainqueur d'Iéna*) ou catégoriale (*le nombre 2, le triangle rectangle*), ainsi que les énoncés théoriques (lois, théorèmes) ou descriptifs (*Napoléon est le vainqueur d'Iéna*) opérant une détermination de l'objet et apportant une information. Mais qu'en est-il des *actes non objectivants*, tels que l'expression d'un sentiment ou d'une décision, prenant pour thème les actes et les états intérieurs du sujet ? Au § 15 de *LU V*, Husserl évoque par exemple « la joie à propos d'un événement heureux »[3]. Le plaisir donne alors à son objet intentionnel une coloration affective singulière : « l'événement nous apparaît comme nimbé de rose », « teinté par le plaisir »[4]. Le sujet imprime également sa marque sur les qualités d'un événement triste (lequel est alors « revêtu de la coloration de la tristesse »[5]), même si ces déterminations subjectives sont mises sur le compte de l'objet qui est alors investi d'une certaine qualité désagréable (une triste nouvelle par opposition à une joyeuse surprise). Malheureusement, Husserl ne s'attarde pas sur ces phénomènes et ne s'interroge pas sur la manière dont doit être définie la *signification* des expressions se rapportant aux états et aux actes affectifs du sujet. Sans doute parce que les énoncés non apophantiques et non descriptifs (prières,

1. *Cf.* J. Benoist, *Intentionnalité et langage*, *op. cit.*, p. 176 *et sq.*

2. « Les actes de l'intention de signification aussi bien que ceux du remplissement de signification, les actes de la "pensée" aussi bien que ceux de l'intuition, appartiennent à une unique classe d'actes, aux actes objectivants » *LU VI,* Hua XX/1, p. [585] ; trad. fr. p. 70. *Cf.* aussi *LU V*, § 38, et *LU VI*.

3. *LU V*, Hua XIX/2, p. [408] ; trad. fr. p. 199.

4. *Ibid.*

5. *Ibid.*

souhaits...) dans lesquels nous exprimons moins un rapport à l'objet qu'une tonalité subjective, présentent peu d'intérêt pour une phénoménologie des vécus logiques et cognitifs. En outre, dans la 1ère édition des *LU* où l'objet est encore envisagé comme transcendant à l'acte, les actes non objectivants n'ont aucune autonomie : ils reçoivent leur objet des actes objectivants sur lesquels ils sont fondés. La joie, par exemple, puise sa matière intentionnelle dans un acte d'une autre qualité, une représentation ou un jugement : la joie est un acte qui « comprend (...) dans son unité la *représentation* de l'événement joyeux » [1]. Et c'est précisément parce que ce vécu trouve une matière intentionnelle dans des actes objectivants – seuls capables de donner à un acte une relation à un objet déterminé – qu'il n'appartient pas à la même classe. Dès lors, Husserl réinterprète le principe brentanien selon lequel tout acte est soit une représentation soit fondé sur une représentation, de la manière suivante :

> Dans toute complexion de ce genre, et en général dans tout acte, une qualité d'acte du genre de la qualité objectivante doit nécessairement être présente, parce que de manière générale une matière n'est pas réalisable sinon comme matière d'un acte objectivant. Des qualités d'un autre genre sont par conséquent toujours fondées dans des qualités objectivantes [2].

Le primat des actes objectivants explique donc le désintérêt pour les expressions des actes non-objectivants. Dans une théorie qui prend pour modèle les énoncés informatifs de type empiriques ou scientifiques, les discours qui ne décrivent pas un objet et préfèrent se focaliser sur la vie psychique intérieure sont dévalorisés. Dans ces conditions, le sort des énoncés qui n'apportent aucune information est scellé. Tous les énoncés subjectifs tels que : *Pourvu que S soit p ! Je regrette que S ne soit pas p ! J'ai peur que S soit q ! Je suis heureux d'apprendre que S est p !* etc., ne sont que des formes secondaires masquant la fonction informative essentielle de la structure prédicative informative (S est p) dont elles sont dérivées. En étant plus attentive à la diversité des modes de relation intentionnelle (perceptif, cognitif, affectif, volitif...) et de leurs corrélats objectifs (le perçu, le connu, le ressenti, le voulu en tant que tels), la théorie phénoménologique de la signification avait sans doute les moyens de rendre compte de la diversité des modalités du discours (jugement, prière, souhait...) et pouvait comprendre que les actes non objectivants ont leur propre corrélat intentionnel (l'objet aimé, désiré, espéré, redouté, voulu...*en tant que tels*) qui

1. *LU V*, Hua XIX/2, p. [408] ; trad. fr. p. 199. Nous soulignons. *Cf.* aussi § 42, p. [516] ; trad. fr. p. 310.

2. *Ibid.* (trad. fr. modifiée).

n'est pas purement et simplement l'objet d'un acte objectivant de représentation sur lequel serait venue se greffer accidentellement une coloration affective. Et si les objets intentionnels des phénomènes affectifs sont plus que des objets simplement représentés ou connus, autrement dit plus que les objectités catégoriales des énoncés prédicatifs dépourvus d'expression indexicale et de coloration affective, les énoncés des actes non-objectivants (*je souhaite, je crains, je veux... que S soit p*) peuvent puiser dans ces corrélats intentionnels spécifiques une *signification noématique originale* que les énoncés purement informationnels sont incapables de leur communiquer. En dépit de la subjectivité des vécus qu'elle prend pout thème, cette signification noématique pourrait conserver une certaine *idéalité* (omni-temporalité et inter-subjectivité) si on considère qu'à l'horizon de toute parole humaine, aussi intime et singulière soit-elle (*j'ai mal, j'ai peur, je souffre...*), il y a un fonds affectif commun intemporel et universel (amour, haine, angoisse, joie, tristesse, espoir, souffrance...) lui-même fondé sur une expérience commune des mêmes types d'événements, heureux et malheureux, qui, de la naissance à la mort, sont inhérents à la condition humaine.

BIBLIOGRAPHIE

ŒUVRES DE HUSSERL

1. *Édition de référence*

EDMUND HUSSERL GESAMMELTE WERKE

Œuvres complètes de Husserl éditées sous la responsabilité des Archives Husserl de Louvain (*Husserl-Archief te Leuven*) dirigées par le Pr R. Bernet, Husserliana, Éditions M. Nijhoff, La Haye; puis, à partir de 1980, Kluwer Academic Publishers, Dordrecht/Boston/Londres, et, depuis 2005, Springer (abrégée HUA).

Hua I, *Cartesianische Meditationen und Pariser Vorträge* (1929), hg. v. S. Strasser, 1991.

Hua III, 1, *Ideen zu einer reinen Phänomenologie und phänomenologischen Philosophie. Erstes Buch: Allgemeine Einführung in die reine Phänomenologie*, 1. Halbband, hg. v. K. Schuhmann, 1976.

Hua IV, *Ideen zu einer reinen Phänomenologie und phänomenologischen Philosophie. Zweites Buch: Phänomenologische Untersuchungen zur Konstitution*, hg. v. M. Biemel, 1991.

Hua V, *Ideen zu einer reinen Phänomenologie und phänomenologischen Philosophie. Drittes Buch: Die Phänomenologie und die Fundamente der Wissenschaften*, hg. v. M. Biemel, 1971.

Hua VI, *Die Krisis der europäischen Wissenschaften und die transzendentale Phänomenologie. Eine Einleitung in die phänomenologische Philosophie*, hg. v. W. Biemel, 1976.

Hua X, *Zur Phänomenologie des inneren Zeitbewusstseins* (1893-1917), hg. v. R. Boehm, 1969.

Hua XII, *Philosophie der Arithmetik. Mit ergänzenden Texten* (1890-1901), hg. v. L. Eley, 1970.

Hua XVII, *Formale und Transzendentale Logik. Versuch einer Kritik der logischen Vernunft*, hg. v. P. Janssen, 1974.

Hua XVIII, *Logische Untersuchungen. Erster Band: Prolegomena zur reinen Logik*, hg. v. E. Holenstein, 1975.

Hua XIX/1, *Logische Untersuchungen. Zweiter Band: Untersuchungen zur Phänomenologie und Theorie der Erkenntnis, Erster Teil,* hg. v. U. Panzer, 1984.

Hua XIX/2, *Logische Untersuchungen. Zweiter Band: Untersuchungen zur Phänomenologie und Theorie der Erkenntnis, Zweiter Teil*, hg. v. U. Panzer, 1984.

Hua XXII, *Aufsätze und Rezensionen* (1890-1910), hg. v. B. Rang, 1979.

Hua XXIV, *Einleitung in die Logik und Erkenntnistheorie. Vorlesungen 1906/1907,* hg. v. U. Melle, 1984.

Hua XXVI, *Vorlesungen über Bedeutungslehre. Sommersemester 1908*, hg. v. U. Panzer, 1987.

2. *Autres éditions et recueils de textes de Husserl*

Erfahrung und Urteil. Untersuchungen zur Genealogie der Logik (1938), hg. v. L. Landgrebe, 7. Auflage, Hamburg, Meiner Verlag, « Philosophische Bibliothek Band », n° 280, 1999.

Edmund Husserl: Briefwechsel, hg. v. K. Schuhmann & E. Schuhmann, Dordrecht, Kluwer, 1994, Bd. I.

3. *Traductions françaises*

Méditations Cartésiennes, trad. fr. G. Peiffer et E. Levinas (1930), Paris, Vrin, 1947.

Méditations Cartésiennes et les Conférences de Paris, nouvelle traduction sous la direction de M.-B. de Launay, Paris, P.U.F., 1994.

Idées directrices pour une phénoménologie et une philosophie phénoménologique pures, tome I : *Introduction générale à la phénoménologie pure*, trad. fr. P. Ricœur, Paris, Gallimard, 1950.

Idées directrices pour une phénoménologie et une philosophie phénoménologique pures, Livre II : *Recherches phénoménologiques pour la constitution*, trad. fr. E. Escoubas, Paris, P.U.F., 1982.

Idées directrices pour une phénoménologie et une philosophie phénoménologique pures, Livre III : *La phénoménologie et les fondements des sciences*, trad. fr. D. Tiffeneau, Paris, P.U.F., 1993.

La crise des sciences européennes et la phénoménologie transcendantale, trad. fr. G. Granel, Paris, Gallimard, 1976.

Leçons pour une phénoménologie de la conscience intime du temps, trad. fr. H. Dussort, Paris, P.U.F., 1964.

Philosophie de l'arithmétique, trad. fr. J. English, Paris, P.U.F., 1972.

Logique formelle et logique transcendantale, trad. fr. S. Bachelard, Paris, P.U.F., 1957.

Recherches Logiques, t. I: *Prolégomènes à la logique pure*, trad. fr. H. Elie, A.-L. Kelkel et R. Schérer, Paris, P.U.F., 1959.

Recherches Logiques, t. II/1 et II/2: *Recherches pour la phénoménologie et la théorie de la connaissance*, trad. fr. H. Elie, A.-L. Kelkel et R. Schérer, Paris, P.U.F., 1961 et 1962.

Recherches Logiques, t. III: *Eléments d'une élucidation phénoménologique de la connaissance*, trad. fr. H. Elie, A. -L. Kelkel et R. Schérer, Paris, P.U.F., 1963.

Articles sur la logique (1890-1913), trad. fr. J. English, Paris, P.U.F., 1975.

Introduction à la logique et à la théorie de la connaissance (1906-1907), trad. fr. L. Joumier, Paris, Vrin, 1998.

Sur la théorie de la signification, trad. fr. J. English, Paris, Vrin, 1995.

Expérience et jugement, trad. fr. D. Souche, Paris, P.U.F., 1970.

Husserl-Twardowski, Sur les objets intentionnels (1893-1901), trad. fr. J. English, Paris, Vrin, 1993.

Lettre de Husserl à Meinong du 5 Avril 1902, trad. fr. B. Gallet, dans *Philosophie*, 72 (2001), p. 17-18.

ÉTUDES SUR HUSSERL

BENOIST J., « L'identité d'un sens: Husserl, des espèces à la grammaire », dans Benoist J., Brisart R., English J., *Liminaires phénoménologiques: recherches sur le développement de la théorie de la signification de Husserl*, Bruxelles, Publications des Facultés universitaires Saint-Louis, 1998, p. 219-271.

– *Intentionnalité et langage dans les Recherches Logiques de Husserl*, Paris, P.U.F., 2001.

– *Entre acte et sens. La théorie phénoménologique de la signification*, Paris, Vrin, 2002.

BERNET R., *La vie du sujet. Recherches sur l'interprétation de Husserl dans la phénoménologie*, Paris, P.U.F., 1994.

BEYER C., *Von Bolzano zu Husserl. Eine Untersuchung über den Ursprung der phänomenologischen Bedeutungslehre*, Dordrecht/Boston/Londres, Kluwer, 1996.

COURTINE J.-F., « L'objet de la logique », *Phénoménologie et logique*, Paris, Presses de l'Ecole normale supérieure, 1996.

DASTUR F., « Husserl, Lotze et la logique de la "validité" », dans *KAIROS* 5, Revue de la Faculté de Philosophie de l'Université de Toulouse-Le Mirail, 1994, p. 31-48.

FOLLESDAL D., « Husserl's Notion of the Noema », *Journal of Philosophy*, 66, 1969, p. 680-687; trad. fr. J.-M. Roy, « La notion husserlienne de Noème », *Les Études philosophiques, Signification, phénoménologie et philosophie analytique*, Janvier-Mars 1995, P.U.F., p. 5-12.

LAVIGNE J.-F., *Husserl et la naissance de la phénoménologie (1900-1913)*, Paris, P.U.F., 2005.

ROY J.-M., « La dissociation husserlienne du Sinn et de la Bedeutung », dans J.-F. Courtine (dir.), *Phénoménologie et logique*, Paris, Presse de l'E.N.S., 1996, p. 149-170.

SCHNELL A., *Husserl et les fondements de la phénoménologie constructive*, Grenoble, Millon, 2007.

SERON D., *Objet et signification. Matériaux phénoménologiques pour la théorie du jugement*, Paris, Vrin, 2003.

AUTRES OUVRAGES

ARISTOTE, *De l'interprétation,* Organon I, trad. fr. J. Tricot, Paris, Vrin, 1984.

BERKELEY G., *The principles of Human Knowledge,* G. J. Warnock (ed.), Collins, 1962 ; trad. fr. M. Phillips, *Principes de la connaissance humaine*, Paris, P.U.F., 1985.

BOLZANO B., *Wissenschaftslehre*, Sulzbach, 1837, repr. Aalen, Scientia, 1981 (4 vol.) ; *ibid.*, hg. v. Jan Berg, Stuttgart, Frommann-Holzboog, 1985 *sq*.

BRENTANO F., *Meine letzten Wünsche für Osterreich*, Stuttgart, Cotta, 1895.

– *Psychologie vom empirischen Standpunkt*, vol. I, hg. v. O. Kraus, Hamburg, F. Meiner, 1973-1974, Ph.B. n° 192 ; trad. fr. M. de Gandillac, *Psychologie du point de vue empirique*, Paris, Aubier-Montaigne, 1944 ; trad. révisée par J.-F. Courtine, Paris, Vrin, 2008.

– *Wahrheit und Evidenz,* Leipzig, 1930 ; Hamburg, F. Meiner, 1974, 2. Aufl.

– *Vom Ursprung sittlicher Erkenntnis,* hg. v. O. Kraus, Hambourg, Félix Meiner, 1955, 1969 ; trad. fr. M. de Launay et J.-C. Gens, *L'origine de la connaissance morale*, Paris, Gallimard, 2003.

– *Die Lehre vom richtigen Urteil*, hg. v. F. Mayer-Hillebrand, Hamburg, F. Meiner, 1956 ; trad. fr. M. de Launay et J.-C. Gens, *La Doctrine du jugement correct*, Paris, Gallimard, 2003.

FREGE G., *Ecrits logiques et philosophiques*, trad. fr. C. Imbert, Paris, Le Seuil, 1971.

HOBBES T., *Elementorum Philosophiae, sectio prima, De corpore,* trad. angl. W. Molesworth, Londres, imprimé par R. & W. Leybourn pour A. Crooke, 1656.

LOCKE J., *An Essay Concerning Human Understanding*, hg. v. Peter H. Nidditch, Oxford, Clarendon Press, 1975 ; trad. fr. P. Coste, *Essai concernant l'entendement humain*, Paris, Vrin, 1983.

MEINONG A. von, *Uber Annahmen, Gesamtausgabe*, Graz, Akademische Druck- und Verlagsanstalt, Bd. IV, 1977.

– *Über Gegenstandstheorie. Selbstdarstellung,* Hamburg, Meiner, 1988 ; *Gesamtausgabe,* II et VII ; trad. fr. M. de Launay et J.-F. Courtine, *Théorie de l'objet et présentation personnelle,* Paris, Vrin, 2000.

MILL J. S., *Système de logique*, trad. fr. Louis Peisse, Liège, Mardaga, 1988.

SAINT AUGUSTIN, *Le magistère chrétien,* II, I, 1, « Bibliothèque augustinienne », vol. 11, Paris, 1949.

– *De Magistro,* trad. fr. G. Madec, Paris, Nouvelle Bibliothèque augustinienne, II, 1993.

TWARDWOSKI K., *Zur Lehre vom Inhalt und Gegenstand der Vorstellungen. Eine psychologische Untersuchung*, hg. v. A. Hölder, Vienne, 1894 ; R. Haller, Munich, *Philosophia Verlag,* 1982 (reprint de l'original) ; trad. fr. J. English, *Sur la théorie du contenu et de l'objet des représentations*, dans *Husserl-Twardowski. Sur les objets intentionnels (1893-1901)*, Paris, Vrin, 1993, p. 87-200.

INDEX DES NOTIONS

INDEX DES NOMS

TABLE DES MATIÈRES

DEUXIÈME PARTIE
LE PREMIER VERSANT DE LA THÉORIE PHÉNOMÉNOLOGIQUE DE LA SIGNIFICATION : LE CONCEPT NOÉTIQUE

Achevé d'imprimer par Corlet, Imprimeur, S.A. - 14110 Condé-sur-Noireau
N° d'Imprimeur : 168072 - Dépôt légal : octobre 2014 - *Imprimé en France*